GÜTERSLOHER
VERLAGSHAUS

Christiane Zimmermann-Fröb (Hg.)

Kinderbibeltage

10 Modelle

inkl. Material-CD-ROM

Gütersloher Verlagshaus

Bibliografische Information der Deutschen Nationalbibliothek

Die Deutsche Nationalbibliothek verzeichnet diese Publikation in der Deutschen Nationalbibliografie; detaillierte bibliografische Daten sind im Internet über https://portal.dnb.de abrufbar.

FSC
www.fsc.org
MIX
Papier aus verantwortungsvollen Quellen
FSC® C005833

Verlagsgruppe Random House FSC-DEU-0100
Das für dieses Buch verwendete FSC-zertifizierte Papier
Munken Premium Cream liefert Arctic Paper Munkedals AB, Schweden.

1. Auflage

Umschlagmotiv: © Friederike Rave
Druck und Einband: Těšínská tiskárna, a.s., Český Těšín
Printed in Czech Republic
ISBN 978-3-579-05946-4

www.gtvh.de

Inhalt

Vorwort

Liebe Leserinnen und Leser,

viele von Ihnen kennen die Rheinischen Kinderbibelwochen. Mit diesem Buch halten Sie nun eine Sammlung mit zehn einzelnen Kinderbibeltagen in der Hand.
Damit reagiert der Rheinische Verband für Kindergottesdienst auf die häufige Anfrage: »Habt ihr nicht auch Material zu einzelnen Tagen?« Ja, hier ist es!
Auch dem Wunsch nach grundsätzlichen biblischen Geschichten, den »Basics«, haben wir in den Entwürfen Rechnung getragen. So finden Sie hier einen Kurzdurchgang durch die Bibel von der Schöpfung über Noah, Jakob, Mose, die 10 Gebote, David, Jona, Jesus bis hin zum Heiligen Geist.
Sie finden drei Kinderbibeltage zu den großen kirchlichen Festen: den Adventstag, der zu Weihnachten hinführt, den Jesustag, der mit dem Ostergottesdienst endet und die Geistgeschichten, die wunderbar zu Pfingsten passen, aber nicht nur da!
Wir bieten Ihnen klassische Kinderbibeltage und Kinderkirchennächte (Noah und Jesus) und mit dem Adventstag ein Angebot, das auch im Rahmen eines Gemeindeadventstages stattfinden kann.

Schauen Sie die Entwürfe durch, probieren Sie aus!
Wir wünschen Ihnen viel Freude dabei und gute Erfahrungen!

Wir freuen uns, dass wir dieses Mal mit dem Gütersloher Verlag zusammenarbeiten konnten. Dadurch wurde es auch möglich, eine CD-ROM mit dem notwendigen Material beizulegen. Auf der CD-ROM finden Sie alle benötigten Bastelvorlagen, Fotos, Texte die das eine oder andere verdeutlichen und außerdem die Titelseite des Buches, um sie als Einladungsplakat für Ihren Kinderbibeltag zu verwenden. Das Umschlagmotiv kann beim Rheinischen Verband für Kindergottesdienst, Missionsstraße 9a, 42285 Wuppertal, www.kindergottesdienst.org, kigo@ekir.de auch als Postkarte erworben werden. Gestaltet hat die Titelseite wiederum Friederike Rave, deren Bilder vielen schon durch unseren »Kirche mit Kindern Kalender« bekannt sind. Ein herzliches Dankeschön dafür!

Ein ganz herzlicher Dank gilt aber vor allem Ihnen, den Menschen, die sich für Kinder in den Gemeinden engagieren und ihnen biblische Geschichten nahe bringen.
Gottes Segen begleite Sie in Ihrem Tun!

Ihre

Christiane Zimmermann-Fröb

An diesem Buch haben mitgearbeitet:

Manfred Burdinski, Pfarrer, Neuss

Rüdiger Maschwitz, Pfarrer, Arbeitsstelle Kirche mit Kindern der Ev. Kirche im Rheinland, Wuppertal

Ewald Schulz, Gemeindepädagoge, Arbeitsstelle Kirche mit Kindern der Ev. Kirche im Rheinland, Saarbrücken

Hildegard Ternité, Pfarrerin, Nauborn

Christiane Zimmermann-Fröb, Referentin für Kinderbibelwochenarbeit, Arbeitsstelle Kirche mit Kindern der Ev. Kirche im Rheinland, Wuppertal

Gesamtkonzeption: Manfred Burdinski, Christiane Zimmermann-Fröb

Was ist eigentlich ein Kinderbibeltag?

von Christiane Zimmermann-Fröb

EIN EIGENES GEISTLICHES ANGEBOT

Ein Kinderbibeltag ist ein eigenständiges geistliches Angebot für Kinder in der Gemeinde. Er bietet Kindern die Möglichkeit, sich intensiv mit einer biblischen Geschichte zu beschäftigen, dabei Gemeinschaftserlebnisse zu machen, vielleicht Gott zu begegnen und Gemeinde als einen für Kinder einladenden Ort zu erleben. Ein Kinderbibeltag möchte den Kindern Gott, Jesus und biblische Geschichten nahe bringen, aber genauso das Selbstvertrauen und Selbstbewusstsein der Kinder stärken und sie Gemeinde als Gemeinschaft der Glaubenden und miteinander Fragenden erleben lassen.
Die Rheinischen Kinderbibeltage orientieren sich dafür am Kindergottesdienstablauf, nur dass man beim Kinderbibeltag viel mehr Zeit hat. Unsere Kinderbibeltage sind eigentlich sehr lange Kindergottesdienste. So findet auch ein Kinderbibeltag »Im Namen des Vaters und des Sohnes und des Hl. Geistes« statt und rechnet mit Gottes Gegenwart. Darum gehören die Gespräche mit Gott in Form von Psalmen, Gebeten, geistlichen Liedern und dem Vaterunser dazu. Mit dem Segen, Gottes Zusage seiner Begleitung, werden die Kinder dann nach Hause entlassen.
Im Mittelpunkt unserer Entwürfe stehen die biblischen Geschichten. Sie werden in der Regel in kreativer Weise erzählt und wollen den Kindern ein Eintauchen in die Geschichte ermöglichen. Die anschließenden Vertiefungsformen laden die Kinder ein, Bezüge zu ihrem eigenen Leben herzustellen. So erleben sie, dass die biblischen Geschichten kein »alter Kram« sind, sondern lebendige Geschichten, die mit ihnen und ihrem Leben zu tun haben, ja, in denen ihr Leben und ihre Erfahrungen vorkommen können.
Weitere Kreativangebote sowie Spiele und/oder Tänze unterstützen das und kommen dem Bedürfnis der Kinder nach Gestaltung und Bewegung entgegen.
Der Gemeinschaftsaspekt wird besonders durch das gemeinsame Essen und Trinken deutlich, das zu jedem Kinderbibeltag dazugehört, manchmal als Imbiss oder Zwischenmahlzeit, manchmal als gemeinsames Frühstück oder Mittagessen oder in Form eines Abschlussfestes.
Trotz der inhaltlichen Nähe zum Kindergottesdienst ist ein Kinderbibeltag aber (leider) keine Werbeveranstaltung für den Kindergottesdienst! Seien Sie also nicht enttäuscht, wenn nach einem gut besuchten Kinderbibeltag trotzdem nur wenige (neue) Kinder zum Kindergottesdienst kommen. Schätzen und würdigen Sie stattdessen Ihr Kibita-Angebot, denn damit schätzen und würdigen Sie die Kinder, die gekommen sind, und die Mitarbeitenden, die sich dafür engagiert haben!

DIE TEILNEHMENDEN KINDER: ALTER UND ANZAHL

Weil ein Kinderbibeltag kein regelmäßiges wöchentliches Angebot ist, sondern eher Projektcharakter hat, werden über einen Kinderbibeltag häufig mehr und durchaus auch andere Kinder als für den Kindergottesdienst erreicht. Für Kindergottesdienstkinder hingegen ist ein Kinderbibeltag oft ein Highlight.
Damit alle Spaß am Kinderbibeltag haben, sollten Sie sich vorher im Team überlegen, welche Altersgruppen Sie mit dem Kibita ansprechen wollen: nur Grundschulkinder oder beginnen Sie bei fünf Jahren oder laden Sie auch noch die Elf- und Zwölfjährigen mit ein? Die meisten Entwürfe sind

für Kinder zwischen fünf und zwölf Jahren gedacht. Manche sind ausdrücklich für Grundschulkinder.
Mit der Altersfestlegung wird auch deutlich, dass ein Kinderbibeltag keine Abgabestation für jüngere Geschwisterkinder ist, damit Eltern in Ruhe einkaufen gehen können! Seien Sie da bitte deutlich und konsequent! Dann haben alle mehr davon.
Machen Sie sich auch klar, ob Kinder mit Behinderung teilnehmen können! Überprüfen Sie die Zahl der Mitarbeitenden und der vorhandenen Gruppenräume, um zu entscheiden, wie viel Kinder maximal teilnehmen können (Faustregel: Auf 15 Kinder pro Gruppe kommen zwei Mitarbeitende je Gruppe.). Auch wenn es schön ist, wenn ganz viele kommen, von einer überfüllten Veranstaltung haben die Kinder und Sie als Mitarbeitende nichts.

MITARBEITENDE

Der Projektcharakter ist auch für Mitarbeitende reizvoll. Viele sind bereit, an einem einzelnen Tag mitzuarbeiten, bringen sich da ein, bereiten ihn vor. Damit haben sie sich zu keiner regelmäßigen Mitarbeit verpflichtet! Daher gelingt es meist gut, Mitarbeitende für einen Kinderbibeltag zu gewinnen, auch Menschen, die eine regelmäßige Mitarbeit nicht leisten können oder wollen.
Da ein Kinderbibeltag mehr Zeit für Kreatives lässt und in der Regel auch eine Form des gemeinsamen Essens dazugehört, lassen sich so ganz verschiedene Menschen zur Mitarbeit ansprechen: Väter, deren kreative Fähigkeiten bei der einen oder anderen Bau- und Bastelaktion gefragt sind, Gemeindekreise, die sich um das leibliche Wohl kümmern, Kindergottesdienstmitarbeitende, die die Gruppenphasen übernehmen, Kirchenmusiker/in oder Gemeindeband für die Musik, und, und, und.
Bedenken Sie: Sie brauchen Mitarbeitende für die Gruppen (am besten je zwei), Mitarbeitende für die Anspiele, für die Verpflegung und die Musik.

HÄUFIGKEIT UND TAG

Kinderbibeltage finden in vielen Gemeinden an einem Samstag, ein- bis viermal im Jahr statt. Oft sind sie mit einem Familiengottesdienst am Sonntag verbunden. Manche Kinderbibeltage finden auch mit Übernachtung statt als so genannte Kinderkirchennacht (siehe dazu S. 13).

ABLAUF

Ein Kinderbibeltag folgt meist einem einheitlichen Ablauf, der von Entwurf zu Entwurf etwas variieren kann und sich zusammensetzt aus:

ANKOMMEN

Die Kinder kommen an und gestalten ihre Namensschilder. Evtl. bezahlen sie dann auch ihren Teilnehmerbeitrag, falls das nicht schon bei der Anmeldung geschehen ist.

PLENUM

Es folgt eine gemeinsame Plenumsphase in der Kirche oder im Gemeindesaal mit

- Begrüßung
- Lied

- Eingangswort
- Psalm
- Lied
- Anspiel/Großschattenspiel/Mitmachgeschichte o. ä. zur biblischen Geschichte
- Lied

Diese Phase dauert bis zu 30 Minuten.

GRUPPENPHASE

In der Regel teilen sich die Kinder hier in Altersgruppen auf. Altershomogene Gruppen haben den Vorteil, dass die Erzählform der Geschichte, die Vertiefungsmethoden und die Kreativangebote der jeweiligen Altersgruppe besser angepasst werden können.
Es gibt aber auch Entwürfe, bei denen in altersgemischten, so genannten »Familiengruppen« gearbeitet wird. Da hören, lernen, gestalten und spielen jüngere und ältere Kinder zusammen, lernen von- und miteinander und unterstützen sich gegenseitig nach ihren Fähigkeiten.
In die Gruppenphase gehören

- Kennenlernspiele
- das Erzählen der biblischen Geschichte in kreativer Weise
- die Vertiefung der Geschichte
- Kreativangebote
- ein kleiner Imbiss
- außerdem können weitere Spiele oder Lieder mit hineingenommen werden

Die Gruppenphase dauert zwischen 60 Minuten und zwei Stunden, 90 Minuten ist aber meist die Regel.

SCHLUSSPLENUM

Es findet wieder gemeinsam in der Kirche oder im Gemeindesaal statt. Zum Schlussplenum gehören

- Lied
- Zusammenfassung, z. B. durch ein ganz kurzes Anspiel, in dem die Figuren vom Beginn noch einmal auftreten und »den Sack zubinden«
- Gebet
- Vaterunser
- Segen
- Lied

Das Schlussplenum ist kurz, ca. 15 Minuten, denn die Kinder haben schon eine lange Zeit des Konzentrierens hinter sich.
Im Schlussplenum kann aber auch ein Abschlussfest stattfinden, wenn es sich vom Thema anbietet. Dazu gehören dann Lieder, Tänze, Spiele, Essen. In dem Fall kann das Schlussplenum länger dauern, da die Kinder viele bewegte Aktivitäten haben.

Dieser Grundablauf dauert etwa 2 ½ bis 3 Stunden. Dieser Zeitrahmen wird von den inhaltlichen Ausarbeitungen zu Kinderbibeltagen abgedeckt, d. h. ein Kinderbibel<u>tag</u> meint in den Entwürfen in der Regel eine Zeiteinheit von drei Stunden.

Wollen Sie einen längeren Tag gestalten, so lassen sich Spielpausen drinnen und draußen, ein gemeinsames Frühstück zu Beginn oder ein gemeinsames Mittagessen einplanen. Diese Ergänzungen entscheiden Sie selbst, sie werden in den meisten Entwürfen nicht als Vorgaben gemacht!
Wenn Sie tatsächlich einen ganzen Samstag (z. B. 10.00–17.00 Uhr) als Kinderbibeltag gestalten wollen, lassen sich zwei Entwürfe aneinanderhängen, z. B. der zu Mose und der zu den 10 Geboten.

Das bedeutet, dass Sie eine komplette Einheit am Vormittag und eine am Nachmittag machen. Dazwischen gibt es eine Mittagspause mit Essen und Spielen.
Für ein Kinderbibelwochenende oder eine Kinderbibelwoche nehmen Sie entsprechend mehr Einheiten und hängen sie aneinander.
Ein Kinderbibeltag mit Übernachtung ist ein eigenes Modell. Dazu finden Sie hier im Buch die beiden Entwürfe zu Noah und zu Jesus. Was man für eine Übernachtung alles bedenken muss, finden Sie auf S. 13.

WERBUNG

Ein Kinderbibeltag muss intensiv und langfristig beworben werden (Gemeindebrief, Presse, persönliche Einladung an alle in Frage kommenden Kinder, Abkündigungen, Plakate und Handzettel in Gemeindehäusern, Kindergruppen und in Kindergärten und Schulen – Achtung: da müssen Sie die Erlaubnis erfragen).

Bei der Einladung, auf Plakaten und Handzetteln muss klar werden:
- Titel
- Termin
- Zeit
- Ort
- für welche Altersgruppe
- evtl. begrenzte Teilnehmerzahl
- evtl. Teilnehmerbeitrag (2,– bis 5,– €, eher symbolisch und keinesfalls kostendeckend; sinnvoll und begründbar wegen des Essens und der Materialien; außerdem gilt: »Was nix kostet, ist auch nix!«)
- Anmeldung bis wann und wo

Bei der Anmeldung fragen Sie ab:
- Name
- Alter/Klassenstufe
- Adresse
- evtl. Allergien (wenn Sie Essen einplanen)
- evtl. besondere Hinweise (z. B. Asthmatiker)
- Unterschrift eines Erziehungsberechtigten

Vorlagen zur Anmeldung, z. B. zu einem Kibita mit Übernachtung finden Sie auf S. 15 und 16 und auf der CD-ROM.

KOSTEN

Stellen Sie im Gemeindehaushalt Geld für einen Kinderbibeltag ein oder beantragen Sie dafür Geld aus dem Kindergottesdienstetat. Der Teilnehmerbeitrag deckt die Kosten für Essen und vor allem für die vielen verwendeten Materialien nicht.

WAS SONST NOCH?

Ein Kinderbibeltag macht Arbeit, aber vor allem macht er Spaß! Er bietet Kindern und Mitarbeitenden neue und intensive Erfahrungsmöglichkeiten miteinander, mit biblischen Geschichten und mit Gott.

Kinderbibeltag mit Übernachtung und abschließendem Gottesdienst

von Manfred Burdinski

Übernachtungen »wo anders« und außerhalb der Familie sind für Kinder im frühen Grundschulalter ein besonderes Erlebnis, aber auch eine besondere Herausforderung. Es gibt Kinder, die schon Erfahrung darin haben, andere, die vielleicht sogar das erste Mal auswärts übernachten. Und es wird auch immer wieder Kinder geben, die zwar das Programm, nicht aber die Übernachtung mitmachen wollen. Auf jeden Fall sollte darum bei der ohnehin aus rechtlichen Gründen notwendigen Anmeldung durch die Eltern die Übernachtung thematisiert werden. Es sind nicht nur immer die Kinder, die sich nicht lösen können, sondern oftmals auch die Eltern. Hier sind klare Verabredungen mit den Eltern und Kindern zu treffen. Nicht nur zu beachtende medizinische Notwendigkeiten sollten geklärt werden, sondern auch der hoffentlich nicht eintretende Fall, dass das Kind sich im Verlauf des Abends doch entschließt, nicht zu übernachten, oder es nachts aufwacht und zu den Eltern möchte. Hier ist darauf zu achten, dass die Eltern eine verlässliche Telefonnummer angeben, unter der sie die ganze Nacht über erreichbar sind und das Kind zu jeder Zeit abholen können. Falls es dazu kommen sollte, ist ein Anruf keine pädagogische Kapitulation, sondern ein Zeichen pädagogischer Kompetenz. Die Telefonnummer sollte auf der Anmeldung schriftlich festgehalten werden. Ebenso die Einverständniserklärung, dass das Kind beaufsichtigt eventuell das Gelände für Aktionen, Wanderungen oder Spiele verlassen kann.

Für das Mitarbeitendenteam ist die Tatsache wichtig, dass ihnen die Erziehungsberechtigung für die festgelegte Zeit der Veranstaltung übertragen wird. Die Mitarbeit umfasst nicht nur die Durchführung der Aktionen und Gruppenphasen zum Thema, sondern auch die Begleitung beim Essen und in die Nacht. Wichtig ist, dass sich die Kinder bei den Mitarbeitenden geborgen fühlen und diese auch in der Nacht erreichbar sind. Es sollte darum eine Nachtwache abgesprochen werden. Für die Mitarbeitenden sollte ein eigener Rückzugsraum vorbereitet werden, in dem sie sich aufhalten können. Die Aufteilung der Nachtwache sollte schon in der Planungsphase geklärt werden.

Ob bei der Übernachtung nach Geschlechtern getrennt wird oder alle in einem Saal schlafen, hängt von den örtlichen Gegebenheiten und Gewohnheiten ab. Es empfiehlt sich, die älteren Kinder räumlich von den jüngeren zu trennen. Die Jüngeren haben ein größeres Schlafbedürfnis, schlafen auch früher ein als die Älteren. Letztere sind morgens nicht so früh wach. Bei den Älteren muss auch eine Verabredung über den Gebrauch von Handys etc. in der Nacht getroffen werden.

Zur Vorbereitung der Nachtruhe hat sich die Bewegung im Freien (Spaziergang oder Geländespiel mit Taschenlampen) mit anschließendem gemeinsamem meditativen Ausklang in der fast dunklen Kirche (nur angezündete Kerzen) oder einem Saal bewährt. Dazu kann es einen kurzen Rückblick auf den Tag durch Kinderäußerungen geben, ruhige Lieder haben dort ihren Platz und sicher auch eine nicht zu lange Geschichte. Auch hier hat es sich bewährt, dass die Kinder schon schlaffertig zu diesem Ausklang kommen, wenn die räumlichen Verhältnisse das zulassen.

Am nächsten Morgen nach dem Frühstück liegt der Schwerpunkt auf dem Gemeinschaftserlebnis durch Spiele und gemeinsame Aktionen. Hier hat es sich bewährt, die Kinder kurz vor dem Gottesdienst mit ruhigen oder meditativen Aktionen auf diesen einzustimmen.

Als Abschluss des Kinderbibeltages empfiehlt sich ein kurzer Familiengottesdienst, an dem die Kinder beteiligt und die Eltern einbezogen werden. Die Konzentration lässt hier allerdings schnell nach.

Die gemeinsamen Mahlzeiten, Abendessen und Frühstück, sollten als Gemeinschaftserlebnis von den Kindern wahrgenommen werden können. Dazu erhalten die Mahlzeiten einen besonderen Wert, indem sie mit ausreichend Zeit eingeplant und besonders gestaltet werden. Festlich gedeckte Tische (Tischdecke, Blumen, Servietten ...), feste gemeinsame Anfangszeit, Nennung der Speisen, Erklärung zum Umgang mit dem Essen, Beginn mit einem gemeinsamen Lied oder Gebet und auch ein gemeinsamer Abschluss vermitteln den Kindern eine besondere Wertschätzung und ein Erlebnis, das in so mancher Familie mittlerweile nicht mehr selbstverständlich ist.

Die hier aufgezeigten sicher nicht vollständigen Hinweise beruhen auf Übernachtungserfahrungen mit 50 bis 70 Teilnehmern, gelten aber auch für kleinere oder größere Gruppen. Gerade die Übernachtung sollte sorgfältig geplant sein, damit Zwischenfälle in der Nacht nicht die ganze Veranstaltung beeinträchtigen.

Kinderbibeltag mit Übernachtung, Grillen, Lagerfeuer, Frühstück und Familiengottesdienst

Herzliche Einladung an alle Schulkinder, die Zeit und Lust haben, von Noah, seiner verrückten Idee und der Maus zu hören.

Samstag, den ____________ , um _____ Uhr, bis Sonntag, den ____________ , ca _____ Uhr

Ort: ____, Kosten ____ ,-€

Anmeldung bis Donnerstag, den ____________ bei __________________________________

Kinderkirchennacht
in unserer Gemeinde

Kinderbibeltag mit Übernachtung, Grillen, Lagerfeuer, Frühstück und Familiengottesdienst

Samstag, den ____________ bis Sonntag, den ____________

Herzliche Einladung an alle Schulkinder,
die Zeit und Lust haben, von Noah, seiner verrückten Idee
und der Maus zu hören.

Beginn Samstag um _______ Uhr

im Gemeindezentrum ____________________________,

Ende Sonntag gegen _______ Uhr

(nach dem Familiengottesdienst, der um ______ Uhr beginnt)

Anmeldung bis Donnerstag, den ____________ bei:

____

Wir freuen uns auf DICH
Das Team der
Kinderkirchennacht

P.S.: Wenn Kinder nur am Programm, jedoch nicht an der Übernachtung teilnehmen wollen, so ist das natürlich möglich. Bitte teilen Sie uns dies bei der Anmeldung mit.

Anmeldung

Kinderkirchennacht

Samstag, den ________________ bis Sonntag, den ________________

Kostenbeitrag: ___ ,-€ (bei der Anmeldung zu zahlen)

Name: ______________________ Vorname: ____________________

geb. am: __________________________

Telefon: __________________________

Haftpflichtversicherung: ________________

Besondere Hinweise (Allergien, Asthma, Medikamente, etc.):

____

Schule: ____________ Klasse: __________

Name der/des Erziehungsberechtigten:

Mutter: __________________ Telefon: __________________

Vater: __________________ Telefon: __________________

Datum und Unterschrift der/des Erziehungsberechtigten:

✘ ____

Anmeldung und Rückfragen bis Donnerstag, den _____________ an:

____

Bitte mitbringen: Isomatte oder andere Unterlage, Schlafsack oder Decke, gemütliche Kleidung für die Nacht, Hausschuhe, Zahnbürste und Handtuch.

Warming up am Anfang eines Kinderbibeltages

von Manfred Burdinski

Am Anfang des Festes steht das »Warming up«. Nachdem die Kinder und Mitarbeitenden aus den Gruppen angekommen sind, die Namensschilder ergänzt und ihre Plätze gefunden haben, wird diese Phase gestartet.

WOZU DIENT DAS »WARMING UP« (WU)?

Die Kinder und Mitarbeitenden kommen aus ihrem jeweiligen Alltag mit oft sehr verschiedenen Erlebnissen von Erfolg, Misserfolg und Leistungsanspruch. Mit dem WU sollen im ersten Schritt im Plenum möglichst alle Kinder ***einzeln*** wahrgenommen werden (»Ich werde wahrgenommen, ernst genommen«). Für das einzelne Kind, das in eine oft nur teilweise bekannte Gruppe kommt, manchmal auch von den Eltern geschickt wird, ist dieses Eingangserlebnis ein Erfolg. Es erzeugt eine positive Grundhaltung und öffnet das Kind für das, was danach kommt. Es ist wichtig, dass die WU-Phase von einem erwachsenen Leitenden durchgeführt wird. Sollte die Anzahl der Teilnehmenden größer als 50 Kinder sein, sollten zwei oder mehr Erwachsene diese Begrüßung übernehmen. Bei dieser Begrüßung sollte noch keine Figur aus dem Kibita (Puppe o. ä.) beteiligt sein. Hier soll Vertrauen zwischen den Veranstaltenden und den Kindern hergestellt werden.
Wichtig sind die Namensschildchen bei den Kindern, damit der Name jeweils abgelesen und sie mit ihrem Namen angesprochen werden können. Wenn es eine positive Eigenschaft beim Kind gibt, sollte diese eventuell angesprochen werden (»Du hast dich für uns aber besonders schick gemacht …«, »Schön, dass du da bist …« etc.). Die übrigen Mitarbeitenden sitzen zwischen den Kindern und werden auch begrüßt. Danach stellt sich der Moderator selber den Kindern vor.

Nun folgt das eigentliche WU. Zum einen sollen die Kinder in Stimmung gebracht werden, zum anderen sollen sie sich als Gruppe finden und ein Wir-Gefühl entwickeln. Die Übergänge zwischen den einzelnen Schritten sind fließend. Der Moderator muss dabei auf die Kinder zugehen, Nähe suchen, ihnen in die Augen sehen, manchmal sogar auf Tuchfühlung gehen. Sitzen die Kinder in Reihen hintereinander, muss er auch zwischen die Reihen gehen (Funkmikrophon, Mikro mit langem Kabel oder gute laute Stimme). Sitzen die Kinder im Kreis, muss der Moderator von der Mitte oft zu den Kindern an den Kreisrand, muss in Bewegung bleiben und seine Aktion und seine Ansagen mit deutlichen Gesten unterstützen. Hier ist es gut, dieses vorher bei der Vorbereitung oder vor dem Spiegel zu üben. Der Moderator muss sich eine Art Dramaturgie überlegen: Wie ist die Stimmung, wie nehme ich sie auf? Wie reagiere ich selbst, wie wirke ich auf die Kinder?

IDEE EINES ABLAUFS

»Es ist so ein schöner Tag heute und ihr seid hier so müde. Seid ihr denn wirklich alle wach?« – Kinder antworten – »Na, das hörte sich aber trotzdem noch müde an, das könnt ihr besser!« – Kinderreaktion – »Ja, so macht es Spaß – und ich freu mich so richtig, dass ihr alle gekommen seid. Ich bin hier und du bist hier (auf ein Kind zeigen) und du bist hier … – langsam und leise anfangen, das Lied »Ich bin da und du bist da« zu singen, das Lied lauter gesungen wiederholen, ein drittes Mal ruhig die Kinder auch das Lied schreien lassen, danach ganz leise flüsternd singen. Wichtig ist, keine Anweisungen zu geben (Wir singen jetzt das Lied zum zweiten Mal ganz leise …), sondern es einfach zu tun, die Kinder singen von alleine mit. – »Mensch, ihr könnt ja richtig gut singen, das macht ja richtig Spaß mit euch. Aber das ist auch gut so, denn was machen wir heute zusammen?« – Kinder antworten – »Ja, genau wir feiern heut ein Fest, ein richtig tolles Fest.« Das Lied »Wir feiern heut ein Fest« wird einfach angefangen zu singen. Danach kann auch ein eventuell vorhandener Kibita-Schlager gesungen werden.

Beim WU darf nicht monoton gesprochen oder sogar abgelesen werden. Der Dialog mit den Kindern erfolgt frei, mit lauter, in der Stimmlage möglichst wechselnder Höhe und Stärke.

Lied: »Ich bin da und du bist da«
aus: »Lebenslieder«, Nr. 391
2. Strophe könnte heißen: »Gott ist da und wir sind da …«

Lied: »Wir feiern heut ein Fest …«
aus: Weil du da bist, Kinder-Gotteslob Nr. 15

Das größte Geschenk

EIN KINDERBIBELTAG ZUR SCHÖPFUNG, 1. Mose 1,1–2,4a

von Christiane Zimmermann-Fröb

THEOLOGISCHE VORBEMERKUNGEN

Bei diesem Kinderbibeltag zur ersten Schöpfungsgeschichte liegen die Schwerpunkte auf den Aspekten des Geschenks, der Wertschätzung (»Es war gut!) und der Sinnhaftigkeit. Dahinter steckt der Gedanke, dass Gott nicht einfach nur etwas schafft – aus Langeweile z. B. oder eher zufällig –, sondern dass ein Wollen und ein Sinn dahinterstecken. Alles, was geschaffen wurde, ist von Gott gewollt und damit wertgeschätzt. Es ist Sinn-voll und kein Zufallsprodukt. Dieser Aspekt kann das Selbstvertrauen von Kindern stärken, wenn sie erleben: Ich bin so gewollt, wie ich bin. Ich bin von Gott wertgeschätzt. Es kann auch dazu helfen, meine Mitmenschen und meine natürliche Umwelt schätzen zu lernen, weil ich erlebe: Gott schätzt es und hat es mir anvertraut. Dass Gott alles in seiner Schöpfung wertschätzt, führt natürlich auch zu der Frage: Schätzen wir all das Geschaffene auch oder entwerten wir es durch unseren Umgang mit der Natur, den Tieren, mit anderen Menschen? Doch steht die Frage nach unserem Umgang, nach ökologischem Denken und Handeln an diesem Tag nicht im Vordergrund. In der Schöpfungsgeschichte heißt es, dass Gott uns seine Schöpfung anvertraut (Luther: »... machet sie euch untertan und herrschet über ...«, 1. Mose 1,28). Der ausbeuterischen Deutung des Luthersatzes steht hier bewusst das Anvertrauen gegenüber, das uns Menschen Verantwortung für die Schöpfung gibt. Im Anspiel kommt das zum Ausdruck, wenn das Kind ein Tier bekommt, für das es nun Verantwortung übernimmt.

Ältere Kinder hinterfragen die Schöpfungsgeschichte oft auf ihre Wahrheit. Sie lernen in der Schule andere Theorien über die Entstehung der Welt. Diesen Theorien soll gar nicht widersprochen werden. An diesem Tag soll vielmehr deutlich werden, welche Hilfe einem die Schöpfungsgeschichte geben kann, auch wenn man vom wissenschaftlichen Standpunkt aus heute weiß, dass die Erde nicht so entstanden sein kann. Hinter der Schöpfungsgeschichte steht der Grundgedanke: Einer hat das gewollt und es hat Sinn, dass es da ist. Dieser Gedanke kann stärken und trösten und er lässt sich auch mit einer anderen Entstehungstheorie der Welt vereinbaren.

ANKOMMEN

- Namensschilder ausgeben und von den Kindern beschriften und evtl. noch bemalen lassen
- Gruppeneinteilung (die Gruppeneinteilung kann über die Namensschilder erfolgen, z. B. haben alle Kinder einer Gruppe eine Sonne, andere einen Fisch oder Symbole/Form zu den einzelnen Schöpfungstagen etc.)
- Teilnehmerbeitrag einsammeln (falls es einen gibt)

PLENUM

BEGRÜSSUNG

LIED: »Immer und überall« (mit Bewegungen)
(in: Kirche mit Kindern Liederbuch, hg. v. Rhein. Verband für Kindergottesdienst, S. 88)

TRINITARISCHER KERZENRITUS

Es werden drei Kinder ausgewählt, die während des Ritus jeweils eine Kerze anzünden. Der Ritus wird begleitet mit dem Lied »Du bist da, wo Menschen leben« in: Kirche mit Kindern Liederbuch, hg. v. Rhein. Verband für Kindergottesdienst, S. 37, oder Menschens Kinder Lieder 1, 42.

Im Namen des Vaters und des Sohnes und des Heiligen Geistes. Amen.

Die erste Kerze zünden wir an für Gott. Er hat uns das Leben gegeben und zu ihm kehrt es auch wieder zurück.

(Ein Kind zündet – gegebenenfalls mit Hilfe – die erste Kerze an. Alle singen: Du bist da, wo Menschen leben)

Die zweite Kerze zünden wir an für Jesus. Er hat uns gezeigt, dass Gott uns liebt und wie wir liebevoll miteinander umgehen können.

(Ein Kind zündet – gegebenenfalls mit Hilfe – die zweite Kerze an. Alle singen: Du bist da, wo Menschen lieben)

Die dritte Kerze zünden wir an für den Heiligen Geist. Er gibt uns Hoffnung und tröstet uns, wenn wir traurig sind.

(Ein Kind zündet – gegebenenfalls mit Hilfe – die dritte Kerze an. Alle singen: Du bist da, wo Menschen hoffen + Halleluja-Strophe mit Klatschen)

PSALM 104 MIT KEHRVERS

Lobe den Herrn, meine Seele! Halleluja!

Du, Gott, lässt frisches Wasser aus den Quellen sprudeln.
Alles, was lebt, kann seinen Durst stillen:
die Tiere des Feldes, das Wild, die Vögel.

Lobe den Herrn, meine Seele! Halleluja!

Du, Gott, lässt es regnen.
Früchte, Gras und Getreide können wachsen.
Tiere und Menschen haben zu essen und können sich daran freuen.

Lobe den Herrn, meine Seele! Halleluja!

Du hast Sonne und Mond gemacht,
Tag und Nacht und den Jahreslauf eingeteilt.
Alles, was lebt, hat seinen Rhythmus.
Wir sind tagsüber munter und ruhen in der Nacht.

Lobe den Herrn, meine Seele! Halleluja!

Herr, unser Gott, wie sind deine Werke so groß und so viel!
Du hast sie alle weise geordnet, und die Erde ist voller deiner Güter!

Lobe den Herrn, meine Seele! Halleluja!

Alle warten darauf, dass du ihnen zur richtigen Zeit gibst, was sie brauchen!
Aber wenn du nicht bei ihnen bist, haben sie keine Zukunft!

Lobe den Herrn, meine Seele! Halleluja!

Von dir, Gott, kommt das Lebendige! Du machst alles neu!
Die Herrlichkeit des Herrn bleibe ewiglich, der Herr freue sich seiner Werke!

Lobe den Herrn, meine Seele! Halleluja!

Amen.

(aus: Dir kann ich alles sagen. Gott; hg. v. Rhein. Verband für Kindergottesdienst)

LIED: Die Herrlichkeit des Herrn bleibe ewiglich
(in: Evang. Gesangbuch, Ausgabe für Rheinland/Westfalen/Lippe/Reformierte Kirche, Nr. 640)

ANSPIEL

Familie mit älterem Schulkind und Kindergartenkind beim Abendessen. Das Schulkind hat gerade Entstehung der Welt, Urknall etc. in der Schule gehabt. Das Kindergartenkind hat ein Tier geschenkt bekommen und muss und möchte jetzt Verantwortung dafür übernehmen. Im Anspiel soll die Frage deutlich werden: Was bringt mir das Wissen um den Urknall? Erfahre ich dadurch etwas über das Warum oder den Sinn des Ganzen?
Personen: Kindergartenkind (K-Kind), Schulkind (S-Kind), Mutter, Vater
Bühne mit Esstisch, 4 Stühle, Geschirr/Essen/Getränke

Mutter: (stellt die letzten Sachen auf den Tisch und ruft) Kommt ihr bitte zum Abendessen!

3 Stimmen: (aus dem Off und durcheinander) Wir kommen! / Ja! / Komme schon!
(Vater und Kinder erscheinen und setzen sich mit der Mutter an den Tisch.)

Vater: Dann beten wir.

Alle: (K-Kind sehr motiviert, S-Kind eher etwas nuschelig): Alle guten Gaben, alles, was wir haben, kommt, o Gott, von dir, wir danken dir dafür. Amen. Guten Appetit.
(Die Familie beginnt zu essen.)

S-Kind: Alles, was wir haben, kommt, o Gott, von dir – na ja.

K-Kind:	Wieso, Gott hat doch alles gemacht. (fängt an zu singen, mit Bewegungen) Du hast uns deine Welt geschenkt, den Himmel die Erde, Du hast uns …
Mutter:	Wir essen jetzt!
S-Kind:	Außerdem stimmt das so ja gar nicht!
K-Kind:	Doch, unser Pfarrer …
S-Kind:	Ach der! Der hat doch keine Ahnung! In der Schule sprechen wir gerade darüber, wie die Erde entstanden ist. Da gibt es Theorien von *Wissen*schaftlern, die haben das erforscht. Die wissen Bescheid!
Vater:	Na, dann lass mal hören. Das musst du deinem Bruder/deiner Schwester jetzt mal erklären.
S-Kind:	OK, OK. Also: Am Anfang, da hat es einen riesengroßen Knall gegeben, den Urknall.
K-Kind:	Es hat geknallt? So wie wenn ein Luftballon platzt?
S-Kind:	Genau, nur viel größer.
K-Kind:	Und wer hat das gemacht?
S-Kind:	Wie – wer hat das gemacht?
K-Kind:	Na, wer hat denn den riesengroßen Luftballon aufgepustet, bis er geplatzt ist?
Vater:	(grinsend) Eine gute Frage.
S-Kind:	Niemand natürlich. Und das war ja auch kein Luftballon. Das waren chemische und physikalische Prozesse.
K-Kind:	Aber jemand hat doch gewollt, dass das knallt, oder?
S-Kind:	Eben nicht. Das ist eher zufällig passiert oder aus Versehen.
Mutter:	Du meinst, dass unsere Erde so eine Art Chemie-Unfall ist?
S-Kind:	Wieso Unfall? Ist doch was Gutes bei rausgekommen!
Vater:	Ja, aber eben nur zufällig. Es hätte ja auch anders laufen können.
S-Kind:	Ne, es hätte nicht anders laufen können. Das ist es ja gerade. Es gibt chemische und physikalische Gesetzmäßigkeiten. Wenn das, dann das. Das musste so kommen.
K-Kind:	Und wer hat diese Gesetzte gemacht? Derselbe, der auch den Luftballon aufgepustet hat?
S-Kind:	(stöhnt)
Vater:	Ich stimme ja mit dir überein, dass die Naturwissenschaften erklären können, *wie* die Welt entstanden ist. Aber sie sagen uns nicht, *warum* sie entstanden ist.
Mutter:	Ich fühle mich jedenfalls wohler, wenn ich weiß, dass ich nicht nur zufällig da bin. Ich finde, es muss doch auch einen Sinn für alles geben.
Vater:	(grinst) Ich bin auch lieber etwas Sinnvolles als etwas Sinnloses! Und damit sage ich nichts gegen chemische oder physikalische Prozesse!
S-Kind:	OK, ich verstehe. Ihr seid mit dem Knall einverstanden …
Mutter/Vater:	Klar, wissenschaftlich nachweisbar …
Vater:	Und er hat eine naturwissenschaftlich hohe Wahrscheinlichkeit für sich …
S-Kind:	… aber ihr wollt jemanden, der es knallen lässt.
Mutter:	Zumindest einen, der den Knall *gewollt* hat.
K-Kind:	Au ja, einen, der es krachen lässt.
Vater:	Und danach kann auch nicht einfach alles von allein weiterlaufen.
S-Kind:	Wie meinst du das?
Vater:	Nun ja, alles um uns her sind, wissenschaftlich gesehen, chemische, physikalische oder biologische Vorgänge, nicht wahr?
S-Kind:	Klar, meine Rede.
Vater:	Aber wir Menschen greifen durch unsere Ideen und Erfindungen doch ganz massiv in diese Prozesse ein oder sorgen z. B. durch Abgase dafür, dass bestimmte Prozesse überhaupt erst geschehen.

Mutter: Oder schneller ablaufen.

S-Kind: Stimmt. Und was ist die Konsequenz? Du willst doch auf irgendwas hinaus? (grinst den Vater an)

Vater: Ja, ja (grinsend), du kennst deinen alten Vater. Aber im Ernst. Wenn wir in solche chemischen, physikalischen oder biologischen Abläufe eingreifen, dann müssen wir dafür auch Verantwortung übernehmen. Wir müssen uns Gedanken darüber machen, was passiert, wenn wir etwas Bestimmtes tun.

S-Kind: Logo!

K-Kind: Ich hab auch was Bestimmtes getan. (mit Nachdruck) Und darum habe ich jetzt auch Verantwortung!

S-Kind: Hä?

K-Kind: Ich habe doch mein Kaninchen bekommen! Darum muss ich mich jetzt kümmern. Hat Mama gesagt.

Mutter: Genau. Es ist dein Tier. Ich helfe dir gern, aber du hast die Verantwortung.

S-Kind: Was hat das denn jetzt mit der Entstehung der Welt zu tun?

K-Kind: Das Kaninchen ist doch auch entstanden! Von mir aus auch aus dem großen Knall, von dem du erzählt hast. Und jetzt ist es da und es ist bei mir und darum muss ich mich jetzt auch um das Kaninchen kümmern. Schließlich habe ich es geschenkt bekommen. Und ich wollte es ja auch haben!

Mutter: Das ist ein prima Gedanke. Wenn ich etwas will, muss ich mich auch darum kümmern. Wenn etwas erst mal da ist, muss ich es versorgen.

S-Kind: Schon, aber dieses Kaninchen wäre doch auch auf der Welt, wenn es nicht bei uns wäre.

Vater: Aber jetzt ist es bei uns, als ein lebendiges Geschenk.

K-Kind: Und ich habe es lieb. Darum ist es hier.

Mutter: Vielleicht ist ja die ganze Welt hier, weil jemand sie lieb hat?

Vater: Und weil jemand sie uns geschenkt hat?

S-Kind: Und der Urknall?

Vater: Vielleicht fing es da schon mit dem Liebhaben und Schenken an!

LIED: Laudato si

(in: Kirche mit Kindern Liederbuch, hg. v. Rhein. Verband für Kindergottesdienst, S. 105)

GRUPPENPHASE/JÜNGERE

(Imbiss nach Gelegenheit einplanen)

KENNENLERNSPIELE

BIBLISCHE GESCHICHTE: DIE SCHÖPFUNGSGESCHICHTE

Mit Hilfe von Seh-, Hör- und Fühlkartons wird die Schöpfungsgeschichte erzählt. Sie benötigen Schuhkartons mit Deckel, in die nach Bedarf Griff- bzw. Gucklöcher gemacht werden, um eine Hand hineinstecken oder hineinsehen zu können. Bitte gestalten Sie die Schuhkartons von außen schön, z. B. mit Geschenkpapier

oder Goldpapier. Sie sollen aussehen wie Geschenke, um den Geschenkcharakter der einzelnen Schöpfungselemente deutlich zu machen.
Entweder erzählen Sie den jeweiligen Teil der Geschichte (*unten kursiv gedruckt*) am passenden Karton und die Kinder wandern nach und nach von Karton zu Karton. Dann brauchen Sie für jeden Karton einen Mitarbeiter/eine Mitarbeiterin. Oder Sie erzählen zunächst die ganze Schöpfungsgeschichte und bitten die Kinder dann, nacheinander an den Kartons vorbeizugehen und zu schauen oder zu fühlen oder zu hören. Bei einigen Kartons können die Kinder allein hineingreifen oder -sehen, bei manchen muss ein/e Mitarbeitende/r dabei sein, weil etwas weggezogen werden muss (s. u.). Wenn alle Kinder durch sind, kann man mit ihnen noch einmal gemeinsam zusammentragen, wovon an den einzelnen Kartons erzählt wird.

1. Karton mit Griffloch an der Seite, innen leer:

Am Anfang war – nichts.

2. Karton mit Guckloch an einer Seite und einem Loch oben im Deckel, das zunächst gut und fest abgedeckt ist, Ränder lichtdicht machen, innen leer:

Es war finster. Und Gott sprach: Es werde Licht!

(Abdeckung vom oberen Loch im Deckel entfernen)

3. Karton mit Griffloch, innen mit Folie ausgeschlagen; Plastikschale mit Wasser unten, am besten mit Doppelklebeband am Kartonboden angeklebt; benetzte Folie oben:

Gott sagte: Es sammle sich das Wasser unten

(Vorsichtig in die Plastikschale greifen)

und oben

(nasse Folie berühren)

und dazwischen ist die Luft zum Atmen!

4. Karton mit Griffloch an der Seite, innen Erde und Kieselsteine:

Und Gott sammelte das Wasser auf der Erde in den Meeren, Seen und Flüssen
und machte das trockene Land.

5. Karton mit Griffloch an der Seite, innen frische Blätter von Bäumen, aber auch z. B von Zitronenmelisse/Basilikum/Lavendel, die man zwischen den Fingern reiben kann und dann an den Fingern riechen:

Und Gott sagte: Auf der Erde soll Grünes wachsen, Gewächse mit Samen,
Bäume mit Früchten und Blättern!

6. Karton mit Guckloch an der Seite, innen leer. Der Karton braucht eine doppelte Rückwand: Auf der Rückseite des Schuhkartons eine große runde Fläche ausschneiden und mit gelbem Transparentpapier als Sonne hinterkleben. Davor eine Pappe mit einzelnen kleinen Löchern (= Sterne) und einem ausgeschnittenen Halbmond stellen. Dazu machen Sie in den Deckel nahe der Rückwand einen Schnitt, durch den diese Pappe vor die Transparentrückwand gesteckt und dann während des Durchsehens herausgezogen wird. Die Pappe sollte daher etwas aus dem Deckel herausragen:

Und Gott sagte: Es sollen Lichter am Himmel sein, um die Erde zu beleuchten!
Die Sonne scheine am Tag und der Mond und die Sterne leuchten in der Nacht.

7. Karton mit Griffloch an der Seite, innen verschiedene Schleich-Wassertiere und -Vögel zum Ertasten oder Kopfhörer und iPod/CD-Gerät/Kassettenrekorder mit Walgesang, Delphingekecker, Vogelgezwitscher:

Und Gott machte die Tiere, die das Wasser bevölkern,
und die Vögel des Himmels.

8. Karton mit Griffloch an der Seite, innen verschiedene Schleichtiere zum Ertasten oder Kopfhörer und iPod/CD-Gerät/Kassettenrekorder mit Löwengebrüll, Affengekreisch, Hundegebell, Wiehern, Muhen, Mähen, Miauen etc:

Und Gott machte alle Tiere, die das feste Land bevölkern, die wilden Tiere und auch alle Haustiere.

9. Karton mit größerem Guckloch an der Seite, evtl. Vorderwand, die dann weggezogen wird. An die Rückseite innen einen Spiegel/Spiegelfolie kleben, Lichteinfall von oben (z. B. vom Deckel nur einen Rahmen stehen lassen, ein großes Rechteck ausschneiden und mit weißem Transparentpapier hinterkleben); Kinder in den Spiegel/die Spiegelfolie schauen lassen:

Und schließlich machte Gott den Menschen als sein Abbild, als Gottes Kind.

KREATIVANGEBOTE: siehe Seite 30–31

GRUPPENPHASE/MITTLERE

(Imbiss nach Gelegenheit einplanen)

KENNENLERNSPIELE

BIBLISCHE GESCHICHTE: DIE SCHÖPFUNG »UND ES WAR GUT SO« – EINE RÜCKENGESCHICHTE

Rückengeschichten, d. h. Geschichten, die zusammen mit einem Partner/einer Partnerin gehört werden, wobei eine/r das Erzählte mit Fingergesten auf dem Rücken des anderen begleitet, sind eine schöne Möglichkeit, miteinander in Kontakt zu kommen, sich etwas Gutes zu tun und dabei vertraute Geschichten ganz neu und neue Geschichten ganz »hautnah« zu erleben. Voraussetzung ist, dass sich zwei Menschen zusammentun, die daran Spaß haben. Eine/r ist Schreiber/in und eine/r ist die Tafel. Die Tafel legt sich bequem auf den Bauch oder setzt sich rittlings so hin, dass sie dem anderen den Rücken zuwendet, oder beide stehen. Der Schreiber kniet, setzt oder stellt sich so hin, dass er mit seinen Händen den Rücken des anderen gut erreichen kann.
Dann kann es losgehen. Ein/e Mitarbeitende/r erzählt die Geschichte und der Schreiber/die Schreiberin malt sie auf den Rücken seines Partners/ihrer Partnerin. Die Vorschläge für die Bewegungen sind Anregungen, die kreativ umgesetzt werden können. Bei kleinen Kindern kann der Anleitende die Bewegungen in die Luft malen und die Kinder können sich an diesen Vorschlägen orientieren.
Wichtig ist, dass vor Beginn gesagt wird, welche Körperbereich berührt werden dürfen: nämlich nur der Rücken von den Schultern ab bis zur Taille. Es wird nicht gekitzelt oder gekniffen. Um sich miteinander bekannt zu machen, putzt der Schreiber/die Schreiberin erst einmal die »Tafel« , reibt also den Rücken des Partners/der Partnerin. Falls es einem Kind doch zu kitzelig sein sollte, dann bitte bei diesem Kind die Berührungen etwas kräftiger machen.
Die Geschichte wird zweimal erzählt. Nach dem ersten Durchgang tauschen die Partner/innen. Die Geschichte beim zweiten Mal bitte genauso langsam erzählen wie beim ersten Mal. Die Kinder erleben sie zweimal in ganz unterschiedlichen Rollen: einmal gestaltend, einmal erspürend.

WAS MAN ERZÄHLT	WAS MAN TUT
Am Anfang der Welt war es auf der ganzen Erde wüst und leer.	Mit einem Finger Kreise malen.
In einem fort zuckten die Blitze.	Zacken aufmalen.
Überall rollte Donner über die Erde.	Faust kreuz und quer bewegen.
Vulkane spieen pausenlos Feuer.	Eingerollte Finger schnellen hoch.
Es wollte nicht aufhören, zu regnen.	Mit Fingern tippeln.
Auf der Erde herrschte Finsternis.	Fäuste auf Schultern drücken.
Da sprach Gott: »Es werde Licht!«	Finger beider Hände streichen leicht nach außen zu den Oberarmen.
Und es war gut so.	Mit dem Finger einen Haken zeichnen.
Überall bedeckte Wasser die Erde	Mit den Fingern einer Hand eine Welle malen von links nach rechts.
Gott ließ das Wasser zurückgehen.	Welle malen von rechts nach links.
Hier und da kam trockenes Land hervor.	Faust an mehreren Stellen legen.
Dazwischen sprudelten die Meere.	Mit den Fingern spiralförmig kreisen.
Und es war gut so.	Mit dem Finger einen Haken zeichnen.
Es wuchsen Gräser und Kräuter.	Kleine Striche zeichnen.
Es wuchsen Sträucher und Bäume.	Große Striche zeichnen. Baum malen.
Sie trugen Früchte.	Überall kleine Kreise, Punkte malen.
Der Samen dieser Früchte breitete sich über die ganze Erde aus.	Finger tippeln überall hin.
Und es war gut so.	Mit dem Finger einen Haken zeichnen.
In der Nacht erschienen Sterne am Himmel.	Fingerkuppen einer Hand mehrmals aufsetzen und auseinanderspreizen.
Und der Mond leuchtete zur Erde.	Halbmond malen.
Die Sonne machte den Tag hell und wärmte die Erde.	Hände auf die Schultern legen und sanft über den Rücken streichen.
Es entstanden der Tag und die Nacht	Mit der Handkante von links nach rechts und zurück nach links fahren.
Und es war gut so.	Mit dem Finger einen Haken zeichnen.
Im Wasser regte sich Leben:	Finger krabbeln hin und her.
Viele Tiere schwammen umher.	Handkante hin und her schlängeln.
Fischschwärme durchzogen die Meere.	Finger mehrmals spreizen und schließen, während sie dahingleiten.

Alsbald schwebten Vögel in den Lüften, Insekten und Bienen summten dahin.	Fingerkuppen streicheln leicht dahin.
Und es war gut so	Mit dem Finger einen Haken zeichnen.
Auch auf der Erde wurde es lebendig.	Mit Fingern überall trommeln.
Es entstanden kriechende Tiere,	Mit der Handkante schlängeln.
springende und hüpfende,	Mit dem Finger mehrmals auftappen.
aber auch große und schwere Tiere.	Mit der Faust einen Weg gehen.
Gott sehnte sich von ganzem Herzen nach noch einem Geschöpf.	Mit dem Finger ein Herz malen.
Es sollte ihm alles, was auf Erden lebt, bewahren.	Hände auflegen.
Es wurden Menschen: Frau und Mann.	Zwei Strichmenschen malen.
Ihnen, ihren Kindern und wieder ihren Kindern vertraute Gott die ganze Erde an.	Mit den Händen sanft kreisen.
Und es war gut so.	Mit dem Finger einen Haken zeichnen.
Dann hielt Gott inne. Er schenkte sich und den Menschen einen Ruhetag zum Spielen, Feiern, miteinander leben.	Hände liegen still auf den Schultern.

Geschichte von Ewald Schulz

KREATIVANGEBOTE: siehe Seite 30 und 31

GRUPPENPHASE/ÄLTERE

(Imbiss nach Gelegenheit einplanen)

KENNENLERNSPIELE

BIBLISCHE GESCHICHTE: EINE PHANTASIEGESCHICHTE

Phantasiegeschichten brauchen Zeit! Sie sollten, ebenso wie auch Phantasiereisen im entspannten Sitzen oder im Liegen stattfinden. Zunehmend erscheint das Sitzen als sinnvoller. Die Haltung ist dann entspannt und aufmerksam zugleich. Es ist eine gute Möglichkeit, sich umgedreht auf den Stuhl zu setzen. Die Arme liegen auf der Lehne, der Kopf bettet sich auf die Arme, die Augen sind geschlossen. Laden Sie die Kinder zu dieser Form des Sitzens ein. Sprechen Sie bitte langsam und machen Sie Pausen zwischen den Sätzen,

damit die Kinder Zeit haben, Bilder in ihren Köpfen entstehen zu lassen. Die Phantasiereise endet in einem kreativen Teil, für den Sie folgendes Material benötigen:
Tonkartonbögen in verschiedenen Farben – Scheren – Kleber (Uhu, Holzleim, Kleister, Heißkleber, je nach vorhandenem Naturmaterial) – Farben (z. B. Jaxon-Pastellölkreiden) – Naturmaterial (z. B. Erde, Sand, Blätter, Gras, Moos, Zweige, Rinde).

Ich möchte mit euch eine Reise machen, eine Reise im Kopf. Setzt euch dazu bequem hin, sodass ihr eine Weile so sitzen könnt. Wenn ihr mögt, könnt ihr euch verkehrt herum auf euren Stuhl setzen und den Kopf in die Arme auf der Stuhllehne kuscheln.

Bitte schließt nun die Augen. – Spürt einmal nach, wie ihr jetzt sitzt. – Wo berührt euer Körper den Stuhl? – Fühlt, wie eure Füße auf dem Boden stehen und von ihm getragen werden. – Achtet jetzt einmal auf euren Atem. – Er strömt in euren Körper hinein und fließt wieder hinaus, ganz von allein.

Nun sind wir bereit für unsere Reise und die Reise beginnt jetzt.
Du reist weit zurück, durch Raum und Zeit, bis ganz an den Anfang. Du bist sicher. Dir wird nichts geschehen.

Dort, ganz am Anfang ist alles dunkel. Schwärze umgibt dich. Du kannst dazu auch einmal die Hände fest auf die Augen legen.
Nichts ist da. Nur Dunkelheit und Stille.
Wo du auch hinschaust: Dunkelheit.
Wie du auch lauschst: nichts als Stille.
Aber dann spürst du etwas. Es ist wie gute Gedanken, die die Dunkelheit umgeben und durchdringen. Viele Gedanken sind da, wirbeln durcheinander, sind vielleicht nicht zu fassen.
Doch dann wird ein Gedanke ganz deutlich: Licht!
Du kannst den Gedanken sehen!
Du siehst Licht!
Es ist da!
Licht und Dunkelheit. Dunkelheit und Licht.
Es ist gut! Es ist für dich!

Wieder spürst du etwas. Es ist wie gute Gedanken, die das Licht und die Dunkelheit umgeben und durchdringen. Viele Gedanken sind da, wirbeln durcheinander, sind nicht zu fassen.
Doch dann wird ein Gedanke ganz deutlich: Wasser, unten und oben!
Du kannst den Gedanken fühlen!
Du fühlst Wasser! Um dich herum.
Es ist da!
Du hebst dein Gesicht und spürst Wassertropfen, die darauf fallen.
Wasser unten, Wasser oben. Und dazwischen: Luft zum Atmen.
Es ist gut! Es ist für dich!

Wieder spürst du etwas. Es ist wie gute Gedanken, die das Wasser und die Luft umgeben und durchdringen. Viele Gedanken sind da, wirbeln durcheinander, sind nicht zu fassen.
Doch dann wird ein Gedanke deutlich: Erde! Bewachsene Erde!
Du kannst den Gedanken spüren.
Du spürst die Erde, auf der du sicher und fest stehst.

Sie ist da!
Vielleicht:
Steinig und hart,
sandig und fein,
hell und staubig,
dunkel, schwer und fruchtbar.
Du siehst dir diese Erde genau an.
Da entdeckst du grüne Spitzen, die sich aus dem Boden schieben.
Überall um dich herum.
Sie wachsen und werden größer.
Schau ihnen zu. Schau sie dir an. Welche Pflanzen wohl aus ihnen werden?
Erde und Pflanzen.
Es ist gut! Es ist für dich!

Wieder spürst du etwas. Es ist wie gute Gedanken, die den Erdboden durchdringen und die Pflanzen umgeben. Viele Gedanken sind da, wirbeln durcheinander, sind nicht zu fassen.
Doch dann wird ein Gedanke ganz deutlich: Zeit.
Und du siehst, wie sie entsteht.
Sie ist da!
Du siehst die Sonne aufgehen.
Du siehst, wie sie am Tag über den Himmel zieht.
Du siehst, wie sie untergeht.
Und statt ihrer sind nun die Sterne da.
Und der Mond ist da. Er nimmt zu und wieder ab.
Du siehst der Zeit zu.
Sie ist gut. Sie ist für dich!

Wieder spürst du etwas. Es ist wie gute Gedanken, die die Zeit umgeben und durchdringen. Viele Gedanken sind da, wirbeln durcheinander, sind nicht zu fassen.
Doch dann wird ein Gedanke ganz deutlich: Fische – Vögel.
Du kannst den Gedanken sehen.
Du siehst das Glitzern der Fische im Wasser. Du siehst, was alles dort lebt.
Du siehst das Schillern der Flügel. Du siehst die vielen fliegenden Lebewesen.
Sie sind da!
Sie sind gut! Sie sind für dich!

Wieder spürst du etwas. Es ist wie gute Gedanken, die all die Tiere im Wasser und in der Luft umgeben. Viele Gedanken sind da, wirbeln durcheinander, sind nicht zu fassen.
Doch dann wird ein Gedanke ganz deutlich: Landtiere.
Du siehst den Gedanken und du hörst ihn.
Kreischen und brüllen,
bellen und zischen,
grunzen und wiehern.
Sie sind da!
Sie sind gut! Sie sind für dich!

Wieder spürst du etwas. Es ist wie gute Gedanken, die all die Landtiere umgeben. Viele Gedanken sind da, wirbeln durcheinander, sind nicht zu fassen.
Doch dann wird ein Gedanke ganz deutlich: Menschen, mein Ebenbild.

Du fühlst diesen Gedanken von deinen Haarspitzen bis zu den Zehen.
Du bist dieser Gedanke.
Du bist da!
Du bist sehr gut!

Wieder spürst du etwas. Es ist wie gute Gedanken, die dich umgeben. Viele Gedanken sind da, wirbeln durcheinander, sind nicht zu fassen.
Doch dann wird ein Gedanke ganz deutlich: Ruhe, Ausruhen. Zeit für Dich.
Es ist gut! Es ist für dich!

Langsam endet deine Reise. Du bist wieder bei dir angekommen. Hier in unserem Raum im Gemeindehaus. Öffne langsam die Augen, in deinem Tempo. Räkele dich durch, reck dich, wenn du magst. Aber bitte rede noch nicht.

Hier sind Tonpapier, Kleber, Scheren, Farben und Naturmaterialien.
Lass dir Zeit und gestalte dein eigenes Bild von deiner Reise. Vielleicht möchtest du alles gestalten, vielleicht gibt es einen Gedanken, der dir besonders wichtig geworden ist, ein Bild, das du besonders mitgenommen hast.

Die Kinder haben nun Zeit, das, was sie besonders berührt hat, für sich zu gestalten (20–30 Minuten).

Es kann sich eine Abschlussrunde anschließen, bei der jedes Kind sein Bild in die Mitte legt und ihm einen Titel gibt. Dabei können die Bilder in der Reihenfolge der Reise gelegt werden oder jedes Kind legt sein Bild so ab, dass es für das Kind in einem stimmigen Verhältnis zu den Bildern der anderen liegt.

Evtl. kann sich eine Gesprächsrunde anschließen, die noch einmal Bezug zum Anspiel nimmt.

KREATIVANGEBOTE: siehe Seite 30 und 31

KREATIVIDEEN FÜR ALLE ALTERSGRUPPEN

ALS GRUPPENPROJEKT:

Jede Gruppe gestaltet gemeinsam eine komplette Schöpfungslandschaft aus Naturmaterialien und anderen Kreativmaterialien und Figuren
oder
Jede Gruppe gestaltet jeweils einen Tag der Schöpfungsgeschichte. Die Gesamtgeschichte wird dann in der Kirche oder im Gemeindehaus aufgebaut und kann dort von der Gemeinde angesehen werden, evtl. im oder nach einem Schöpfungsgottesdienst zu dem Kibita.

Material:
Tische oder große flache Holz- oder Plastikkisten, auf/in denen der jeweilige Schöpfungstag gestaltet wird. Folie, um die Tische oder Kisten abzudecken/auszukleiden, damit Erde, Sand, Wasser sich nicht überall verteilen. – Schalen in verschiedenen Größen für Wasser – Wasser – Kerzen – Erde, Sand, Steine – Pflanzen, Gräser, Moos, kleine Zweige – Tierfiguren (z. B. von Schleich), alternativ können Tiere auch aus Ton oder

Modelliermasse selbst geformt werden. - Menschenfiguren, alternativ können die Figuren auch aus Ton oder Modelliermasse selbst geformt werden; jedes Kind kann auch sich selbst gestalten und dann in die Landschaft beim 6. Tag hineinstellen - Material, um Sonne, Mond und Sterne zu gestalten - evtl. eine Uhr oder Material, um eine Uhr zu gestalten - Tücher in verschiedenen Farben und aus verschiedenen Stoffen.

ALS EINZELAKTIVITÄTEN:

Schöpfungsgeschenke gestalten, zum Mitnehmen oder auch zum Weiterverschenken (bitte auswählen)
- zum 1. oder 4. Tag: Kerzen verzieren
(Material: kleine Stumpenkerzen, Wachsplatten, Ausstechförmchen, Scheren, Messer, Brettchen als Unterlage
oder
kleine Stumpenkerzen, echte Wachsmalstifte, z. B. von Stockmar, und eine brennende Kerze; Wachsstift mit der Spitze einen Moment in die Flamme halten und dann auf der Kerze malen bzw. auf die Kerze tropfen, Unterlage)

- zum 2. Tag: mit Glasnuggets/Tiffanyglas/Muggelsteinen (Bastelbedarf) in verschiedenen Blautönen und Glaskleber (Bastelbedarf) oder Heißkleber ein Wasserbild gestalten, als Unterlage kann man eine Glasplatte verwenden (Bastelbedarf oder das Glas aus einfachen kleinen Glasbilderrahmen)

- zum 3. Tag: kleine Glasflaschen mit farbigem Sand füllen (Material: kleine Glasflaschen, Korken oder heißes Wachs zum Verschließen, farbiger Sand, z. B. Quarzsand in Marmeladengläser füllen, einen Teelöffel Farbpigmente (z. B. bei www.gerstaecker.de) dazugeben, Deckel zuschrauben und das Glas kräftig schütteln
oder
Blumen einpflanzen/Kresse säen und die Tontöpfe gestalten (bemalen oder mit Ziersteinen bekleben)

- zum 4. Tag: einen Kalender gestalten (leere Kalender gibt es im Bastelbedarf)

- zum 5. Tag: ein Fisch-Vogel-Bild mit Federn gestalten (Material: dunkel- und hellblaues Tonpapier, Federn (Bastelbedarf), evtl. Bleistifte zum Vorzeichnen, Heißkleber, um die Federn jeweils mit einem kleinen Klecks aufzukleben)

- zum 6. Tag: Spiegel- oder Bilderrahmen verzieren (Material: kleine Spiegel oder einfache kleine Holzbilderrahmen, z. B. IKEA, Filzstifte, Glitzersteine u. ä., Kleber)

- zum 4. oder 7. Tag: eine Sanduhr selber bauen, (eine einfache und gute Anleitung finden Sie unter http://www.physikfuerkids.de/historie/zeit/zeit10.html)

SCHLUSSPLENUM

LIED: Laudato si

ZUSAMMENFASSUNG

Vater, Mutter, und K-Kind sitzen wieder am Tisch.

S-Kind: (kommt herein, trägt vorsichtig einen Globus, auf dem mit Klebeband eine Geschenkschleife befestigt ist)

K-Kind: Oh, ein Globus! Ist der für mich?

S-Kind: Wie kommst du da drauf?

K-Kind: Da ist doch eine Geschenkschleife dran.

S-Kind: Jaaa, das ist richtig.

K-Kind: Also für mich?

S-Kind: Auch.

Mutter: Für mich auch?

S-Kind: Jaaa, auch für dich, aber nicht nur.

Vater: Ist der auch für mich?

S-Kind: Jaaa, und auch für mich.

K-Kind: Hä, schenkst du dir jetzt selber was?

Mutter: Oh, ich glaube, das hat mit unserem Gespräch von vorhin zu tun.

S-Kind: Genau!

Vater: Ich verstehe!

K-Kind: Was denn? Was denn?

S-Kind: Na, ja, wie immer diese Erde hier auch entstanden ist, sie ist Gottes Geschenk an uns alle, (stellt den Globus feierlich auf den Tisch), mit allem, was auf ihr lebt.

K-Kind: (springt auf und rennt raus)

Mutter: Was ist denn jetzt?

K-Kind: (kommt wieder rein mit einer Schere und einer Rolle breitem Geschenkband)

Mutter: Ah! Ich verstehe!

S-Kind: Was jetzt?

K-Kind: Du hast mich auf eine Idee gebracht. (fängt an, 4 lange Stücke abzuschneiden; bindet dann eine Schleife um die Mutter, eine um den Vater, eine um S-Kind und zum Schluss eine um sich selbst)

Vater: (nimmt K-Kind auf den Schoss) Du hast recht. Wir sind auch Geschenke, die Gott uns gemacht hat!

> An alle Kinder werden jetzt jeweils von ihren Gruppenmitarbeitern Geschenkbandstreifen ausgegeben, die sie sich gegenseitig als Schleife z. B. um das Handgelenk/durch ein Knopfloch/Gürtelschlaufe etc. machen können.

GEBET/VATERUNSER

SEGEN

LIED: Immer und überall (mit Bewegungen)

Noah und seine verrückte Idee und die Maus

EIN KINDERBIBELTAG MIT ÜBERNACHTUNG, GRILLEN, FRÜHSTÜCK UND FAMILIENGOTTESDIENST

von Manfred Burdinski

THEOLOGISCHE VORBEMERKUNGEN

Die Kinderkirchenübernachtung nimmt bei der Erzählung über die Sintflut nicht den strafenden, sondern den vor Unglücken warnenden Gott in den Fokus. Gott warnt Noah vor einer Katastrophe, der großen Überschwemmung. Noah hört auf Gott, folgt seinen Anweisungen und baut ein großes Schiff an einem für Schiffsbau ungewöhnlichen Ort. Dies geschieht nicht heimlich. Alle Menschen (der Gegend) können es sehen, bekommen indirekt also die Warnung mit. Sie könnten das Gleiche tun wie Noah. Doch sie verspotten ihn nur und nehmen so Gottes Warnungen nicht ernst. Gott will den Menschen helfen, sie aber kümmern sich nicht um Gott und gehen unter.

Die Frage ist, hätte das viele Leid verhindert werden können, wenn nicht nur Noah, sondern auch die anderen Menschen auf Gott gehört hätten?

Die Warnung an die Menschen zeigt eindeutig: Gott will, dass die Menschen überleben. Allerdings wird gerade an dieser Stelle die Gottebenbildlichkeit des Menschen deutlich, der sich für oder gegen etwas entscheiden kann, somit auch eine Ahnung davon hat, was richtig oder falsch ist. Hier liegt die Verantwortung des Menschen, verantwortlich mit seinem Leben umzugehen. Da das aber nicht leicht ist, gibt Gott die Hilfen zum Leben durch sein Wort. Ganz pragmatisch bedeutet das auch, dass der Mensch nicht einfach in den Tag hinein nur nach seinen eigenen Bedürfnissen und Begierden leben kann, sondern die Erde und die Mitmenschen und alles Leben auf der Erde beobachten und möglichst vor Gefahr und Zerstörung schützen soll, sich selbst natürlich auch. Daraus ergeben sich die für unser Überleben wichtigen Fragen, wie wir Katastrophen zwar nicht verhindern, aber in ihren Auswirkungen auf Lebewesen erträglicher machen können.

Noah sichert mit seinem vorbildlichen Handeln, indem er auf Gott hört, die weitere Existenz. Aktuelle Bezüge zu Katastrophen, natürliche und von Menschen verursachte, können in den Gruppenphasen hergestellt werden.

Zielgruppe und Ablauf
Zielgruppe: Grundschulkinder und Kinder der fünften und sechsten Klassen
Anmeldung bis Donnerstag vor der Kinderkirchenübernachtung

Wenn Kinder nur am Programm, jedoch nicht an der Übernachtung teilnehmen wollen, so ist dies natürlich möglich. Es muss geklärt werden, wann die Kinder dann abgeholt werden. Sinnvoll wäre eine Uhrzeit nach Ende der abendlichen Einheit bzw. nach dem gemeinsamen Abschluss in der Nacht.

Samstag

14.00–15.30	erste Einheit (Namenszettel, Kennenlernspiel, Anspiel, Lied)
15.30–16.30	Pause (Kekse/Obst und Saft und Spiele)
16.30–18.30	zweite Einheit (Spiel, Kreativangebote)
18.30–20.00	Pause mit Abendessen (Grillen)
20.00–21.30	dritte Einheit (Videofilm: Der Wurm in der Arche)
21.30–22.00	Pause, Aufbau des Nachtlagers
22.00–22.15	Gute-Nacht-Aktion/Geschichte in der dunklen Kirche (Kinder sind bettfertig)
22.15–22.30	Gute-Nacht-Ritual

Sonntag

08.00–09.00	Aufstehen und Frühstücksvorbereitungen
09.00–10.00	Frühstück und Aufräumen
10.00–11.00	letzte Vorbereitungen für den Familiengottesdienst
11.00–12.00	Familiengottesdienst
12.00	Kaffee und Verabschiedung in der Oase, letzte Aufräumarbeiten

Bewusst wird den Kindern neben der Geschichte und den Kreativangeboten viel Zeit zum Spielen gegeben. Dabei können sich die Kinder gut kennenlernen, erkunden die Gemeinderäume, werden mit den Mitarbeitenden vertraut, was für die Übernachtung wichtig ist.

Die Geschichte von Noah steht in 1. Mose 6–9.
Sie wird mit Bildern in einer der »Sendung-mit-der-Maus-Sprache« nachempfundenen Form erzählt. Bei der Figur des Moderators haben wir uns vom Moderator Christoph mit grünem Sweatshirt aus der Sendung mit der Maus inspirieren lassen.

Material
Fernsehrahmen aus schwarzem oder braunem Fotokarton auf Stell- oder Leinwand,
Pappe für eine große Maus und einen Elefanten, Handpuppe Maus, Schlauchboot,
Regenbogenregenschirm, Klanghölzer, Rollbretter, Videobeamer, Video/DVD: In der Arche ist der Wurm drin (s. amazon.de, Preis 4,99 € oder S. 42), Tageslichtprojektor (OHP), Folien der Geschichte, Bilderrahmen (13 x 8 cm, preiswert bei IKEA), Bastelmaterial: Scheren, Buntstifte, Papier, Pappen, Fotokarton, Kleber, Kaninchendraht, alte Zeitungen (viele), Tapetenkleister, großer Pappkarton, verschiedene Schulmalfarben, Kreppbänder, weiße einfache Kacheln aus dem Baumarkt, Porzellanfarbe, Tafelfarbe, Laminiergerät und Laminierfolien, Holzstäbe, Wachs- oder Filzstifte zum Beschriften des Holzes.
Zum Spielen: Großes Sprungtuch, Bälle, Balancierteller mit langem Stab, Pedalos, bunte Luftballons.
Musik als Einspieler an verschiedenen Stellen: Aufnahme auf CD der Titelmusik der Sendung mit der Maus.

Vorbereitung
Eine Leinwand oder eine weiße Stellwand wird so mit Fotokarton (schwarz oder braun) umklebt, dass sie einen Fernseher symbolisiert.
Overheadprojektor oder Beamer mit Laptop und den eingescannten Bildern (s. u.).
Ein Schlauchboot mit Zugleine auf einem oder zwei Rollbrettern – bei zwei Brettern müssen beide miteinander verbunden werden, damit sie in die gleiche Richtung fahren. Eine orange Maus, ein Elefant, ein Käpt'n (WDR-Shop oder auf große Pappe von der Website Sendung mit der Maus (www.wdrmaus.de/spielen/Ausmalbilder), nachgemalte Figuren.
Zwei Holzklangstäbe zum Klicken für das Geräusch beim Augenaufschlag der Maus.

Maus, Käpt'n und Elefant sitzen im Boot und werden hin- und hergezogen.
Ein Mitarbeiter/eine Mitarbeiterin führt als Moderator durch die Plenumsphasen. Gut wäre, wenn er/sie ähnlich wie »Christoph aus der Sendung« ein grünes Sweatshirt und Jeans tragen könnte.

ANKOMMEN

Namensschildchen: Holz, Kiefer, ca. 3 x 10 cm (aus Stäben zurechtgeschnitten), rechts und links oben in der Waagerechte wurden Löcher (5 mm Durchmesser) gebohrt. Durch die Löcher wird eine dünne Schnur gezogen, sodass die Kinder sich das Schild umhängen können. Diese kleinen Holzstäbe erhalten die Kinder bei der Ankunft als Teil einer Schiffsplanke. Sie malen ihren Namen darauf.

- Übernachtungssachen am Rande des Saals deponieren
- Namensschildchen anmalen und mit Namen versehen

PLENUM

BEGRÜSSUNG

Warming Up (siehe Seite 17)

TRINITARISCHER KERZENRITUS

Es werden drei Kinder ausgewählt, die während des Ritus jeweils eine Kerze anzünden. Der Ritus wird begleitet mit dem Lied »Das wünsch ich sehr …« in: Kirche mit Kindern Liederbuch, hg. v. Rhein. Verband für Kindergottesdienst, S. 33.

Schön, dass wir hier zusammen sind, zusammen singen, hören, beten und etwas machen können! Und dabei erinnern wir uns an Gott, der uns alle geschaffen hat.
Für Gott zünden wir die *erste Kerze* an, währenddessen singen wir: Das wünsch ich sehr, dass immer einer bei mir wär …

(Ein Kind zündet die erste Kerze an. Alle singen »Das wünsch ich sehr …«)

Wir erinnern uns an Jesus Christus, der uns gezeigt hat, wie Gottes Liebe uns beim friedlichen Zusammenleben hilft.

(Ein Kind zündet die zweite Kerze an. Alle singen »Das wünsch ich sehr …«)

Und wir erinnern uns an Gottes Heiligen Geist. Er verbindet uns mit Gottes Liebe und lässt sie bei uns wirken. Für Gottes Heiligen Geist zünden wir die dritte Kerze an.

(Ein Kind zündet die dritte Kerze an. Alle singen »Das wünsch ich sehr …«)

LIED: Wir singen alle Hallelu … / Wir tanzen alle Hallelu …
(in: Menschens Kinder Lieder 1, 15)

ANSPIEL: NOAH UND SEINE VERRÜCKTE IDEE UND DIE MAUS

Erzählform: Vorlesetext.
Die Vortragsweise der Sendung mit der Maus sollte hier imitiert werden, dazu sollte die Sendung vorher mal bewusst angeschaut werden. Die Bilder zu dieser Erzählung können aus verschiedenen Kinderbibeln genommen werden. Am geeignetsten sind die Kees de Kort Bilder (aus: Was uns die Bibel erzählt: Bibelbilderbuch, Bd. 1, Deutsche Bibelgesellschaft Stuttgart.) Man kann sie als Dias erhalten und zeigen. Sie dürfen natürlich nicht auf Overheadfolien kopiert oder per Scanner eingescannt und mit dem Beamer auf der Leinwand gezeigt werden!
Um einen möglichst große Assoziation zur »Sendung mit der Maus« herzustellen, wurde eine große Handpuppe WDR-Maus im WDR-Shop gekauft

Schlauchboot mit Maus, Käpt'n und Elefant wird vom Moderator in den Saal gezogen, fährt einige Male durch den Saal, dazu spielt die Titelmusik der Maus.
Schlauchboot kommt vorne an.
Maus (Handpuppe von einer/einem Mitarbeitenden gespielt) steigt aus dem Boot, tappst zu den Kindern und gibt einigen die Hand/Pfote und verschwindet.

Moderator II: im grünen Sweatshirt kommt in den Saal, begrüßt die Kinder kurz.
Erzählerstimme: (nur aus den Lautsprechern über Mikro) als Fernsehstimme

Das ist die Maus
- heute mit einem Schiff, das man Arche nennt,
- mit einem Mann, der Noah heißt,
- mit Gott
- mit einem Regenbogen
- und natürlich mit dem Elefanten und Käpt'n Blaubär

Maus:	(geht zum Moderator II, winkt den Kindern zu und hört auf die Musik) Hey, das ist ja meine Musik.
Moderator:	Hallo Maus, das ist ja eine Überraschung, du bei uns, das ist toll!
Maus:	Ja, ich wollte mal sehen, was hier bei der Kinderkirchenübernachtung mit Noah so los ist. (zeigt ein Plakat: »Die Sendung mit der Maus«, WDR-Shop, OHP zeigt Sendung mit der Maus Bild und aus dem OFF kommt wieder die Mausmusik)
Moderator:	Dann legen wir mal los!
Erzählerstimme:	(nur aus den Lautsprechern über Mikro, Beginn der Projektion auf den »Fernsehschirm« per Beamer oder OHP mit Bildfolien)

1. Bild: Dorf
Das ist ein Dorf vor vielen hundert Jahren.
Es hat viele Häuser.
Und da drin wohnen viele Menschen.
Die Menschen streiten miteinander.
Keiner nimmt auf den anderen Rücksicht.

2. Bild: dunkler Himmel
Und das ist Gott.
Gott ist traurig, weil sich die Menschen nicht verstehen.
Und Gott hat Angst um die Menschen.
Denn er sieht eine große Gefahr kommen.
Regen und nichts als Regen, eine riesige Überschwemmung.

3. Bild: Noah
Und das ist Noah.
Noah wohnt im Dorf und hat eine große Familie.
Er hört auf das, was Gott den Menschen sagt.
Er hört die Warnung Gottes vor einer großen Wasserflut.
Er muss also etwas tun und hat einen Plan.

4. Bild: Schiffsgerippe
Und das ist Noahs Plan.
Wenn es unheimlich viel regnen soll,
wenn alles überflutet wird,
dann hilft nur ein Schiff:
Und das baut Noah hier mit seiner Familie.

5. Bild: Das fertige Schiff
Und nun ist das Schiff fertig.
Alle Dorfbewohner lachen Noah aus.
Mitten auf dem Land ein Schiff.
Das haben sie noch nie gesehen.
Deshalb packt Noah alle Tiere ins Schiff, die er findet, aber keine Dorfbewohner, nur seine Familie.

6. Bild: Der große Regen
Und das ist der große Regen

Da fängt es plötzlich an zu regnen.
Und es hört gar nicht mehr auf.
40 Tage und Nächte ohne Pause.
Alles Land wird überschwemmt.

7. Bild: Innenansicht der Arche
Und so sieht's in der Arche aus.
Jedes Tier hat seinen Platz.
Die Menschen sorgen für die Tiere.
Jedes Tier kommt zu seinem Recht.
So sollte es immer sein, denkt Noah.

8. Bild: Ende der Sintflut
Und so hörte die Sintflut auf.
Zuerst ruckte es heftig in der Arche.
Dann stand sie still.
Eine Taube brachte Noah ein grünes Blatt.
Da wusste Noah, die Flut ist vorbei.

9. Bild: Tiere verlassen das Schiff
Und nun konnten alle wieder aus der Arche raus.
Zuerst die Tiere,
dann die Menschen.
Nun wollten alle friedlich miteinander leben
und alle wollten aufeinander Rücksicht nehmen.

10. Bild: Der Regenbogen
Und das ist der Regenbogen.
Gott schenkt den Regenbogen den Menschen.
Gott verspricht mit ihm, die Menschen nie allein zu lassen.
Gott will sich über die Menschen nie mehr ärgern, sondern
er will ihnen im Leben helfen.

Und die Menschen?
Sie sollen sich darüber freuen.
Und sie sollen auf Gottes Regeln hören,
damit sie sich nicht selbst ins Unglück stürzen.
Denn Gott liebt alle Menschen.
Klingt komisch, ist aber so!!!!

Maus: (kommt zum Moderator, hält ein Notenblatt in der Hand) Du, ich hab da ein Lied bei euch gefunden, das möchte ich singen.

Moderator: Zeig mal.

Maus (gibt ihm das Notenblatt)

Moderator: Prima, das kenn ich. Das können hier alle mitsingen. Und bewegen können wir uns auch dazu. Los, wir beide fangen einfach mal an und alle anderen machen dann mit.

LIED: Gottes Liebe ist so wunderbar

(mit Bewegungen: Bei den Strophen klatschen, beim Refrain: »... so groß« Hände und Arme in die Luft strecken/»... so tief« Hände und Arme zum Boden strecken/»... so weit« Hände und Arme nach rechts und links strecken/»... so wunderbar groß« mit Händen und Armen einen Kreis für die Welt in die Luft zeichnen)

(in: Kirche mit Kindern Liederbuch, hg. v. Rhein. Verband für Kindergottesdienst, S. 72)

Maus:	Jetzt brauche ich aber eine Pause. – Habt ihr etwas zu essen da und etwas zu trinken?
Moderator:	Ja klar. Wir haben alles vorbereitet. Auf den Tischen findet ihr das Obst und die anderen Sachen und auch die Getränke.
Maus:	Ich möchte auch etwas spielen!
Moderator II:	Na klar. Wenn ihr getrunken und gegessen habt, in zehn Minuten, dann könnt ihr im Saal mit andern zusammen das große Schwungtuch (im Kindergartenbedarf erhältlich) bewegen, mit Luftballons spielen oder auch die andren Spielgeräte benutzen. Also, bis gleich.
Maus:	Tschüss dann und viel Spaß. Ich komme morgen wieder, dann zum Gottesdienst, da bin ich jetzt schon gespannt, was da los sein wird. (Maus verschwindet)

PAUSE

PLENUM

Kinder sitzen im Kreis. Es können zuerst mehrere, auch Wunschlieder gesungen werden. Gut wäre es auch, Lieder für den Gottesdienst hier schon einzuüben. Danach folgt ein Bewegungsspiel, dann die Einteilung der Kinder in Gruppen mit Hilfe eines Eigenschaftenspiels.

BEWEGUNGSSPIEL OBSTSALAT

Alle sitzen im Kreis, es darf kein Stuhl im Kreis unbesetzt bleiben. Der Spielleiter hat keinen Stuhl und teilt jedem Gruppenmitglied eine Obstsorte zu, am besten der Reihe nach, Banane, Apfel, Birne, Kiwi, Banane, Apfel, Birne, Kiwi usw. Nun stellt er sich in die Mitte und ruft »Banane«. Alle Kinder, die den Begriff Banane erhalten haben, müssen den Platz wechseln. Der Spielleiter muss währenddessen versuchen, einen Platz zu ergattern. Wenn alle »Bananen« wieder sitzen, ist ein Kind übrig geblieben, das sich nun in die Mitte stellt und eine andere Obstsorte nennt: »Birne«. Alle Birnen wechseln den Platz und das Kind aus der Mitte sucht sich schnell einen Stuhl. Wenn »Obstsalat«gesagt wird, müssen alle Kinder die Plätze wechseln.

GRUPPENAUFTEILUNG MIT DEM EIGENSCHAFTENSPIEL:

Ein/e Mitarbeiter/in (MA) steht in der Mitte, erklärt das Spiel und macht einen Probedurchgang. Ablauf des Spiels: Je nachdem, wie viele Gruppen am Ende des Spiels für die Gruppenphase entstehen sollen, werden entsprechend viele »Ecken« im Saal festgelegt. Jeder Ecke ist eine Farbe zugeordnet. Sollen fünf Gruppen entstehen, so können die vier Raumecken genommen werden und die Mitte des Raumes. Der/die MA nennt jeweils fünf Eigenschaften, zwischen denen sich die Kinder entscheiden und dann in die entsprechende Ecke gehen müssen. Zum Beispiel: Welches Gemüse mag ich am liebsten? Blumenkohl, Kohlrabi, Möhren, Erbsen oder Brokkoli? Wer Blumenkohl mag, stellt sich in die weiße Ecke, bei Möhren in die rote Ecke, Kohlrabi in die blaue Ecke, Erbsen in die grüne Ecke und bei Brokkoli in die lila Ecke. Wenn die Kinder sich sortiert haben, wird ein Ergebnis festgestellt: »Die meisten Kinder mögen …, danach kommt … und die wenigsten mögen …«. Danach setzen sich wieder alle. Nun werden neue Eigenschaften genannt (Ich spiele am liebsten: Fußball, Karten, Computerspiele, Brettspiele, einfach so im Freien. Weitere Ideen: Urlaubsländer, Schulfächer…) Als letztes wird gesagt: »Ich bin in der ersten (Weiß), zweiten (blau), dritten (grün), vierten (rot) oder fünften (lila) Klasse. Daraus ergeben sich dann die jeweiligen Altersgruppen. Jeder Gruppe werden nun die Gruppenteamer vorgestellt, die die Gruppe bis zum nächsten Morgen begleiten. Die Gruppen gehen auseinander.

GRUPPENPHASE

KENNENLERNSPIELE

Möglichkeit I: Ball zuwerfen und dabei den Namen nennen, von dem man den Ball zugeworfen bekommen hat und dann den eigenen Namen nennen und den Ball zum Nächsten werfen. Rückwärts funktioniert es auch.
Möglichkeit II: Phantomspiel: Der/die MA nimmt einen Gegenstand (z. B. einen Kugelschreiber) und behauptet: »Kevin (MA-Name) sagt, das ist ein Ball.« – Gegenstand an den Nachbarn weitergeben, der das wiederholen muss und eine Phantasiebezeichnung hinzufügt: »Kevin sagt, das ist ein Ball, ich, Alexander sage, das ist ein Tisch.« – Wieder weitergeben zum Nächsten, der sagt: »Kevin sagt, das ist ein Ball, Alexander sagt, das ist ein Tisch und ich, Max, sage, das ist ein Fernseher.« Der Letzte muss alle Begriffe wiederholen. Die Gruppe sollte allerdings bei diesem Spiel nicht mehr als 15 Personen umfassen.

KREATIVANGEBOTE FÜR DIE GRUPPEN

Die Kreativangebote sollen für das jeweilige Alter/die Klassenstufe entsprechend ausgewählt werden.

GROSSER REGENBOGEN (FÜR JÜNGERE UND ÄLTERE KINDER)

Auf großen Pappen, mehrere nebeneinander zusammengelegt und geklebt, ist ein großer Regenbogen in schwarz/weiß vorgezeichnet.
Aus bunten Krepppapierstreifen (beim Kindergartenbedarf erhältlich) werden mit Fingern kleine Kreppkugeln gerollt, halb in vorbereiteten Tapetenkleister getaucht (auf mehrere flache Gefäße verteilt, geringe Kippgefahr und die Kinder sind weniger versucht, die Kugel ganz einzutauchen) und an die farblich vorgegebene Stelle geklebt. Nach Trocknung kann der Regenbogen im Eingang der Kirche aufgehängt werden.

BEMALTE KACHELN (ALLE ALTERSKLASSEN)

Die Kinder können die weißen Kacheln mit Porzellanfarbe anmalen. Motive können zum Beispiel Fische sein, die Arche oder der Regenbogen. Nach Fertigstellung müssen die Kacheln trocknen. Deshalb sollte vorher schon auf der Rückseite der Name des Kindes, das jeweils die Kachel bemalt, vermerkt werden.

EINE TAUBE BASTELN (AB ZWEITEM SCHULJAHR)

Falttechnik mit Origamipapier zum Aufhängen
(Anleitung mit Bildern unter http://www.basteln-gestalten.de/taube-basteln)

ARCHE NOAH-BILD (FÜR DIE JÜNGEREN KINDER)

Zum Ausmalen oder als Vorlage für die Kachel. (Dieses Bild kann auch als Titelbild auf den Einladungsflyer gedruckt werden)
(http://www.taufoase.de/taufkerzen_motive/die-arche-noah-fuer-die-kinder-kerze-inkl-bedeutung/)

ARCHE NOAH-TAFEL
(ERSTE BIS VIERTE KLASSE)

Das Bild der Arche Noah vergrößern auf eine nicht zu dicke Pappe kleben, bunt ausmalen, nur den Schiffsrumpf mit Tafelfarbe bemalen. Dann oben (Schnecke) ein Loch als Aufhänger stechen. Der Rumpf kann dann mit Kreide als Memoboard benutzt werden.

ARCHE NOAH-SET (ERSTE BIS VIERTE KLASSE)

Arche Noah Bild auf ein DIN A4 Papier fotokopieren, bunt ausmalen und die weißen Flächen um das Bild ebenfalls bunt gestalten. Jetzt das ganze Bild laminieren.

WIR BAUEN EINE ARCHE

(für die Älteren, kann alternativ auch für die dritte Einheit, anstelle des Films eingesetzt werden oder als eine Aktion, die entweder zur Vorbereitung des Kinderbibeltages in Kindertreffs oder Gruppen hergestellt werden kann, oder sie wird als Fortführung der Kinderkirchenübernachtung im nächsten Kindergottesdienst/der nächsten Kinderkirche fertiggestellt. Die Arche kann in einem Familiengottesdienst verwandt werden. Die Kinder können ihre Stofftiere mitbringen und sie in die Arche setzen.)

Aus Kaninchendraht (Achtung: spitze Drähte – Verletzungsgefahr) eine Schiffsform (rechte und linke Schiffsseite, das Deck nicht vergessen) formen (Größe je nach Möglichkeiten). Den Rumpf unten nicht zu spitz zulaufen lassen, damit die Standfestigkeit gegeben ist. Den geformten Rumpf mit Oberdeck (glatte Fläche) auf eine große, dicke Plastikfolie stellen, mit Zeitungen bekleben, die mit Tapetenkleister eingestrichen wurden. So viele Schichten übereinander kleben, bis das Schiff stabil ist. Auf das Deck nun einen Karton mit der offenen Seite nach unten darauf festkleben (Kleister) und mit einigen Drähten befestigen. Den Karton mit Fenster und Türen bemalen. Nach Trocknung, ca. einen Tag später, kann die Arche mit Farbe nach Belieben der Kinder bemalt werden.

PLENUM

GEMEINSAMES ESSEN

Erwachsene Mitarbeitende, die keine Gruppe hatten, haben in der Zwischenzeit das Grillfeuer vorbereitet. Die Kinder erhalten dann gegrillte Würstchen zu Fladenbrot und verschiedener Rohkost (Mineralwasser, Würstchen, auch Geflügelwürstchen besorgen, Fladenbrot, Ketchup, Senf, Paprika, Schlangengurken, grüner Salat)
Die Kinder sitzen gruppenweise an den Tischen und holen sich auch gruppenweise die Grillwürstchen.
Nach dem Essen gibt es wieder verschiedene Spielangebote.

PLENUM

FILM: DER WURM IN DER ARCHE

Alle setzen sich in Stuhlreihen in den abgedunkelten Raum und schauen den Film:
Der Wurm in der Arche (80 Minuten). (Unter http://www.moviepilot.de/movies/in-der-arche-ist-der-wurm-drin kann der Film bestellt und der Trailer angesehen werden.)
Der Film kann auch nach dem gemeinsamen Abschluss in der Kirche gezeigt werden, wenn die Kinder alle schon in ihren Schlafsäcken sind.

Danach werden die Übernachtungssachen geholt, die Isomatten und Luftmatratzen aufgebaut. Näheres siehe im Kapitel »Übernachtungen zum Kinderbibeltag« (Seite 13). Wenn noch Zeit ist, kann ein Nachtspaziergang gemacht werden.

GUTE-NACHT-AKTION/GESCHICHTE

In der dunklen, nur mit wenigen Kerzen erleuchteten Kirche (Kinder sind bettfertig):
Alle Kinder setzen sich im Kreis um eine Decke (bunte Tücher), auf der eine Altarkerze steht. Ein Ton von einer Klangschale bindet die Konzentration. Der Moderator bedankt sich bei den Kindern für das Mitmachen, kündigt die Geschichte an und erklärt die Verhaltensregeln für die Nacht.
Zum Vorlesen kann folgende Geschichte genommen werden:
Das Pferd mit dem guten Herzen von Valentin Bespalow, siehe CD-ROM: Noah und seine verrückte Idee.

GUTE-NACHT-RITUAL

Die Mitarbeitenden gehen zu ihren Gruppenmitgliedern und fragen, ob alles in Ordnung ist. Sie sagen jedem Kind, dass in der Nacht immer einer da ist und wo er sich aufhält. Dann wünschen sie jedem Kind eine gute Nacht. Das Licht wird ausgeschaltet. (Die Notbeleuchtung gibt genügend Licht, falls ein Kind aufstehen und zur Toilette gehen muss.)
Die älteren Kinder können in einem anderen Raum übernachten, wo sie etwas länger aufbleiben dürfen.

SONNTAG

Ablauf

08.00 Die Kinder werden geweckt, waschen sich und ziehen sich an. Da in der Regel nicht genügend Waschbecken für alle Kinder vorhanden sind, sollte der Gang zum Waschen und zur Toilette gruppenweise geregelt werden.
09.00 gemeinsames Frühstück und anschließendes Aufräumen (Zum Frühstück gibt es Müsli, Milch, Kakao, Marmelade, Nusscreme, Margarine, Salami, Brötchen, Kaffee für die Mitarbeitenden)
10.00 letzte Vorbereitungen für den Familiengottesdienst und Spiel- und Tobephase möglichst draußen (Ballspiele, Seilspringen, Schwungtuch...)
11.00 Familiengottesdienst (siehe unten)
12.00 Kaffee und Verabschiedung, letzte Aufräumarbeiten

FAMILIENGOTTESDIENST ZUM ABSCHLUSS DER KINDERKIRCHENÜBERNACHTUNG

Orgel

Begrüßung der Eltern und übrigen Gottesdienstbesucher

Lied: Ich bin da …

Maus: (tritt auf und macht eigene Begrüßung)
Hallo, da seid ihr ja wieder. Mensch, ihr seht aber müde aus. Ich hab ja lange geschlafen. Aber wer sind die denn da? (zeigt auf die Eltern und übrige, Kinder antworten)
Ich möchte jetzt wieder singen, das hier mit dem Himmel.
Sprecher: Okay, dann singen wir alle zusammen (3-4 mal)

Lied: Der Himmel geht über allen auf … (dann ruhiges Ausklingen, in: Menschens Kinder Lieder 1, 7)

Eingangswort: Im Namen des Vaters …

Gebet: Guter Gott, wir danken dir für diesen Morgen, wir danken dir, dass gestern so viele Kinder gemeinsam hier in der Kirche gefeiert, von dir gehört und gemeinsam übernachtet haben. Wir danken dir, dass alles gut gegangen ist. Und wir bitten dich, lass uns, auch wenn einige noch müde sind, diesen Gottesdienst feiern und auf das hören, was du uns zu sagen hast. Amen.

Psalm 62
(Evang. Gesangbuch Nr. 779)
wird gemeinsam gesprochen

Kinderchor/Band

Mausmelodie (Kassette/CD)

Geschichte von der Arche über Beamer zeigen

Mausmelodie (Kassette/CD)

Lied: Du hast uns deine Welt geschenkt
(Evang. Gesangbuch, Ausgabe Rheinland/Westfalen/Lippe/Reformiert, Nr. 676)

Kurze Ansprache

Lied: Sei Lob und Ehr
(Evang. Gesangbuch 326, 1-3+7+9)

Kinderchor + Band

Fürbitte
Guter Gott, du hast uns mit allem ausgestattet, was wir brauchen. Du hast uns viele Hilfen zum Leben mit auf unseren Lebensweg gegeben. Hilf uns, dass wir deine Hilfen annehmen, dass wir auf

dein Wort hören, dass wir auf das hören, womit du uns im Leben helfen willst. So hilf uns, dass wir miteinander Frieden schließen, dass wir die Zeichen in der Natur und bei den Menschen erkennen und daraus die richtigen Folgerungen ziehen. Hilf uns, dass uns das alles mit deiner Liebe gelingt. Amen.

Vater unser

Segen

Lied: Kibiwo-Schlager

Abschied

Band oder Orgel

Jakob und die Leiter

EIN KINDERBIBELTAG ZU JAKOB, 1. MOSE 25,29-34; 27-33

von Rüdiger Maschwitz

THEOLOGISCHE VORBEMERKUNGEN

Die Geschichte von Jakob und Esau hat zwei Ebenen. Zum einen geht es um den Konflikt zwischen den wandernden Hirten (Esau) und den sich als Bauern niederlassenden Menschen, die eher Jakob repräsentiert. Er ist mehr zu Hause, Esau ist unterwegs. Zum anderen begegnen wir einem Familienkonflikt, der aus Erbfolge, Neid, List und Tücke zusammengesetzt ist. Damit treffen wir auf die Beziehung zu den Eltern, es begegnen uns Mamas Liebling (Jakob) und Papas Favorit (Esau).

Dieser Kinderbibeltag orientiert sich an dieser Familiensituation, da diese viel mit uns heute zu tun haben kann. Geschwisterrivalitäten kennen wir.
Drei Schwerpunkte stehen nun im Zentrum des Tages. Zum einen geht es um das Verhältnis der Geschwister untereinander, zum anderen um die jeweiligen Beziehungen zu Vater und Mutter und um die Beziehung zu Gott, die sich im Ringen um den Segen ausdrückt.

ANKOMMEN

- Namensschilder ausgeben und von den Kindern beschriften und evtl. noch bemalen lassen
- Gruppeneinteilung (die Gruppeneinteilung kann über die Namensschilder erfolgen, z. B. haben alle Kinder einer Gruppe dasselbe Symbol oder dieselbe Farbe.)
- Teilnehmerbeitrag einsammeln (falls es einen gibt)

PLENUM

BEGRÜSSUNG

LIED: »Beschirmt, beschützt«
(in: Kirche mit Kindern Liederbuch, hg. v. Rhein. Verband für Kindergottesdienst, S. 24)

oder

»Du bist ein Gott, der mich sieht«
(in: Kirche mit Kindern Liederbuch, hg. v. Rhein. Verband für Kindergottesdienst, S. 40)

EINGANGSVOTUM

nach eigener Wahl

PSALM MIT KEHRVERS

(der Kehrvers ist eine Übertragung nach Psalm 133,1)

Siehe, wie gut und liebevoll es ist, wenn Brüder und Schwestern einträchtig miteinander leben.

Aaron und Mose, Mose und Mirjam, Jakob und Esau, Josef und Benjamin sind Geschwister. Mal gehen sie liebevoll miteinander um, mal streiten sie sich, mal gibt es Tränen, mal wird miteinander gelacht.

Siehe, wie gut und liebevoll es ist, wenn Brüder und Schwestern einträchtig miteinander leben.

Geschwister gehören zusammen, sie sind miteinander verbunden, wie eine Kette. Fällt ein Glied aus der Kette, verändert sich die ganze Kette, und sie besteht nur noch aus Einzelteilen.

Siehe, wie gut und liebevoll es ist, wenn Brüder und Schwestern einträchtig miteinander leben.

Gott segnet die Geschwister, Gott traut ihnen gemeinsame Aufgaben zu, Gott schätzt die unterschiedlichen Gaben eines jeden Einzelnen, jeder und jede ist für Gott wertvoll.

Siehe wie gut und liebevoll es ist, wenn Brüder und Schwestern einträchtig miteinander leben.

Amen.

GEBET

Gott,
ich möchte gesegnet sein,
gesegnet von Vater und Mutter,
gesegnet von Dir, Gott.
Lass mein ganzes Leben gesegnet sein,
in Freude und Trauer,
in Spiel und Spaß,
in Schule und Freizeit,
in Zank und Streit.
Lass aus allem mir Gutes erwachsen,
begleite mich mit deinem Segen.
Amen.

LIED: »Wir strecken uns nach dir«
(Evang. Gesangbuch, Ausgabe Rheinland/Westfalen/Lippe/Reformiert, Nr. 664)

ANSPIEL

Die Vorgeschichte vom erschlichenen Segen wird als kleines Theaterstück durch die Mitarbeitenden gespielt. Bitte nehmen Sie die Vorlage als eine Anregung auf und spielen sie das Stück mit eigenen Worten und viel Bewegung.
Sie brauchen zwei Mitspieler und eine freistehende Leiter. Diese Leiter sollte so konstruiert sein, dass sie aus zwei Einzelteilen besteht. Die Einzelteile werden dann so zusammengefügt, dass daraus eine freistehende Leiter entsteht, die im Laufe des Spieles von den Mitspielern betreten werden kann. Dazu können zwei Holzleitern genommen werden, die oben gegeneinander gestellt werden und mit dicker Kordel, besser mit einem Seil oben in Achterschlingen befestigt werden. Bitte probieren Sie dies vorher sorgfältig aus, damit die Leiter fest steht, wenn sie betreten wird. Soll die Leiter eher zu Dekorationszwecken dienen, kann sie mit einer vorgefertigten Achterschlinge einen gewissen Halt bekommen.
Personen: Jakob und Esau mit je einem Leiterteil
Bühne: fast ohne Dekoration, bis auf einen größeres blaues Tuch. Dieses blaue Tuch symbolisiert den Fluss Jabbok. Das blaue Tuch wird dazu auf den Boden gelegt. Dieser Fluss namens Jabbok wird während des Spieles nicht überschritten.
Dabei steht Jakob auf der einen Seite des Flusses und Esau auf der anderen Seite.
Jakob und Esau betreten von zwei Seiten aus die Spielfläche, so dass sie auf unterschiedlichen Seiten des Flusses stehen. Sie können sich nahekommen, dort ist der Fluss dann schmal, aber sie überqueren den Fluss noch nicht.

Jakob: (tritt mit einem Leiterteil auf die Bühne und geht auf und ab und spricht dabei in Richtung Publikum) Was wird jetzt werden? Wie wird mein Bruder Esau mich empfangen? Wir haben uns ja viele Jahre nicht gesehen. Ob ich ihn noch erkenne?

Esau: (tritt auf, kommt langsam heran, er hat seinen Teil der Leiter dabei und geht vorsichtig in Richtung Jakob) Jakob?

Jakob: Ja, ich bin Jakob! Und du bist Esau?

Esau: Genau. (Beide gehen sehr langsam aufeinander zu, schauen sich neugierig an. Esau lächelt Jakob deutlich an.)

Jakob: Du hasst mich nicht? Nach allem, was ich dir angetan habe?

Esau: Weißt du, wie viele Jahre das her ist?

Jakob: Unendlich lange! Meine Kinder sind schon groß und meine Familie ist stetig gewachsen.

Esau: Mir geht es ähnlich. Es ist eine lange Zeit her und doch kommt es mir vor wie gestern. Wir beide sind Zwillinge und ich war der Erstgeborene. Ich sollte von Vater alles Land und die ganzen Herden erben. Vielleicht war ich ein wenig sorglos, ein wenig bequem und machte mir nicht viel aus den Aufgaben, die anstanden. Ich war jagen und ab und zu bei den Herden. Vater war stolz auf mich, ich war ein Jäger und Kämpfer, so richtig nach seiner Vorstellung und seinem Herzen.

Jakob: Erinnerst du dich? Eines Tages kamst du nach Hause und ich hatte gerade ein frisches Linsengericht gekocht. Dazu hatte ich frisches Brot. Ich war immer schon neidisch auf dein Erstgeburtsrecht, denn du solltest alles erben und ich wäre leer ausgegangen. Da tauschte ich mit dir das Linsengericht gegen dein Erstgeburtsrecht. Du musst zugeben, dass dies schon ein wenig dumm von dir war.

Esau: Das war nicht nur dumm, dies war sehr dumm. Und damit hatten wir ein Problem, besser gesagt: unser Problem. Ich hatte mein Erstgeburtsrecht verloren, aber dies war nicht weiter schlimm, weil zu dem Erstgeburtsrecht noch der Segen unseres Vaters gehörte.

Jakob: Und unser Vater hätte mir nie das Erstgeburtsrecht durch seinen Segen bestätigt, denn er liebte dich mehr als mich.

Esau: Dafür mochte dich Mutter mehr als mich. Vater und Mutter hatten jeweils einen Lieblingssohn. Mutter hat dich dann unterstützt! Oder? Ich weiß bis heute nicht genau, mit welcher List du bei Vater den Segen erschlichen hast. Ich war jagen und sollte Vater ein Gericht zubereiten. Danach wollte er mir den Segen, den Vatersegen zusprechen.

Jakob: Vater war sehr krank, er konnte wenig sehen und lag im Sterben. Auf der anderen Seite war er aber noch so rüstig, dass er gerne und gut gegessen hat. Ich habe also zwei Böcklein von der Weide geholt und Mutter hat sie zubereitet. Da meine Haut glatter ist als deine Haut, haben wir um meine Arme Tierhaut gebunden. Außerdem habe ich deine Kleider angezogen. So roch ich wie du und fühlte mich an wie du.

Esau: Das war ganz schön durchtrieben und geschickt. Eigentlich war dies auch hinterhältig. Vater konnte nur einen Segen zusprechen, denn es konnte nur einen Erben geben. Und dies warst nun du.

Jakob: Aber für diese Tricks und meine Hinterhältigkeit habe ich bezahlt. Ich musste fliehen. Ich hatte Angst vor dir. Ich hatte Angst vor dir, wenn du nach Hause kommen würdest. Ich hatte dich ja mit Mutters Hilfe betrogen, ausgetrickst.

Esau: Als ich nach Hause kam, warst du nicht mehr da. Ich wusste noch nicht, dass du geflohen warst. Ich bereitete ein Mahl zu und ging zu Vater. Wir entdeckten den ganzen Betrug. Ich habe geschrieen vor Wut, ich habe geweint. Es war alles umsonst. Ich suchte dich und fand dich nicht. Du kamst nicht wieder. Ich hatte das Erstgeburtsrecht verloren, den Segen des Vaters nicht erhalten und dazu noch meinen Bruder verloren. Wir hatten ein ganzes Leben zusammen verbracht, so wie Zwillinge, wie Geschwister dies tun. All das tat mir schrecklich weh. Ich habe dich vermisst.

Jakob: Mir ging es ähnlich. Ich habe mich später geschämt. Den Segen unseres Vaters konnte ich nicht annehmen, denn er galt mir gar nicht. Ich musste mich verstecken. Ich musste fliehen. Aber rückgängig konnte ich es auch nicht machen!

Esau: Übrigens, du hast ja deine Leiter dabei! Ist es noch dieselbe Leiter wie früher?

Jakob: Nein, diese Leiter, diesen Teil unserer gemeinsamen Leiter – den habe ich nachgebaut. Er hat mich immer an dich erinnert. Weißt du noch, wie wir die Leiter gebaut haben? Zwei Teile einer Leiter ergaben eine ganze Leiter. Und diese Leiter, die aus zwei Teilen entstand, war eine ganz neue Leiter. Es war unsere Erfindung.

Esau: Sie nannten sie alle die Zwillingsleiter. Sie stand frei. Und man konnte auf beiden Seiten diese Leiter emporklettern. Dies haben wir oft gemacht und sind von oben heruntergesprungen. Diese Leiter zeigte mir, wir gehören zusammen.

Jakob: Obwohl ich die Leiter nicht mitnehmen konnte, war sie mir sehr wichtig. Dies hatte zwei Gründe: Zum einen erinnerte mich die Leiter immer an dich, zum anderen sah ich in der Nacht meiner Flucht eine ganz besondere Leiter, eine Leiter, die Gott mir geschenkt hat.

Esau: Da gibt es aber noch viel zu erzählen. Sollen wir hier am Fluss stehenbleiben?
Oder sollen wir uns woanders hinsetzen? Vielleicht kannst du zu mir auf die andere Seite des Flusses gehen? Der Fluss ist wirklich nicht tief. Und notfalls können wir unsere beiden Leiter fest verbinden und über den Fluss legen.

Jakob: Wir können es versuchen. Gestern konnte ich nicht über den Fluss gehen.
(Die beiden Brüder gehen zum Fluss und nehmen ihre Leitern mit. Sie bauen ihre Leiter als Stehleiter über den Fluss auf. – Die Leiter bleibt stehen und die beiden Brüder gehen ab. Jeder auf seiner Seite!)

LIED: »Da berühren sich Himmel und Erde«
(in: MenschensKinder Lieder 2, 132)

GRUPPENPHASE

KENNENLERNSPIELE

BIBLISCHE GESCHICHTE

Thematisch steht in der Gruppenphase die Geschichte von der Himmelsleiter im Mittelpunkt (1. Mose 28). Für die Gruppenphase wurden dazu zwei Arbeitsmöglichkeiten entwickelt.
Die erste Möglichkeit ist eine Fantasiereise zur Geschichte mit einem anschließenden intensiven kreativen Gestalten. Auch dazu sind zwei Alternativen angegeben.
Die zweite Möglichkeit erzählt die Geschichte im Sand. Danach wird mit den Kindern die Geschichte im Gespräch vertieft. Dazu sind Fragen zum Gespräch aufgeführt. Anschließend kann auf die Gestaltungsmöglichkeiten des ersten Vorschlages zurückgegriffen werden.

ERSTER VORSCHLAG: EINE FANTASIEREISE

Dieser Vorschlag ist für Kinder ab fünf Jahren geeignet. Er kann auch für ältere Kinder – auch für Konfirmanden – aufgenommen werden.

Sie benötigen und bereiten vor:
DIN A2 Blätter schwarz bzw. schwarzen dünnen Karton und farbige einfache Schulkreide. Dreißig Minuten vor der Gruppenphase legen Sie die farbige Schulkreide in mit Zucker gesättigtes warmes Wasser. Die Schulkreide kann dazu durchgebrochen werden, dies ergibt mehr Malmaterial. Unmittelbar vor dem Malen wird die Schulkreide zum Abtropfen auf Küchenpapier gelegt.

Eine Alternative zum Malen mit Zuckerkreide ist das Malen mit Acrylfarben. Nehmen Sie wieder ein DIN A2 großes Blatt Papier oder viel besser einen Karton. Die Farbe des Kartons kann grau oder schwarz sein. Für Acrylfarben ist es absolut notwendig, dass die Kinder alte Kleidung anhaben, die bekleckert werden darf. Alternativ kann aus Müllsäcken, an denen die Ecken abgeschnitten werden und mittig ein Loch für den Kopf geschnitten wird, ein Schutzgewand hergestellt werden. Dieser Müllsack wird einfach übergestreift. Für das Malen mit Acrylfarben ist es wichtig, dass das ganze Bild mit Farbe gestaltet wird. Es wird also flächendeckend gearbeitet.

Vorbereitende Körperarbeit: Jedes Kind klopft sich von den Füßen bis zu den Schultern ab. Dann massiert es sich vorsichtig und behutsam das ganze Gesicht.

Zur Fantasiereise setzen sich die Kinder auf einen Stuhl. Es ist auch möglich, sich auf den Boden zu legen, dann muss aber viel Platz vorhanden sein und eine Decke. Auf dem Stuhl können die Kinder auch verkehrt herum sitzen und die Arme auf die Stuhllehne legen. Der Kopf wird dann in die Arme gebettet.

Stell dir vor: Du bist Jakob.
Du bist nun müde.
Du legst dich hin.
Dein Kopf ruht auf einem Stein.
Der Stein ist dein Kopfkissen.
Du schläfst ein und träumst.
Du siehst, wie der Himmel sich öffnet.
Eine riesige Leiter verbindet den Himmel mit der Erde.
Die Leiter steht neben dir.
Auf der Leiter bewegen sich Engel nach oben und nach unten.
Sie verbinden Himmel und Erde.
Im offenen Himmel – ganz oben – ist ein großes Licht.
Gott spricht: Ich bin bei dir.
Ich bin mit dir unterwegs.
Ich schütze dich und behüte dich.

Das Licht strahlt die Leiter herunter bis auf die Erde.

Du schaust noch eine Weile die Leiter und die Engel an.

Dann schließt sich der Himmel.
Die Leiter verschwindet.
Du liegst auf dem Boden.
Du wirst langsam wach und bewegst dich.

Die Fantasiereise ist zu Ende. Bewege dich ein wenig, aber rede noch nicht.
Halte inne! Schau, welches Bild aus der Fantasiereise dir wichtig geworden ist.
Nimm dir nun einen farbigen Karton und Kreide. Male dieses Bild so auf, wie du es kannst.

Gegen Ende der Vertiefungsphase sollen die Bilder – ob mit Kreide oder mit Acrylfarben gemalt – angeschaut werden. Dazu können alle Bilder aufgehängt werden und es entsteht so etwas wie ein Museum im Raum. Die Kinder gehen nun herum und schauen sich die Bilder an. Es geht nicht darum, die Bilder zu bewerten, sondern darum, sie zu würdigen. Alternativ können die Bilder auf den Boden gelegt werden und es entsteht aus den vielen Einzelbildern ein großes Bild.

ZWEITER VORSCHLAG: ERZÄHLEN IM SAND

Dieser Vorschlag ist für Kinder im Alter von drei bis etwa 10 Jahren (Ende der Grundschule) geeignet.

Sie brauchen:
einen Sanderzählsack, zu bestellen beim Rhein. Verband für Kindergottesdienst, Missionsstraße 9a, 42285 Wuppertal, Tel. 0202 2820310, Fax 0202 2820440, E-Mail: kigo@ekir.de, www.kindergottesdienst.org, Kosten ca. 30,- €; Anleitung zum Selbernähen unter: www.godlyplay.de, dort »Materialien« (das findet sich in der rechten Randspalte) anklicken, dann scrollen bis »Weitere Tipps zu Materialien« und dort »Schnittmuster für einen Wüstensack« anklicken

oder
eine flache Kiste/alte Schublade mit stabilem Boden

- Quarz- oder Fugensand (Der ist ganz fein, beim Kauf trocken und hat im Gegensatz zum Vogelsand keine riechenden Zusätze!), alternativ: feiner Spielsand (Achtung, der ist beim Kauf immer nass und muss ausgepackt erst gut durchtrocknen!)
- eine Holzflachfigur (z.B. die Volk Gottes - Figuren bei www.godlyplay-materialien.de oder Kindgartenflachfiguren wie diese:

- einen flachen Stein – vielleicht rund, vielleicht in einer ungewöhnlichen Form, auf den Jakob seinen Kopf legen kann.
- eine gebastelte Leiter, ca. 30 cm hoch

DIE GESCHICHTE

Die Fotos im Text sind jeweils aus der Sicht des/der Erzählenden aufgenommen!

GESCHICHTE	ANLEITUNGEN
Jakob ist müde. Er wandert durch den Sand. Schritt für Schritt. Der Sand knirscht unter seinen Füßen. Er möchte sich ausruhen. Er hatte einen langen Tag hinter sich. Er war von zuhause geflohen, denn er hatte seinen Bruder um das ganze Erbe betrogen.	Bei diesen Worten geht die Figur Schritt für Schritt durch den Sand. Gehen Sie langsam und heben Sie dazu die Figur immer wieder auf und setzen sie ab. So entsteht ein Schreiten im Sand und der Sand knirscht unter den Füßen.
Da sieht Jakob einen Stein. Jakob geht auf diesen Stein zu und legt sich nieder. Der Kopf ruht auf dem Stein. Der Stein ist wie ein Kopfkissen. Jakob schläft ein.	Der Stein wird in den Sand gelegt. Die Figur wird auf den Sand gelegt, der Kopf liegt dabei auf dem Stein.
Obwohl Jakob es ist nicht ahnt, ist er gut behütet.	Eine Hand über ihn halten. Nicht wegnehmen, ... 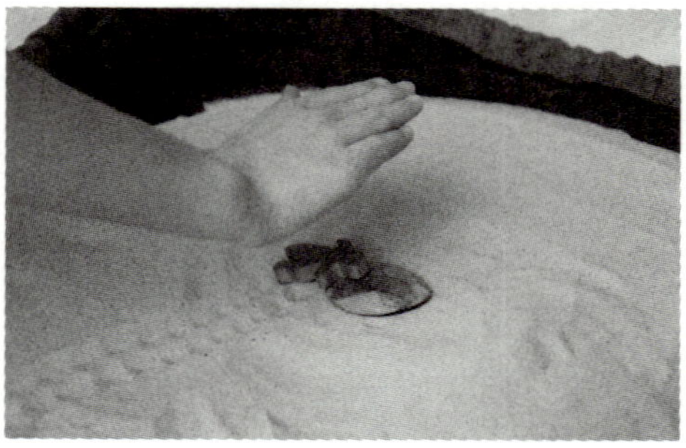

Während Jakob schläft, öffnet sich der Himmel.

sondern nun beide Hände in die Senkrechte heben und in einigem Abstand über Jakob zusammenhalten, wie wir es von gefalteten Händen kennen. Wenn der Himmel sich öffnet, gehen die Hände auseinander und werden weggenommen.

Eine Leiter erscheint und verbindet Himmel und Erde.

Eine selbst hergestellte Leiter, ungefähr 30 cm hoch, wird neben Jakob in den Sand gestellt. Bitte darauf achten, dass genug Sand unter der Leiter liegt, damit die Leiter stehenbleibt.

Auf dieser Leiter bewegen sich Engel auf und ab.

Mit den Fingerspitzen einmal über die Leiter nach oben und unten streichen.

Da wo der Himmel offen ist, zeigt sich die Gegenwart Gottes. Gott spricht zu Jakob: Fürchte dich nicht, Jakob. Ich bin dein Gott. Ich bin bei dir. Ich gehe mit dir auf deinem Weg. Ich behüte dich.

Eine gewölbte Hand wird oben über das Ende der Leiter gehalten. Die Hand bleibt so lange dort, wie Gott spricht.

Dann schließt sich der Himmel. Die Leiter verschwindet.

Die Hand über der Leiter wird weggenommen. Die Leiter wird aus dem Sand genommen und an die Seite gelegt.

Am anderen Morgen steht Jakob auf.

Die Figur richtet sich auf und wird aufrecht in den Sand gestellt.

Ermutigt und erfrischt macht sich Jakob auf den Weg zu den Verwandten seiner Mutter, um dort zu leben.

Jakob wandert weiter durch den Sand. Die Geschichte endet, in dem Jakob aus dem Sand gezogen wird.

Während der ganzen Erzählung werden die Kinder nicht angesehen. Die Aufmerksamkeit des Erzählenden richtet sich ausschließlich auf die Geschichte im Sand. Ein anderer Mitarbeiter sorgt sich um die Kinder. Nach der Erzählung werden die Kinder nacheinander angeschaut und es können folgende Fragen nacheinander an die Kinder gestellt werden. Bitte lassen Sie nach den Fragen Zeit und bewerten Sie die Antworten der Kinder nicht. Sollte eine Antwort unklar sein, können Sie um eine Verdeutlichung der Antwort durch das betreffende Kind bitten.

Nun zu den Fragen:
- Ich frage mich, was dir in dieser Geschichte am liebsten war?
- Ich frage mich, was an dieser Geschichte am wichtigsten war?
- Ich frage mich, ob du in dieser Geschichte vorkommst?
- Ich frage mich, wie es mit Jakob weitergegangen ist?

Nach diesen Fragen können die kreativen Impulse aus dem ersten Vorschlag aufgenommen werden, besonders geeignet erscheint mir das Malen mit der Zauberkreide.

ERGÄNZENDE KREATIVIDEE FÜR BEIDE AUSFÜHRUNGEN

Sie können mit den Kindern eine Segensleiter bauen. Sie brauchen dazu für jedes Kind zwei 25–30 cm lange Holzstäbe, die einen Durchmesser von ca. 0,7 cm haben sollten. Dazu brauchen Sie 6–7 Sprossen mit einem Durchmesser von ca. 0,5 cm und einer Länge von 9–10 cm. Die Sprossen werden mit Bast oder dünner Kordel auf die Längsstäbe gebunden. Die Sprossen halten mit Achterschlingen besser. Sie sind für die Jüngeren evtl. zu schwierig. Man kann die Sprossen zusätzlich zur Bindung mit einem Tropfen Heißkleber fixieren.
Selbstverständlich können die Stäbe dazu im Baumarkt geholt werden. Die Leiter sieht aber schöner und natürlicher aus, wenn die Stäbe zum Beispiel aus Haselnussruten geschnitten werden. Während die Stäbe aus dem Baumarkt vorbereitet und gesägt werden müssen, können Hölzer aus der Natur mit einer Gartenschere gut zerteilt werden.

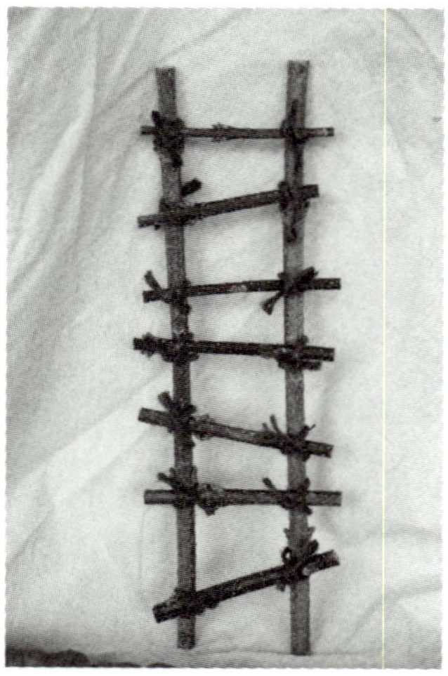

Auf die Stufen der Leiter kann ein Segenswort, das auf eine feste Pappe kopiert wurde, gestellt werden. Die Kinder können die Leiter und dieses Segenswort mit nach Hause nehmen.

SCHLUSSPLENUM

LIED: »Gottes Liebe ist so wunderbar«
(in: Kirche mit Kindern Liederbuch, hg. v. Rhein. Verband für Kindergottesdienst, S. 72)

ZUSAMMENFASSUNG – ANSPIEL ZWEITER TEIL

Jakob steht mit Esau wieder am Jabbok. Er nimmt die Zusage Gottes von der Himmelsleiter auf und erhält jetzt einen echten, keinen erschlichenen Segen. Er wird gesegnet und kann mit dem Bruder über den Fluss gehen.

Jakob: Mit der Himmelsleiter fing alles an. (Sie lehnen sich jeder an eine Seite der Leiter. – Bitte achten Sie darauf, dass der Fluss noch nicht überschritten wird.) Mein Leben wendete sich danach zum Guten, obwohl es auch manchmal sehr anstrengend war. Du siehst ja, lieber Esau, ich bin kein armer Mann. Aber ich habe hart dafür gearbeitet. Auf Dauer wollte ich nicht in der Fremde leben. Ich habe unser Zuhause, unsere Heimat und auch dich vermisst. Ich wollte zurückkehren.

Esau: Nun bist du wieder da. Und ich freue mich.

Jakob: Der letzte Schritt war aber nicht einfach. Du siehst ja diesen Fluss Jabbok. Er ist nicht besonders groß und nicht besonders tief. Bisher konnte ich nicht auf die andere Seite gehen. Diese andere Seite gehört ja dir. Und ich wusste nicht, wie du mich empfängst. So habe ich die Nacht auf dieser Seite verbracht. Und dann ist in dieser Nacht etwas sehr Sonderbares geschehen.

Nun gibt es zwei Möglichkeiten dieses Geschehen darzustellen.

- Esau tritt zurück an den Rand des Geschehens. Jakob stellt sich in die Mitte und eine weiße Gestalt (sie trägt kein Gewand, sondern eher ein Trikot) mit weißem Gesicht (Lippen und Augen bitte nicht schminken) und bedeckten Haaren tritt auf Jakob zu und beginnt mit ihm einen pantomimischen Ringkampf. Die Intensität des Ringkampfes hängt von den Fähigkeiten der Spielenden ab. Wenn möglich kann dazu das Licht abgedimmt werden und es wird deutlich, dass dieser Ringkampf im Dunklen, in der Nacht stattfindet. Falls es möglich ist, kann ein Spot – ein Scheinwerfer – die beiden Figuren während des Ringkampfes anstrahlen.
- Das Ganze kann auch als Schwarzlichttheater aufgeführt werden.
- Im Schwarzlichttheater wird genau wie im vorigen Abschnitt pantomimisch gespielt. Dazu muss der Raum verdunkelbar sein und Sie müssen das Material für Schwarzlichttheater besitzen. Wenn Sie dieses Material haben, sieht der Ringkampf sehr gut aus. Aber für diese kurze Sequenz lohnt sich keine Neuanschaffung! Dann nehmen Sie den ersten Vorschlag auf.
- Für beide Aufführungsmöglichkeiten gilt folgender Schluss: Die weiße Gestalt versucht, sich zu entfernen. Jakob hält die Gestalt fest und sagt mit lauter Stimme: »Ich lass dich nicht los, es sei denn, du segnest mich.« Die Gestalt wendet sich Jakob zu. Jakob lässt sie los. Die Gestalt legt Jakob beide Hände auf den Kopf. Jakob beugt den Kopf und es bewegt sich niemand. Nach dieser Stille geht die weiße Gestalt ab. Jakob bleibt stehen und hält weiterhin inne. (langsam auflösen!)

Esau: Mit wem hast du da gekämpft?

Jakob: Ich glaube, dass ich mit Gott und mir selbst gekämpft habe. Ich habe um den Segen gerungen. Ich habe mit mir gerungen, weil ich dir Unrecht getan habe und dich nun um Verzeihung bitte. Ich habe mit Gott gerungen, weil ich ohne Gottes Segen nicht dir und auch nicht mir selbst begegnen kann.

Esau: Schön für dich, und wer segnet mich?

Jakob: Wenn ich mich umschaue, dann sehe ich, dass Gott dich gesegnet hat. Du bist und bleibst der Erstgeborene und du bist mein Bruder.

Esau: Dann lass uns über den Fluss gehen, komm auf meine Seite. Du bist zu Hause.

Sie nehmen die Stehleiter und tragen sie gemeinsam durch den Fluss. Sie stellen Sie auf die andere Seite und lehnen sich zu einem Abschlussbild an diese Leiter. Bei diesem Abschlussbild muss ihre Verbundenheit deutlich werden. Beide gehen ab. Die Leiter bleibt stehen.

LIED: Ausgang und Eingang
(Evang. Gesangbuch, Nr. 175)

VATERUNSER

GEBET, DAS ZUM SEGEN HINFÜHRT

Gott,
wir sind miteinander verbunden und miteinander gesegnet.
So segne du nun jeden und jede von uns.
Schenk uns im Segen deinen Geist, deine Kraft und deinen Frieden,
die auch das Schwierige überwinden.
Amen.

SEGEN

Nach diesem Gebet wird jedes Kind und jeder anwesende Erwachsene, der dies möchte, gesegnet.

Ein Vorschlag für den Ablauf:
Dieser Ablauf muss zügig gehen, damit der Abschluss sich nicht in die Länge zieht und die Faszination des Segens verloren geht. Dazu bilden sich kleine Gruppen (6–10 Leute) im Raum, eventuell in der Kirche. Die Kinder stellen sich kreisförmig – je nach Platz – auf. Zu jeder Gruppe gehört nun ein Mitarbeitender. Der Mitarbeitende segnet nun nacheinander jedes Kind, das dies möchte. Dazu kann er die Hände über oder auf den Kopf des Kindes legen. Wer nicht so gesegnet werden möchte, der kann auch seine Hände, wie eine Schale nach vorne ausstrecken. Der Segnende legt nun seine Hände auf diese Hände.

Ich schlage ein einfaches Segenwort vor: »Gott segne dich und behüte dich. Amen.«

Eine Alternative:
Das Segnen der Kinder wird in die Gruppenphase gelegt. Dort ist mehr Zeit und mehr Schutz vorhanden.

Wichtige Anmerkung:
Im protestantischen Raum kann und darf jeder Mitarbeitende segnen. Das Segnen obliegt also nicht nur den Pfarrerinnen und Pfarrern.
Bei ökumenischen Kinderbibeltagen muss mit den ökumenischen Partnern hier eine Absprache erfolgen.

LIED: »**Beschirmt, beschützt**« (s. o.)

oder

Ausgang und Eingang
(s. o. – das Lied wiederholen, diesmal mit Bewegungen)

(Die Hände liegen ineinander vor dem Bauch.)

Ausgang und Eingang,
(Arme nach unten öffnen, seitlich vom Körper halten.)

Anfang und Ende
(Arme vor die Brust führen und kreuzen.)

liegen bei Dir, Herr,
(Arme nach unten führen und von unten nach oben einen Kreis beschreiben, der nach oben hin offen ist = Gebetshaltung.)

füll Du uns die Hände.
(Arme beschreiben einen Kreis nach unten, vor dem Bauch mit den Händen eine Schale bilden.)

Mose am rechten Fleck

EIN KINDERBIBELTAG ZU 2. MOSE 2,1-4,17; 14

von Christiane Zimmermann-Fröb

THEOLOGISCHE VORBEMERKUNGEN

Die Geschichte von Mose und dem Volk Israel in Ägypten erzählt u. a. davon, dass Menschen am falschen Platz sind und dass Gott sie von dort befreit und ihnen hilft, ihren Platz zu finden. Für Mose ist es auch eine Art Selbstfindungsgeschichte. Er wächst als Israelit am Hofe des ägyptischen Pharaos auf. Vom Gott Israels hat er da noch nie gehört. Er fühlt sich am Hofe des Pharaos fehl am Platz und muss erst über Fehler (er tötet im Zorn einen Ägypter) und Flucht in der Wüste zu sich selbst finden. Dabei hilft ihm Gott in der Begegnung am Dornbusch. Mose weiß kaum, wer er selbst ist, und er weiß nichts von Gott. Aber Gott weiß, wer *er* selbst ist (ich bin, der ich bin). Damit wird Gott für Mose verlässlich, auch in dessen eigener Unsicherheit, wer er eigentlich ist und was er tun soll. Denn Gott ist da.

Doch nicht nur Mose ist am falschen Platz. Das ganze Volk Israel ist in Ägypten am falschen Ort. Darum führt Gott es mit Moses Hilfe von dort weg. Er befreit sein Volk von der Unterdrückung durch den Pharao. Diese beiden Aspekte bilden den Schwerpunkt des Kinderbibeltages: Mose findet zu sich selbst, weil er Gott findet und Gott ihm seine ganz eigene Aufgabe gibt. Er und das Volk Israel erleben Befreiung.

ANKOMMEN

- Namensschilder ausgeben und von den Kindern beschriften und evtl. noch bemalen lassen
- Gruppeneinteilung (die Gruppeneinteilung kann über die Namensschilder erfolgen, z. B. haben alle Kinder einer Gruppe dasselbe Symbol oder dieselbe Farbe.)
- Teilnehmerbeitrag einsammeln (falls es einen gibt)

PLENUM

BEGRÜSSUNG

LIED: Ich lobe meinen Gott, der aus der Tiefe mich holt
(Evang. Gesangbuch, Ausgabe Rheinland/Westfalen/Lippe/Reformiert, 673, oder in: Kirche mit Kindern Liederbuch, hg. v. Rhein. Verband für Kindergottesdienst, S. 85)

TRINITARISCHER KERZENRITUS

Es werden drei Kinder ausgewählt, die während des Ritus jeweils eine Kerze anzünden. Dafür bitte lange Kaminstreichhölzer bereitlegen! Der Ritus wird begleitet mit dem Lied »Du bist da, wo Menschen leben« in: Kirche mit Kindern Liederbuch, hg. v. Rhein. Verband für Kindergottesdienst, S. 37 oder Menschens Kinder Lieder 1,42.

Im Namen des Vaters und des Sohnes und des Heiligen Geistes. Amen.
Die erste Kerze zünden wir an für Gott. Er hat uns das Leben gegeben und zu ihm kehrt es auch wieder zurück.

(Ein Kind zündet – gegebenenfalls mit Hilfe – die erste Kerze an. Alle singen: Du bist da, wo Menschen leben)

Die zweite Kerze zünden wir an für Jesus. Er hat uns gezeigt, dass Gott uns liebt und wie wir liebevoll miteinander umgehen können.

(Ein Kind zündet – gegebenenfalls mit Hilfe – die zweite Kerze an. Alle singen: Du bist da, wo Menschen lieben)

Die dritte Kerze zünden wir an für den Heiligen Geist. Er gibt uns Hoffnung und tröstet uns, wenn wir traurig sind.

(Ein Kind zündet – gegebenenfalls mit Hilfe – die dritte Kerze an. Alle singen: Du bist da, wo Menschen hoffen + Halleluja-Strophe mit Klatschen.)

PSALM 34 MIT KEHRVERS

Gott hat seine Vertrauten im Blick.
Seine Ohren sind gespitzt und hören ihre Rufe.

Wenn die Vertrauten Gottes um Hilfe rufen, dann hört es Gott und hilft ihnen.
Zwar müssen sie auch vieles ertragen. Doch sie brechen darunter nicht zusammen.
Denn Gott trägt mit an ihrer Last.

Gott hat seine Vertrauten im Blick.
Seine Ohren sind gespitzt und hören ihre Rufe.

Die sich nicht auf Gott verlassen, sind sich selbst überlassen.
Wer den Vertrauten Gottes ein Bein stellt, fällt selbst darüber.
Alle werden frei und aufrecht gehen, denn Gott befreit seine Kinder.

Gott hat seine Vertrauten im Blick.
Seine Ohren sind gespitzt und hören ihre Rufe.

Amen.

(aus: Dir kann ich alles sagen, Gott; hg. v. Rhein. Verband für Kindergottesdienst)

LIED: Durch die Welt ergeht ein Wort
(in: Mein Liederbuch für heute und morgen, B 53)

ANSPIEL

Mit Mose (M) und der Pharaonentochter (P);

M: (bunt verkleidet mit Hofgewändern und ägyptisch geschminkt auf einem thronartigen Stuhl, fühlt sich falsch/fehl am Platz) Hier sitze ich, Mose, am Hofe des Pharaos, des Königs von Ägypten. Hier bin ich aufgewachsen, bei der Pharaonentochter. Sie ist wie eine Mutter zu mir. Und sie lässt mich wie einen ägyptischen Prinzen erziehen. (Er fummelt und zerrt an seinen Gewändern.) Und ich muss mich auch so anziehen. (Er greift nach einem Handspiegel und schaut hinein.) Sogar die Augen muss ich mir so anmalen, wie es sich bei Hofe gehört. (Er lässt den Spiegel sinken.) Aber das bin doch nicht ich! So bin ich nicht! Ich weiß, sie meint es gut, wie alle Mütter. (Pause) Aber sie ist ja gar nicht meine richtige Mutter. Sie hat mich gefunden, in einem Körbchen im Nil. Ha! Wer weiß, wo ich eigentlich herkomme, wer ich wirklich bin? Ich weiß es nicht! Es fühlt sich alles so falsch an (Er zerrt wieder an seinen Gewändern, schaut erneut in den Spiegel und lässt ihn dann seufzend sinken.). Ich wüsste gern, wer ich wirklich bin.

Die Pharaonentochter kommt herein.

M: Ach, äh, (Pause) Mutter!
P: Mose, mein lieber Junge, was ist mit dir? Du siehst unglücklich aus? Geht es dir nicht gut?
M: Nein, mir geht es gar nicht gut. (Er schaut wieder kurz in den Spiegel.) Ich wüsste so gern, wer ich bin.
P: Mein Schatz, was für eine Frage! Du bist Mose.
M: Ja, schon, das weiß ich auch. Aber wo komme ich her? Ich bin nicht dein richtiger Sohn, du hast mich gefunden. Und nun würde ich so gern wissen, wo ich eigentlich herkomme.
P: (Tritt zu Mose an den thronartigen Stuhl, legt ihm die Hand auf den Arm.) Mein Schatz, ich kann dir das auch nicht sagen. Du triebst im Uferschilf des Nils, in einem kleinen Korb. Da habe ich dich gefunden.
M: Das weiß ich schon. Weißt du nicht noch mehr?
P: Warte mal, lass mich nachdenken. Es ist schon so lange her. Da war noch ein Mädchen.
M: Ein Mädchen?
P: Ja, sie hatte sich nahe beim Ufer versteckt. Als ich dich fand, kam sie hervor. Sie sagte: »Wenn du eine Amme brauchst, die für das Baby sorgt und es stillt, dann weiß ich eine. Meine Mutter könnte das tun.«

M: Und?

P: Ja, ich konnte dich nicht stillen. Aber du musstest ja essen. Also habe ich dich dem Mädchen mitgegeben. Aber ich habe ihr deutlich gesagt: »Dieses Kind ist von nun an mein Sohn, denn ich habe ihn gefunden. Sobald er nicht mehr gestillt werden muss, bringst du ihn zu mir in den Palast.« Und das hat sie später dann auch getan.

M: Und weißt du, wer das Mädchen war?

P: Nein. Aber ich glaube, sie war das Kind eines israelitischen Arbeiters, so wie sie gekleidet war.

M: Eines israelitischen Arbeiters?

P: Na, du weißt schon, die Sklaven, die für meinen Vater, den Pharao, arbeiten. (nachdenklich) Ich wundere mich aber schon, warum sie damals gerade dort war. Tja. (Sie steht kopfschüttelnd auf und geht ab.)

M: Ein israelitisches Mädchen hat mich mitgenommen, zu seiner eigenen Mutter. Eine Israelitin. Über die weiß ich wenig, außer dass sie hier arbeiten. Hm, ich sollte mal nachforschen. Vielleicht kriege ich ja mehr über die Israeliten raus. Vielleicht können die mir auch helfen herauszufinden, wer ich bin. (Mose ab)

GROSSSCHATTENSPIEL

Die folgende Geschichte wird als Großschattenspiel erzählt. Dazu spannen Sie weiße Bettlaken, die von hinten mit einem Strahler, einer OHP-Lampe oder einem Diaprojektor angestrahlt werden. Die Mitarbeitenden agieren hinter dieser Leinwand pantomimisch. Es gibt eine/n Erzähler/in als Stimme aus dem Off. Er/Sie sitzt so an der Seite, dass er/sie das Geschehen auf der Leinwand sehen kann. So kann man das Erzähl- oder Lesetempo den Darstellern besser anpassen. Außerdem können Sie eine zweite Stimme aus dem Off als Stimme Gottes einsetzen. Der Text der »Stimme« kann aber auch von dem/der Erzähler/in gelesen werden.
Wichtig: Die Darsteller müssen dicht an der Leinwand agieren, dann sind die Schatten schärfer. Die Bewegungen sollten langsam und deutlich gemacht werden. Lassen Sie sich Zeit beim Spielen und beim Lesen!

Sie benötigen als Requisiten:
- weiße Bettlaken und eine Leine zum Spannen
- einen starken Strahler/OHP/Diaprojektor als Hauptlichtquelle
- eine zweite Lampe für den brennenden Dornbusch
- viele Ziegelsteine (echte oder Schuhkartons)
- einen dünnen Stock
- einen dickeren Ast
- Schafumrisse aus Pappe, die mit Tesakrepp von hinten an das Bettlaken geklebt werden
- einen langen Stock als Hirtenstock

Sie benötigen als Mitspieler:
- Mose in langem Gewand und mit Sandalen, später auch mit Hirtenstock
- einen Aufseher mit dünnem Stock
- 4 Arbeiter

Sie benötigen als Sprecher:
- eine/n Erzähler/in aus dem Off
- evtl. Gottes Stimme aus dem Off

1. SZENE

Licht an. Man sieht 4 Arbeiter, die Ziegelsteine von einem Stapel holen, sich gegenseitig aufladen und zur anderen Seite schleppen und dort abladen. In der Mitte steht der Aufseher mit dem Stock. Er treibt die Arbeiter pantomimisch immer wieder an.

Erzähler/in: Da sind sie, die israelitischen Arbeiter. Tagein, tagaus müssen sie schwere Ziegelsteine schleppen. Denn der Pharao will immer noch größere und prunkvollere Bauten. Immer ist ein Aufseher dabei und treibt sie an. Manchmal, wenn es ihm nicht schnell genug geht, schlägt er sie auch mit dem Stock.

Aufseher deutet das Schlagen an. Israelit krümmt sich, arbeitet dann weiter. Bitte im Folgenden auf das hören, was erzählt wird und entsprechend agieren.

Erzähler/in: Oh, dahinten kommt Mose.

Aus dem Hintergrund kommt Mose näher. Er geht aber nicht bis ganz an die Leinwand, sondern bleibt etwas entfernt stehen, so dass sein Schatten unschärfer im Hintergrund zu sehen ist, denn zunächst beobachtet er nur.

Erzähler/in: Er will so viel wie möglich über die Israeliten herausfinden. Denn er vermutet, dass er vielleicht einer von ihnen ist, zu den Israeliten und nicht zu den Ägyptern gehört. Heute ist er zur Baustelle gekommen, um zu sehen, wie die Israeliten so leben müssen. Doch was er sieht, gefällt ihm nicht.

Mose im Hintergrund schüttelt deutlich den Kopf. Vorn spielen Arbeiter und Aufseher weiter.

Erzähler/in: Die israelitischen Arbeiter müssen viel zu schwere Lasten tragen. Sie gehen schon ganz krumm. Wenn sie eine Pause machen wollen, dann schlägt der Aufseher sie. All das sieht Mose. Er denkt: »Ich glaube, ich bin einer von ihnen, ein Israelit. Aber sie werden geschlagen!« Und er spürt wie Zorn in ihm aufstieg.

Mose im Hintergrund ballt eine Faust und schüttelt sie drohend. Bitte im Folgenden auf das hören, was erzählt wird und entsprechend agieren.

Erzähler/in: Wieder schlägt der Aufseher einen der Israeliten. Da wird Mose vom Zorn übermannt. Er schaut sich um und entdeckt einen Ast. Er hebt ihn auf, rennt auf den Aufseher zu und schlägt mit aller Kraft nach ihm. Dabei schreit er: »Hör auf, die Leute zu schlagen!« Der Aufseher stürzt zu Boden und bleibt liegen. Mose hat ihn erschlagen. Er lässt den Ast fallen und stammelt: »Das wollte ich nicht. Das wollte ich nicht!« Dann dreht er sich um und läuft davon.

Licht aus. Alle Personen gehen ab, Ziegelsteine und Stöcke wegräumen. Stattdessen werden die Schafsilhoutten mit Tesakrepprollen von hinten an eine Seite der Bettlaken-Leinwand geklebt. Mose mit Hirtenstock stellt sich dazu. Licht an.

2. SZENE

Erzähler/in: Mose war weit gelaufen, bis in ein anderes Land. Er hatte eine Familie gegründet. Jeden Tag hütete er nun Schafe seines Schwiegervaters.

Während des folgenden Textes geht Mose hinter den Schafen hin und her, treibt sie mit dem Hirtenstock immer wieder zusammen.

Erzähler/in: Er ging mit ihnen hinaus in die karge Landschaft und suchte am Rande der Wüste für sie nach Futter. Eines Tages entdeckte er dabei etwas Seltsames.

Die 2. Lichtquelle einschalten. Sie sollte von der Seite und dicht in Tuchnähe auf die Leinwand gerichtet sein, so dass ein zusätzlicher heller Spot auf der Leinwand erscheint. Mose streckt den Arm aus und deutet darauf. Bitte im Folgenden spielen, was erzählt wird.

Erzähler/in: »Was ist denn das?«, fragte sich Mose. »Da brennt ein Dornbusch, aber er verbrennt dabei gar nicht. Er ist einfach nur voll Flammen. Das ist doch merkwürdig. Das will ich mir einmal ansehen.« Und so ging er auf den Busch zu. Da erklang eine Stimme.

Wenn Sie wollen, können Sie für die Stimme Gottes einen zweiten Sprecher einsetzen. Alternativ wird der Text auch von der/dem Erzähler/in gelesen. Dann muss man aber immer ergänzen »die Stimme sprach/sagte«.

Stimme: Halt, komm nicht näher! Zieh deine Schuhe aus. Denn hier ist ein heiliger Ort.

Mose zieht seine Sandalen aus.

Erzähler/in: Mose fragte: »Wer bist du?«

Stimme: Ich bin der Gott der Israeliten. Ich bin dein Gott. Ich sehe ihr Leiden, wie sie geschlagen werden. Ich höre ihre Schreie und ich will ihnen helfen. Dafür brauche ich dich!

Erzähler/in: Mose war ganz verwirrt: sein Gott? Und der brauchte ihn?

Mose fasst sich an den Kopf, hebt die Arme, zuckt mit den Schultern etc.

Stimme: Du wirst die Israeliten aus Ägypten herausführen. Dort sind sie nicht am richtigen Platz. So wie du im Palast des Pharao nicht am richtigen Platz warst. Du gehörst zu mir und die Israeliten gehören auch zu mir.

Erzähler/in: Mose war immer noch durcheinander.

Mose schüttelt den Kopf, geht auf und ab.

Erzähler/in: »Ich weiß kaum, wer ich selber bin«, sagte er, »und wer du bist, schon mal gar nicht!«

Stimme: Ich bin der »Ich bin da«. Das ist mein Name. Ich weiß, wer ich bin und wer du bist. Ich begleite dich. Geh zu meinem Volk. Denn es ist auch dein Volk. Sag ihnen: Unser Gott, der »Ich bin da« hat mich geschickt. Ich soll euch in die Freiheit führen.
Hab keine Angst, du gehst nicht allein. Ich bin da.

Alle Lichter aus.

LIED: Caminando va/Machen wir uns auf
(in: Menschens Kinder Lieder 2, 12)

GRUPPENPHASE/JÜNGERE

(von Ewald Schulz)

(Imbiss nach Gelegenheit einplanen)

KENNENLERNSPIELE

Z. B. Familien-Ecken-Spiel: Alle, die mit Papa und Mama zusammenwohnen, laufen in diese Ecke, wer mit Mama allein wohnt, dort hin, mit Papa allein dorthin, mit neuem Elternteil, gar nicht mit Eltern etc.
Wer keine / ein / zwei / mehr Geschwister hat, läuft …
Wer aus Deutschland / Europa / anderem Land kommt, läuft …
Ziel des Spiels: Herkunftsgeschichten – Wo komme ich her? Wer ist meine Familie? Wer bin ich?

BIBLISCHE GESCHICHTE: »ICH BIN FÜR EUCH DA«
MITMACHGESCHICHTE ZUM AUSZUG AUS ÄGYPTEN

Die Geschichte vom Auszug aus Ägypten und damit vom Aufbruch in die Freiheit eignet sich als Mitmachgeschichte. Der/die Erzähler/in spielt gleichzeitig den Mose. Die Kinder wiederholen die Bewegungen und das, was und wie Mose es gesagt hat.
Im 2. Teil der Geschichte begegnet Mose den Israeliten.
Die Rolle der Kinder erweitert sich hier. Jetzt wiederholen sie als Israeliten das, was Mose vorspielt. So können sie sich mit der Person des Mose identifizieren, sich aber auch in die Rolle der Israeliten hineinversetzen. Die Mitmachgeschichte erfährt mit der Wanderung (durch die Wüste) einen größeren Spielraum.

Das Lied »Du, Gott, stützt mich« (in: Kirche mit Kindern Liederbuch, hg. v. Rhein. Verband für Kindergottesdienst, S. 46) wird während der Mitmachgeschichte gesungen. In der kreativen Gestaltungsphase kann das Lied mit unterstützenden Gesten eingeübt werden.

Die Wörtliche Rede, die die Kinder wiederholen, ist in der folgenden Beispielgeschichte IN GROSSBUCHSTABEN, die Anweisungen für die Bewegungen haben eine eigene Schrift.

Tipp: Der/die Erzähler/in übt mit den Kindern beispielhaft einen Satz mit Bewegung und wörtlicher Rede ein, um sie mit dieser Erzählmethode vertraut zu machen. Zum Beispiel: Mose sagt den Israeliten immer wieder: »Ich bin für euch da!« Die Hand aufs Herz legen.
»Ich befreie euch aus Ägypten!« Mit dem Arm weit ausholen.

Material: Korb mit Matzen, evtl. Verkleidung für Mose

»AUFBRUCH IN DIE FREIHEIT« – TEIL 1

(2. Mose 3 in Auswahl)

Mose steht bei seiner Schafherde.
Die Arme verschränken.

Schon lange schaut er auf seine Schafe, die in der Steppe grasen.

Er lächelt und sagt zu seinen Schafen: »IHR SEID JA SO FRIEDLICH.«

Ab und zu blickt er zum nahe gelegenen Zeltdorf.
Zwei Mal nach rechts zur Seite blicken.
Dort lebt er bei seinem Schwiegervater mit seiner Frau und seinem Kind.

Er denkt nach und murmelt: »GEHÖREN WIR DORTHIN?«
Sich am Kinn reiben.
Mose findet keine Ruhe. Mit seinem Stab treibt er seine Schafe in die Wüste hinein:
»HO, HO«, ruft er.
Immer wieder treibt er sie vor sich her: »HO, HO!«

Er schaut in die Ferne und sieht, wie die Sonne feuerrot untergeht.
Die Handkante über die Augenbrauen legen.

Plötzlich entdeckt er einen Dornbusch.
Mehrmals nach vorne beugen.

Überrascht ruft er:
»DER BRENNT! DER BRENNT JA!«
Mit dem Finger nach vorne zeigen.

Er traut seinen Augen nicht: »WAS IST DENN DA LOS?«
Mit den Augen zwinkern und evtl. die Augen reiben.

Er schaut genauer hin und staunt: »DER VERBRENNT JA GAR NICHT!«
Mit dem Finger nach vorne zeigen und mit dem Kopf schütteln.

Als er zu dem Dornbusch hingehen will, hört er eine Stimme aus den Flammen. Er lauscht.
Eine Hand ans Ohr legen.

Dann zieht Mose seine Schuhe aus.
Wer will, kann ebenfalls die Schuhe ausziehen. Die anderen tun so als ob.

Da steht er nun und schaut auf den Wüstenboden.
Der Ort, auf dem er steht, ist heiliges Land.

Da – wieder hört er die Stimme und lauscht.
Eine Hand ans Ohr legen.

Gott hat einen wichtigen Auftrag für ihn. Mose erschrickt darüber sehr:
»Ich? Zum Pharao? Niemals!«
Mit dem Finger auf sich zeigen und mit dem Kopf schütteln.

Verzweifelt fragt er: »Ich? ... Die ... Israeliten ... befreien?«
Die gefalteten Hände kneten.

Mose kann es nicht glauben: »Wer bin ich denn, das ich das tue?«
Mit dem Finger auf sich zeigen.

Als Gott ihm antwortet, schaut Mose in den brennenden Dornbusch und wird ganz still.
Er legt seine Hand aufs Herz und atmet tief durch.
Dann wiederholt er, was Gott ihm gesagt hat: »Ich bin mit dir, Mose!«

Gottes Worte machen ihm Mut.
»Ich befreie euch aus Ägypten!«
Mit einem Arm weit ausholen.
Mose ist bereit, den Auftrag anzunehmen, und dem Pharao zu sagen:
»Lass mein Volk ziehen!«
Mit dem Arm weit ausholen.

Langsam zieht sich Mose die Schuhe an.
Evtl. helfen die Älteren den Jüngeren beim Anziehen der Schuhe.

TEIL 2

(2. Mose 13,17-15,21 in Auswahl)

Als Mose mit seiner Familie zu den Israeliten nach Ägypten kommt, begrüßt er die Israeliten:
»Schalom, Gott ist mit dir!«
Den Nachbarn die Hand reichen.

Mose sagt ihnen, wer Gott ist und was er versprochen hat:
»Ich bin für euch da!«
Die Hand aufs Herz legen.
»Ich befreie euch aus Ägypten!«
Mit dem Arm weit ausholen.

Alle drücken fest die Daumen und können den Tag kaum erwarten, an dem Gott sie alle aus Ägypten befreit.

Viele Male steht Mose vor dem Pharao und sagt ihm, was Gott will:
»Lass mein Volk ziehen!«
Mit dem Arm weit ausholen.

Jedes Mal überbringt Mose den Israeliten das bittere Urteil des Pharao: »Nein!«
Mit der Faust wie ein Beil von oben nach unten fahren.

Eines Tages aber ist es so weit. Ein Flüstern geht durch die Nacht:
»Der Pharao gibt auf.«
Hände zur Flüstertüte aneinanderlegen.

Gott hält, was er verspricht. Mose sagt den Israeliten immer wieder:
»Ich bin für euch da!«
Die Hand aufs Herz legen.
»Ich befreie euch aus Ägypten!«
Mit dem Arm weit ausholen.

Dann setzen sich alle noch einmal, bis auf Mose.
Er teilt das Essen aus.
(Brotkorb bereithalten und Matzen austeilen.)
Es ist Matzen, ein Brot nur aus Mehl und Wasser gebacken.
Alle essen ein Stück davon, denn alle wollen bald aufbrechen.

Dann lobt Mose Gott mit einem Lied: »Du, Gott, stützt mich. Du, Gott, stärkst mich. Du, Gott, machst mir Mut!«

Alle stimmen mit ein und singen: »Du, Gott, stützt mich. Du, Gott, stärkst mich. Du, Gott, machst mir Mut!«

Früh am Morgen führt Mose die Israeliten aus Ägypten: »Kommt!«
Mose geht voran und winkt den anderen, ihm zu folgen.

Stolz und aufrecht gehen sie aus ihren Hütten, weg aus Ägypten.
Mose führt sie durch den Raum.

Alle sagen es weiter, als Mose in den Himmel zeigt:
»Seht! Den Wolken müssen wir folgen!«

Als es Nacht wird, ruft Mose: »Seht! Der Himmel leuchtet wie Feuer!«
So wandern sie bei Tag und bei Nacht und Gott geht mit ihnen.

Nach drei Tagen kommen sie ans Rote Meer. Da ruft Mose: »Halt!«
Offene Hand hochhalten.

Müde setzen sie sich und lagern am Ufer des Roten Meeres, im Schilf.

Mose blickt zurück, mit ihm alle Israeliten.
Die Handkante über die Augenbrauen legen.

Erschrocken springen alle auf und rufen:
»Die Ägypter! Die Ägypter kommen!«
Mit dem Finger in die Richtung weisen, woher sie gekommen sind.
Aber noch sind die Ägypter weit weg von ihnen.

Mose erinnert die Israeliten daran, was Gott ihnen versprochen hat:
»ICH BIN FÜR EUCH DA!«
Die Hand aufs Herz legen.
»ICH BEFREIE EUCH AUS ÄGYPTEN!«
Mit dem Arm weit ausholen.

So hält er auch seinen Stab über das Meer und weist damit den Weg.

Und siehe da, es kommt ein starker Ostwind auf. Der ist so stark, dass sich die Israeliten gegen den Sturm stemmen müssen.

Sand wirbelt auf. Sie schützen ihre Augen mit den Händen.
Der Ostwind teilt das Meer an dieser Stelle und macht es trocken.

Mose ruft: »SEHT! EIN WEG DURCHS MEER!«
Nach vorne zeigen.

Er geht voran. Vorsichtig, Schritt für Schritt, tasten sie sich nach vorne.
Die Furt ist trocken und so schreitet Mose mutig weiter. Alle folgen ihm.

Mose zeigt nach vorne: »SEHT! DAS ANDERE UFER!«

Mit einem Jubelschrei laufen alle darauf zu: »JAAAAAAAA!«

Am anderen Ufer angekommen, blicken sie zurück.
Die Handkante über die Augenbrauen legen.

Der Wind lässt nach. Das Wasser kommt wieder. Da ruft Mose: »SEHT, DIE ÄGYPTER BLEIBEN IM MEER STECKEN!«
In die Blickrichtung zeigen.
Plötzlich bricht ein Jubel aus: »FREI, FREI, FREI!«

Alle springen und hüpfen vor Freude und jubeln immer wieder:
»FREI! FREI! FREI!«

Dann suchen sie sich einen Ruheplatz.
Mose geht voran in den Stuhlkreis.
Glücklich lagern sie am anderen Ufer.
Alle setzen sich.

Mose denkt mit den Israeliten an das, was Gott ihnen versprochen hat:
»ICH BIN FÜR EUCH DA!«
Die Hand aufs Herz legen.
»ICH BEFREIE EUCH AUS ÄGYPTEN!«
Mit dem Arm weit ausholen.

Mose, Miriam, seine Schwester, und alle Israeliten danken Gott mit einem Loblied: »DU, GOTT, STÜTZT MICH. DU, GOTT, STÄRKST MICH. DU, GOTT, MACHST MIR MUT!«
Mehrmals singen.

KREATIVANGEBOT: GEH-ÜBUNG ZUM THEMA »BELASTUNG – BEFREIUNG«

Die/der Gruppenleiter/in lädt die Kinder ein, folgende Übung mitzumachen:
Wir gehen durch den Raum, kreuz und quer. Wir berühren niemanden, stoßen keinen an. Achten nur auf uns und wohin wir gehen.

Wir wandern durch den Raum, ganz locker und leicht.
Wir blicken nach vorn, gehen aufrecht, haben alles im Blick.
Wir schlendern vergnügt, hüpfen vor Freude, winken uns zu.

So mögen sich die Israeliten gefühlt haben, als sie nach Ägypten eingewandert sind. Viele Jahre später war alles ganz anders:

Wir gehen durch den Raum und lassen dabei den Kopf hängen.
Wir schlurfen mit den Füßen über den Boden, gehen ganz gebeugt.
Wir gehen langsam, als ob eine schwere Last auf unserer Schulter liegt.
Wir schauen beim Gehen nur auf unsere Füße, gehen immer gebückter.

Müde gehen wir nach Hause und setzen uns. Wir sitzen nach vorne gebeugt. Die Arme hängen an der Seite herunter. Das Atmen fällt uns nicht mehr so leicht. Wie gelähmt sitzen wir da. Wie die Israeliten damals, als sie nach schwerer Sklavenarbeit heimgekommen sind.

Die/der Gruppenleiter/in geht auf ein Kind zu, nimmt es an die Hand und sagt: »Du bist frei!« Das Kind wieder loslassen und auffordern, dasselbe bei einem anderen Kind zu tun. Sie gehen jeder auf ein Kind zu und befreien es aus dieser Haltung usw., bis alle Kinder erlöst sind.

Wir recken und strecken uns. Wir legen die Hände auf die Brust und atmen tief ein und aus. Wir spüren neue Kraft in uns. Wir können wieder aufrecht gehen, hüpfen und springen, uns drehen, uns frei fühlen.

So mögen sich die Israeliten gefühlt haben, als sie ausgezogen sind: weg aus Ägypten in die Freiheit.

KREATIVANGEBOT: »ICH BIN (FÜR EUCH) DA!« – GESTALTUNG MIT PAPIERFÜSSEN

Das Versprechen »Ich bin (für euch) da!«, das Gott den Israeliten gegeben hat, steht auf einem Plakat. Die Kinder gestalten mit Papierfüßen die Buchstaben des Satzes. Für den Satz »Ich bin da!« mit Ausrufezeichen werden mindestens 24 Füße gebraucht, zwei Punkte sind vorbereitet: einer für das Satzzeichen, der andere Punkt für den Buchstaben »i«.
Die Kinder bekommen je zwei farbige Papierblätter in DIN A5. Der/Die Leiter/in zwei Blätter in DIN A4. Alle stellen einen Fuß auf ihr Blatt und malen mit Bleistift den Umriss ihres Fußes auf. Den Umriss des anderen Fußes malen sie auf das zweite Blatt. Beide Füße werden ausgeschnitten.
Alternativen: Papierfüße vorbereiten, falls weniger als elf Kinder in der Gruppe sind. Bei sieben Kindern je einen Buchstaben auf einen Fuß malen.

KREATIVANGEBOT: EINÜBUNG DES LIEDES »DU, GOTT, STÜTZT MICH« MIT GESTEN

Welches Lied die Israeliten vor ihrem Aufbruch aus Ägypten gesungen haben, wissen wir heute nicht mehr. Es gibt viele Lieder, die Gott loben. Lieder, die Mut machen. So wie unser Lied: »Du, Gott, stützt mich. Du, Gott, stärkst mich. Du, Gott, machst mir Mut.«

Das Lied sagt jedem, dir und mir, uns allen, was Gott versprochen hat: »Ich bin für euch da!« Mit kleinen Bewegungen wird es noch deutlicher.

Steht einmal auf und bildet einen engen Kreis. Jeder berührt die Schulter des anderen. Denn so nah will uns Gott sein und begleiten.

Das Lied hat drei Teile.
1. Teil: »Du, Gott, stützt mich.« Dabei legen wir links und rechts den Arm unten auf das Kreuz des Nebenstehenden. Wir stützen einander.

2. Teil: »Du, Gott, stärkst mich.« Dabei fassen wir uns mit den Händen an die Arme, links und rechts. Wir stärken uns gegenseitig den Rücken.

3. Teil: »Du, Gott, machst mir Mut.« Dabei rücken wir noch enger zusammen, fassen nach, lehnen uns langsam zurück. Wir halten uns.

Probieren wir es noch einmal und singen dazu unser Lied.

GRUPPENPHASE/MITTLERE UND ÄLTERE

(Imbiss nach Gelegenheit einplanen)

KENNENLERNSPIELE

BIBLISCHE GESCHICHTE: NACHSPIELEN DER MOSE-GESCHICHTE ALS JEUX DRAMATIQUES

Material zum Verkleiden:
große Tücher/Umhänge/Kutten, Gürtel, Seile, Schleier, farbige Chiffontücher, Kostüme z. B. vom Krippenspiel u. ä., Sicherheitsnadeln, Wäscheklammern
Material zur Dekoration und als Requisiten: große (blaue, beige, braune) Tücher, Becher, Krüge/Kannen, Teller, Matzen/Knäckebrot, Tücher/Beutel zum Transport von etwas Hab und Gut, Wanderstäbe, Decken, eine Krone, ein Zepter, ein Tamburin, alternativ einen Schellenkranz o. ä., eine Klangschale/Triangel/Glocke, um Anfang und Schluss des Spiels deutlich zu machen.

Anleitung:
Zunächst wird die Geschichte einmal vorgelesen.
Dann suchen sich die Kinder eine Rolle aus (mögliche Rollen: Mose, Aaron, Mirjam, Männer/Frauen/Kinder

vom Volk Israel, Pharao, Diener des Pharao, seine Soldaten; bei Älteren sind aber auch Rollen möglich, die Stimmungen ausdrücken wie Wut, Freude, Kummer, Angst, Hoffnung, Eile, oder Gegenstände und Tiere können zu Rollen werden, z. B. Pferde, die die Streitwagen ziehen, das Wasser/Meer, etc.). Wichtig dabei: Die Kinder wählen frei. Bei jüngeren Kindern müssen mögliche Rollen benannt werden und es kann erst einmal gemeinsam überlegt werden, was man in dieser Rolle zu tun hat. Je älter die Kinder sind, umso weniger sollten Rollen benannt werden, weil das eine Engführung bedeutet. Alles in der Geschichte kann als Rolle gewählt werden. Wenn nicht jede Rolle besetzt ist, macht das nichts. Man denkt sich dann die Person und spielt mit »der Luft«. Auch wenn Rollen mehrfach besetzt sind, ist das in Ordnung. Dann stehen eben mehrere »Mose« nebeneinander. Evtl. regeln die Kinder solche Mehrfachbesetzungen selbst. Auf keinen Fall sollen die Mitarbeitenden dafür sorgen, dass alle Rollen und alle Rollen auch nur einfach besetzt sind. Stattdessen sollen sie die Kinder ermutigen, wirklich die Rolle auszusuchen, die sie spielen möchten! Wichtig ist, dass jedes Kind die Rolle übernehmen kann, die es sich selbst auswählt! Zu beachten: Wer nicht mitspielen, sondern nur zuschauen möchte, darf auch das!
Wichtig: Die Kinder müssen in ihren Rollen nichts sagen, sie spielen alles nur pantomimisch! Das muss ihnen vorher gesagt werden. Es kann sein, dass sie während des Spiels spontan etwas sagen. Das ist nicht schlimm.
Die Kinder sollen ihre gewählten Rollen durchhalten und weiterspielen, auch wenn in der Geschichte gerade nicht ausdrücklich von ihnen die Rede ist. Das muss man ihnen vor Spielbeginn sagen!
Nachdem die Rollen verteilt sind, verkleiden sich die Kinder, wie sie es für ihre Rolle für passend halten, und suchen ihre Requisiten zusammen. Das braucht Zeit! Das Verkleiden ist der erste Schritt für die Kinder, in ihre Rolle hineinzufinden, sich damit zu identifizieren. Falls es mehrere Kinder in einer Rolle gibt (z. B. Diener oder Soldaten des Pharao), können die sich noch ein wenig absprechen, wer was machen will.
Wenn alle kostümiert sind, einigen sich die Kinder (mit Unterstützung der Mitarbeitenden) darauf, wo im Raum welche Szene spielt (Thronsaal des Pharaos, Baustelle, Dorf der Israeliten, Fluchtweg, Meer), dekorieren evtl. ein wenig dazu/richten die Szene her.

Dann gibt es eine Interview-Runde, in der jeder noch einmal laut sagt, wen er spielt, und evtl. worauf es ihm dabei ankommt/was er selber dabei will. Dazu geht der/die Spielleiter/in als Reporter/in mit »Spiel-Mikro« (z. B. der Holzschläger der Klangschale o. ä.) herum und fragt jedes Kind: »Wer bist du? – Was möchtest du in der Geschichte erleben? – Was erwartest du, was hier gleich passieren wird?« (Z. B. »Ich bin Mose und muss mich mit dem Pharao rumschlagen.« »Ich bin der Pharao und will auf gar keinen Fall meine Sklaven verlieren.« »Ich bin eine Israelitin und möchte nicht mehr hier leben, sondern frei sein.« etc.) Die Interview-Runde ist der zweite Schritt, der den Kindern hilft, in ihre Rollen hineinzufinden.
Wichtig: Die Gruppe spielt für sich selbst, sie spielt nicht für andere oder anderen vor, d. h. dieses Stück wird nachher nicht vor allen Kindern oder den Eltern präsentiert! Es bleibt in der Gruppe.
Eine Klangschale wird angeschlagen als Zeichen, dass das Spiel beginnt.
Nun wird die Geschichte noch einmal langsam vorgelesen und die Kinder spielen dazu. Beim Vorlesen bitte darauf achten, dass die Kinder Zeit haben, eine Szene auszuspielen.

Am Schluss wird die Klangschale erneut angeschlagen zum Zeichen, dass das Spiel zu Ende ist.
Es kann sich eine »Wie war es? – Was habe ich als Mose/als Pharao/als Israelit usw. erlebt? – Wie ging es mir dabei?« – Runde anschließen. Dabei bleiben noch alle in ihren Rollen. Die Kinder können, müssen sich aber nicht äußern, d. h. es wird nicht jede Rolle einzeln abgefragt. Das ist anders als bei der Interview-Runde vor dem Spiel! In einem zweiten Durchgang kann über Beobachtungen gesprochen werden, die die Kinder während des Spiels gemacht haben.
Wenn Zeit ist und die Gruppe mag, kann die Geschichte ein zweites Mal mit neuer Rollenverteilung (wer möchte) gespielt werden.

DIE GESCHICHTE ZUM VORLESEN

In Ägypten herrschte der Pharao. Er bestimmte über alles, was dort geschah. In Ägypten lebten aber auch die Menschen vom Volk Israel. Über sie durfte der Pharao ganz besonders bestimmen. Denn sie waren seine Sklaven. Wenn er befahl: »Macht Ziegel, damit wir Pyramiden bauen können!«, dann mussten die Männer vom Volk Israel ran. Sie gingen los und sammelten Stroh für Häcksel. Sie kneteten Lehm und vermengten ihn mit den Häckseln. Damit füllten sie die Ziegelformen. Wenn die Ziegel getrocknet waren, luden sie sie auf ihren Rücken und schleppten sie zu den Baustellen. Das war schwere Arbeit. Und immer wieder befahl der Pharao: »Macht mehr Ziegel! Arbeitet schneller!« Die Menschen vom Volk Israel litten. Wenn sie abends müde beisammen saßen in ihren Häusern, dann flehten sie: »Gott, hilf uns. Befreie uns von dieser Last!« Zum Volk Israel gehörten auch drei Geschwister: Mirjam, Aaron und Mose. Mose hatte von Gott einen Auftrag bekommen. Aaron sollte ihm dabei helfen. Und so riefen die beiden alle Menschen vom Volk Israel zusammen. »Hört mich an«, sagte Mose zu den Menschen. »Gott hat euer Rufen gehört. Er will euch befreien. Darum hat er mich geschickt. Ich werde euch aus Ägypten und aus der Sklaverei herausführen. Gott will, dass ihr in euer Land heimkehren könnt.« Die Menschen freuten sich und umarmten sich. Doch dann wurden sie nachdenklich und still. »Der Pharao wird uns nicht gehen lassen«, sagten sie und schüttelten die Köpfe. »Wir sind doch seine Arbeiter. Er wird nicht auf uns verzichten.« Und sie ließen die Köpfe hängen. »Und kämpfen können wir nicht gegen den Pharao und seine Soldaten. Dazu sind wir zu schwach.« Und so standen sie gebeugt und enttäuscht da. Doch Mose sagte: »Habt keine Angst. Ich werde zum Pharao gehen, im Namen Gottes!« Doch die Menschen schlichen nach Hause. Da machte sich Mose zusammen mit Aaron auf den Weg zum Pharao. Die Diener des Pharao hielten sie an. »Was wollt ihr?« fragten sie. »Wir müssen mit dem Pharao sprechen«, antworteten Mose und Aaron. Da führten die Diener sie zum Pharao. Mose und Aaron verneigten sich. »Was wollt ihr?«, fragte nun der Pharao. »Unser Gott, der ›Ich bin da‹ schickt uns. Er sagt: ›Lass mein Volk, die Israeliten, frei!‹« Der Pharao stutzte, dann lachte er. Und dann donnerte er: »Nein, niemals, verschwindet!« Die Diener brachten Mose und Aaron hinaus. Die beiden gingen zu den Israeliten und riefen sie zusammen. Hoffnungsvoll kamen alle. »Was hat der Pharao gesagt?« »Er will uns nicht gehen lassen.« Da ließen alle die Köpfe hängen. »Wir haben es ja gewusst«, sagten sie und schlichen davon. Aber Mose und Aaron gaben nicht auf. Am nächsten Tag gingen sie wieder zum Pharao. Die Diener brachten sie direkt hinein. »Was wollt ihr schon wieder?«, fragte der Pharao. »Unser Gott, der ›Ich bin da‹ schickt uns. Er sagt: ›Lass mein Volk, die Israeliten, frei!‹« Der Pharao sprach gefährlich leise: »Habt ihr vergessen, was ich gestern sagte?« Und dann donnerte er: »Nein, niemals, verschwindet!« Mose und Aaron gingen. Aber sie kamen wieder, viele Male. Doch jedes Mal sagte der Pharao: »Nein!« Viele schlimme Dinge geschahen in der Zeit den Menschen in Ägypten. Der Pharao saß auf seinem Thron und grübelte: »Sollte all das mit diesem Gott zu tun haben? Würde es aufhören, wenn er die Israeliten frei ließe?« Dann kamen Mose und Aaron wieder zum Pharao. »Was wollt ihr diesmal?«, fragte der Pharao. »Unser Gott, der ›Ich bin da‹ schickt uns. Er sagt: ›Lass mein Volk, die Israeliten, frei!‹« Und diesmal sagte der Pharao: »Ja, geht, verschwindet von hier, macht, dass ihr wegkommt. Ich will von euch und eurem Gott nichts mehr sehen und hören!« Da rannten Mose und Aaron zu den Israeliten, von einem zum anderen. »Macht schnell! Der Pharao lässt uns gehen. Packt nur das Nötigste zusammen! Wir müssen uns beeilen!« Und so geschah es. Die Menschen packten das Nötigste ein: Matzenbrot für unterwegs, einen Krug Wasser, ein paar Becher und Teller, eine Decke zum Schlafen. Und dann zogen sie los, Männer, Frauen, Kinder, Alte und Junge, und vorneweg gingen Mose, Aaron und Mirjam. Es war ein weiter Weg. Hin und wieder machten sie eine kurze Rast. Dann zogen sie weiter. Der Pharao hatte inzwischen nachgedacht. »Ich habe meine ganzen Sklaven ziehen lassen. Wer soll denn jetzt die Arbeit tun? Das ist doch alles Unsinn mit diesem Gott. So nicht! Ich will meine Sklaven wiederhaben.« Er rief seine Soldaten. »Jagt den Israeliten nach und fangt sie wieder ein!« Da eilten die Soldaten los. Die Israeliten waren inzwischen weitergewandert. Auf einmal blieben sie stehen. »Horcht!«, sagten einige. Alle lauschten. In der Ferne konnten sie etwas hören. Es klang wie galoppierende Pferde. Sie hörten auch lautes Rufen. »Die Soldaten kommen, die Soldaten des Pharaos! Rennt!« Und sie rannten los, bis sie ans Ufer des Meeres kamen. »Wir können nicht weiter! Was sollen wir jetzt tun, Mose? Wo ist denn nun dein Gott?« »Er ist da«, sagte Mose, »denn das ist sein Name. Habt keine Angst. Seht, wie Gott euch befreien wird.« Und er streckte die Hand mit seinem Stab über das Wasser. Da kam ein starker Wind auf. Er blies das Wasser zu beiden Seiten davon. Es war, als ob sich das Meer öffnete. Ein Weg wurde frei. Mose sagte: »Folgt mir! Gott ist da!« Er ging hinein, zwischen das Wasser, auf einem trockenen Weg. Alle Israeliten folgten ihm. Manche gingen ängstlich, andere mutig, manche hielten sich aneinander fest, andere liefen allein. Aber alle, alle gingen durch das Meer hindurch auf die andere Seite. Die Soldaten des Pharaos folgten ihnen in das Meer hinein. Doch als der letzte Israelit das andere Ufer erreicht hatte, hörte der Wind auf zu blasen und das Wasser kam zurück. Das Meer schloss sich wieder und die Soldaten des Pharaos versanken in den Fluten. Die Israeliten sahen zurück. Und dann sahen sie nach vorn. Sie waren frei! Gott hatte sie aus Ägypten, aus der Sklaverei befreit. Da nahm Mirjam, Moses Schwester, ein Tamburin und begann zu singen und zu tanzen. Sie dankte Gott. Und alle tanzten mit.

KREATIVANGEBOT: ARBEIT MIT TON

Material
- weichen, frischen Ton, den man an der Luft trocknen kann
- für jedes Kind eine etwa tennisballgroße Tonkugel
- ein DIN A4 Blatt für jedes Kind mit seinem Namen, auf dem die Tonkugel zu Beginn liegt und nachher das Geformte abgelegt werden kann
- Schaschlikspieße

Anleitung
»Die Israeliten mussten Ziegel herstellen. Nehmt euch jeder eine Tonkugel. Formt daraus einen Ziegel. Danach könnt ihr mit einem Schaschlikspieß in die eine Seite eine Szene aus Ägypten ritzen, in die andere Seite etwas von der Befreiung.
Gebt anschließend beiden Seiten einen Titel.«
Wenn alle Kinder fertig sind, stellen sie ihr Kunstwerk mit seinem Titel vor.

SCHLUSSPLENUM

Mose: Nun weiß ich, wer ich bin und wo ich hingehöre. Gott hat mir dabei geholfen. Er hat mich von meiner Ungewissheit und uns alle aus der Sklaverei der Ägypter befreit. Das muss gefeiert werden.

LIED: Im Lande der Knechtschaft
(Evang. Gesangbuch, Ausgabe Rheinland/Westfalen/Lippe/Reformiert 680 oder in: Menschens Kinder Lieder 2, 60)

ABSCHLUSSFEST MIT TÄNZEN, BEFREIUNGSSPIELEN, LIEDERN UND EINEM IMBISS

TANZ

z. B. nach »Wir singen vor Freude« in: Kirche mit Kindern Liederbuch, hg. v. Rhein. Verband für Kindergottesdienst, S. 162:

Tanzanleitung:
Alle stehen im Kreis und fassen sich an den Händen.
1. Liedzeile bis zum Doppelstrich: im Kreis rechtsrum gehen,
2. Liedzeile = Textwiederholung: im Kreis linksrum gehen;
»Hin und her« , im Kreis bleiben, Gesicht zur Mitte, 3 Schritte nach rechts als Nachstellschritt,
»her und hin«, 3 Schritte nach links als Nachstellschritt
»hier singt einer«: Hände lösen, auf sich selbst zeigen,
»dort singt einer«: auf einen anderen zeigen,
»Hand in Hand«: Hände wieder fassen,
»und Schritt vor Schritt«: 3 Schritte zur Kreismitte,
»viele feiern mit«: rückwärts wieder aus der Kreismitte gehen

Mit den Kinder überlegen, was man noch machen könnte (rennen, klatschen, hüpfen, stampfen, kriechen, schleichen, drehen usw.) und das dann jeweils in den Tanz einbauen.

LIEDER

Danket, danket dem Herrn
Du verwandelst meine Trauer in Freude
(aus: »Von Sonne bis Frosch« 1 , hg. v. Rhein. Verband für Kindergottesdienst)

BEFREIUNGSSPIELE

z. B. Knotenmutter; »Mose, Mose wie tief ist das Wasser? – 150 Meter. – Wie kommen wir hinüber? – Auf einem Bein hüpfen.« etc.

IMBISS

- Fingerfood aus Rohkost, Obstschnitzen, Käse- und Wurststücken, kleinen Brötchen
- Wasser und Saft

GEBET/VATERUNSER

SEGEN

LIED: Bewahre uns Gott, behüte uns Gott
(Evang. Gesangbuch 171)

10 x Leben

EIN KINDERBIBELTAG ZU DEN 10 GEBOTEN, 2. Mose 20,1-17

von Christiane Zimmermann-Fröb

THEOLOGISCHE VORBEMERKUNGEN

Die 10 Gebote werden bei uns oft als Verbote gehört. Das mag zum einen an dem im Deutschen ähnlichen Wortklang von Gebot und Verbot liegen, zum anderen an den Satzanfängen »Du sollst nicht …« Nun mag keiner Verbote so ganz gern. Gerade Kinder und Jugendliche haben ihre Schwierigkeiten damit. Verboten ist für sie meist genau das, was sie reizt, was sie neugierig macht, was sie gern einmal ausprobieren möchten. Verbote schränken sie ein. Sie fühlen sich unfrei. Verbote schreien geradezu danach, einmal übertreten zu werden, nur zum Ausprobieren, nur zum Sehen, was passiert, nur, um sich seiner als eigenständige Person sicher zu sein. All das schwingt bei den meisten mit, wenn sie an die 10 Gebote denken. Gott als Spaßbremse, als Bestimmer, als einer, der keinen Freiraum zum Probieren lässt. Da wird dann gar nicht mehr genau hingesehen, worum es in den Geboten eigentlich geht. Und es wird auch nicht mehr genau hingehört, warum Gott sie uns Menschen mitgibt.

Der hebräische Begriff für Gesetz/Gebot ist Tora. Tora bedeutet Weisung/Wegweisung. Diese Weisungen zeigen dem Menschen, wie sein eigenes Leben, sein Leben mit Gott und das Leben in einer Gemeinschaft gelingen können. Die 10 Weisungen werden gerade nicht als Einschränkung verstanden, sondern als etwas, dass Menschen befähigt und befreit, ein gelungenes Leben zu führen. Die Weisungen werden als Geschenk Gottes verstanden, das die Befreiung aus der Sklaverei in Ägypten im eigenen Leben fortsetzt. Daran erinnert der erste Satz: »Ich bin der Herr, dein Gott, der dich aus Ägypten, aus der Knechtschaft geführt hat.« Dieser Befreiungssatz, diese Befreiungstat Gottes steht quasi vor jedem einzelnen Gebot, gedanklich verbunden mit einem »darum«:
Ich bin der Herr, dein Gott, der dich aus Ägypten, aus der Knechtschaft geführt hat. Darum sollst du keine anderen Götter neben mir haben.
Ich bin der Herr, dein Gott, der dich aus Ägypten, aus der Knechtschaft geführt hat. Darum sollst du nicht stehlen« etc.
Gott erweist sich als Befreier. Er befreit aus Sklaverei, aus Zwängen. Für das Volk Israel war die Sklaverei ganz real. Doch Zwängen sind die Menschen und sogar schon Kinder auch heute in vielerlei Hinsicht ausgesetzt (z. B. Schule, Leistungsdruck, Gruppenzwang, Ansprüche und Erwartungen der Eltern). Sie machen uns in unserem Leben unfrei. Wie schön wäre es, wenn Gott uns von unseren Knechtschaften befreien würde! Seine Weisungen zu leben kann uns dabei helfen.

Der Kinderbibeltag möchte diesen Aspekt der 10 Weisungen deutlich machen. Er will zeigen, zu was die Weisungen uns befreien, wie durch sie Leben möglich wird. Und er will deutlich machen, dass diese Weisungen nicht von einem unbekannten und herrschsüchtigen Bestimmer kommen, sondern von einem, mit dem das Volk Israel – und mit dem wir in unserem Leben vielleicht auch schon – gute Erfahrungen gemacht haben. Die Bereitschaft, Weisungen von jemandem anzunehmen, der uns gut gesonnen ist, mit dem wir Gutes erlebt haben und dem wir vertrauen können, ist ungleich höher, als einfach nur auf einen unbekannten Bestimmer zu hören! Auch das soll an diesem Tag deutlich werden.

ANKOMMEN

- Namensschilder ausgeben und von den Kindern beschriften und evtl. noch bemalen lassen
- Gruppeneinteilung (die Gruppeneinteilung kann über die Namensschilder erfolgen, z. B. haben alle Kinder einer Gruppe ein Symbol zu einer der Weisungen/ein bestimmtes Verkehrszeichen/eine bestimmte Spielkarte, zu denen ja Regeln gehören)
- Teilnehmerbeitrag einsammeln (falls es einen gibt)

PLENUM

BEGRÜSSUNG

LIED: Wir sind eingeladen zum Leben
(in: Menschens Kinder Lieder 2, 126)

TRINITARISCHER KERZENRITUS

Es werden drei Kinder ausgewählt, die während des Ritus jeweils eine Kerze anzünden. Dafür bitte lange Kaminstreichhölzer bereitlegen! Der Ritus wird begleitet mit dem Lied »Du bist da, wo Menschen leben« in: Kirche mit Kindern Liederbuch, hg. v. Rhein. Verband für Kindergottesdienst, S. 37, oder Menschens Kinder Lieder 1,42.

Im Namen des Vaters und des Sohnes und des Heiligen Geistes. Amen.
Die erste Kerze zünden wir an für Gott. Er hat uns das Leben gegeben und zu ihm kehrt es auch wieder zurück.

(Ein Kind zündet – gegebenenfalls mit Hilfe – die erste Kerze an. Alle singen: Du bist da, wo Menschen leben)

Die zweite Kerze zünden wir an für Jesus. Er hat uns gezeigt, dass Gott uns liebt und wie wir liebevoll miteinander umgehen können.

(Ein Kind zündet – gegebenenfalls mit Hilfe – die zweite Kerze an. Alle singen: Du bist da, wo Menschen lieben)

Die dritte Kerze zünden wir an für den Heiligen Geist. Er gibt uns Hoffnung und tröstet uns, wenn wir traurig sind.

(Ein Kind zündet – gegebenenfalls mit Hilfe – die dritte Kerze an. Alle singen: Du bist da, wo Menschen hoffen + Halleluja-Strophe mit Klatschen)

PSALM 40 MIT KEHRVERS

In den höchsten Tönen rede ich von Gott. Wer will mir das verbieten?

Mein Gott, was du willst, das tue ich gern.
Deine Gebote sind mir ins Herz geschrieben.
Sie ordnen und regeln mein Leben.

In den höchsten Tönen rede ich von Gott. Wer will mir das verbieten?

Alle sollen von mir hören:
Wer dir vertraut, sieht, was gerecht, heilsam und wahr ist.

In den höchsten Tönen rede ich von Gott. Wer will mir das verbieten?

Alle sollen erfahren: Du bist barmherzig und gütig.
Du bist bei mir in guten und schlechten Tagen.

In den höchsten Tönen rede ich von Gott. Wer will mir das verbieten?

Mein Gott, dich will ich von ganzem Herzen lieben,
und den anderen achten wie mich selbst.
Mit Dir wird das Leben gelingen.

In den höchsten Tönen rede ich von Gott. Wer will mir das verbieten?

Amen.

(aus: Dir kann ich alles sagen, Gott; hg. v. Rhein. Verband für Kindergottesdienst)

LIED: Ich lobe meinen Gott, der aus der Tiefe mich holt
(in: Kirche mit Kindern Liederbuch, hg. v. Rhein. Verband für Kindergottesdienst, S. 85)

ANSPIEL IN ZWEI SZENEN

Achtung:
Wenn der Kinderbibeltag als Einzeltag durchgeführt wird, dann fügen Sie hier bitte die Mitmachgeschichte aus der Gruppenphase der Jüngeren vom Mose-Kinderbibeltag ein (S. 64ff) und machen danach mit dem Anspiel (s. u.) weiter. – Wenn der Kinderbibeltag als Fortsetzung zum Mose-Tag durchgeführt wird, dann erinnern sie kurz an den Mose-Tag und machen Sie dann direkt mit dem Anspiel weiter.

Darsteller:
ältere Schüler/innen (S1, S2, S3, S4), jüngere Kinder (K1, K2, K3, K4)

1. SZENE: AUF DEM SCHULHOF

S1+2 stehen an einer Seite. K1–4 toben über den Schulhof, spielen Fangen und rennen schließlich so dicht bei den Älteren vorbei, dass sie sie aus Versehen anrempeln.

S1: (packt sich K1 und hält es am Kragen fest, die andern Kinder bleiben in einiger Entfernung stehen und sehen zu) Hej, was fällt dir denn ein?

K1: (verschreckt) Entschuldigung, wollt ich nicht! (versucht wegzukommen, S1 hält ihn aber weiterhin fest)

S1: So schnell geht das aber nicht. (zu S2) Oder was meinst du?

S2: (grinsend) Ne, so Kleine können sich doch hier nicht so aufführen!

K1: Ich wollte das doch nicht!

S1: Pass mal auf! Hier gibt es ein paar Regeln, klar!?

S2: (nickt) Genau!

S1: (zu K1) Ich hab »klar« gesagt, klar?

K1: (leise) Ja, klar.

S1: Und jetzt willst du die Regeln doch bestimmt hören, oder?

K1: Ja.

S2: (sieht zu den andern Kindern) Deine kleinen Kumpels können ruhig auch zuhören. Die Regeln gelten schließlich für alle von euch Zwergen!

S1: Na, nun ruf mal deine Kumpels!

K1: (winkt mit der Hand) Kommt mal her. Die wollen uns was sagen.

Die anderen Kinder kommen langsam näher.

K2: Was ist denn?

K3: Was wollt ihr?

K4: Lasst ihn doch los!

S1: Jetzt hört ihr mal zu! Große anrempeln ist hier nicht, klar! Wenn das noch mal passiert, gibt es richtig Ärger. Verstanden?

K1–4: (murmeln) Ja.

S2: Ej, wir können doch noch ein paar mehr Regeln aufstellen.

S1: Gute Idee. (grinst) Wenn ihr von jetzt an einen von uns beiden trefft, sagt ihr immer: Guten Tag, Meister!

K2: Warum denn?

S1: Weil ich das sage, klar!? Und wenn das nicht klappt, gibt's Ärger, verstanden?

K1–4: Ja.

S2: Und wenn wir in der Pause so gemütlich zusammenstehen, dann kommt ihr gefälligst mal fragen, ob ihr uns was aus der Cafeteria holen könnt.

S1: Einen Schokoriegel oder so was. Verstanden?

K1–4: Ja.

S1: Sind die Regeln jetzt klar?

K1–4: (nicken)

S2: Dann haltet euch mal schön daran. Sonst gibt es Ärger!

S1: So, jetzt haut ab. (lässt K1 los)

K1–4 laufen weg, bleiben abseits stehen und reden miteinander.

K3: Die spinnen wohl!

K4: Die sind ja total verrückt!

K2: Wieso sollen wir denn machen, was die sagen?

K1: Weil wir sonst Ärger kriegen?

K2: Ich will aber nicht machen, was die sagen!
K1: Ich auch nicht, aber die machen mir Angst.
K3: Dann gehen wir denen einfach aus dem Weg.
K4: Genau! Und in der Pause gucken wir an ihnen vorbei. Wenn wir die nicht sehen, brauchen wir auch nix für sie zu machen.
K2: Außerdem sind diese Regeln eh doof. Das machen die nur, damit sie über uns lachen können.
K4: Kommt, es hat geklingelt. Wir müssen rein. (K1-4 und S1+2 gehen)

2. SZENE: AUF DEM SCHULHOF

S1+2 stehen an einer Seite. S3+4 stehen in der Nähe. K1-4 toben über den Schulhof, spielen Fangen und rennen in der Nähe von S1+2 herum.

S2: Guck mal, da sind die Kleinen wieder!
S1: Jo! (brüllt zu K1-4 rüber) Ej, ihr Zwerge kommt mal her!
K1-4 bleiben stehen, sehen zu S1+2 rüber, tuscheln miteinander.
S1: Einen von euch erwischen wir so oder so, also kommt lieber mal alle rüber!

S3+4 sind aufmerksam geworden und schauen rüber. K1-4 schlurfen zu S1+2.

K2: Was ist denn?
K4: Wir haben doch keinen von euch angerempelt!
S2: Ne, stimmt. Die Regel habt ihr schon mal eingehalten.
S1: Aber habe ich schon ein ›Guten Morgen, Meister‹ gehört, seid ihr hier steht? Ne, oder?
S2: Und es hat auch noch keiner gefragt, ob ihr uns was aus der Cafeteria holen dürft, oder?

K1-4 schauen zu Boden. S3+4 kommen langsam näher.

S1: Tja, eine Regel eingehalten, zwei nicht. Was machen wir denn da? (sieht zu S2) Sieht nach Ärger aus, oder?
S2: (nickt) Tja … (S1+2 packen je ein K am Kragen)

S3+4 sind herangekommen.

S3: Was ist hier los?
S4: Was macht ihr mit den Kleinen?
S1: Die Kleinen haben ein paar Regeln nicht eingehalten.
S3: OK. Aber jetzt lasst ihr sie erstmal los. Die sind doch viel kleiner als ihr!

S1+2 lassen die Ks los.

S4: Was sollen denn das für Regeln sein?
S2: Unsere Regeln.
S4: Zum Beispiel?
S1: Die sollen uns nicht immer anrempeln, wenn sie Fangen spielen.
S3: OK, kann ich verstehen.
K4: Wir haben euch doch gar nicht mehr angerempelt.
K3: Wir gehen euch ja extra schon aus dem Weg!
S4: Dann ist doch alles in Ordnung, oder?
S1: Ja, klar, Mann. (zu S2) Komm!

S1+2 gehen weg.

S4: (zu K1-4) Ist bei euch alles OK?

K1: (druckst rum) Na ja …

S3: Wollten die beiden noch was anderes von euch?

K2: Jaaa.

S3: Na sagt schon, wir beißen nicht.

K3: Also, wir sollen die ›Meister‹ nennen.

K2: Und ihnen Schokoriegel aus der Cafeteria holen.

S4: (kopfschüttelnd zu S3) Ej, das ist so typisch für die beiden.

K1: Und wenn wir uns nicht an die Regeln halten, dann kriegen wir Ärger.

S3: Also passt mal auf. Hier gibt es eigentlich nur zwei Regeln: Nehmt ein bisschen Rücksicht auf andere, wenn ihr so über den Schulhof jagt (K1-4 nicken). Und wenn ihr mit jemandem Ärger habt oder euch einer Angst macht, dann holt euch Hilfe.

S4: Ihr könnt zur SV, zu den Streitschlichtern oder zum Vertrauenslehrer, OK?

K1-4: OK.

K2: Und diese Meister- und Schokoriegel-Regeln?

S3: Das sind keine Regeln, das ist Willkür. Und das tut niemandem gut, oder?

K2: Nee.

S4: Haltet euch an die beiden Regeln, die wir euch gesagt haben. Dann wird's schon gehen.

K1-4: OK, danke.

K1-4 gehen etwas abseits.

K2: Also an die Regeln könnte ich mich halten.

K1: Die beiden haben mir auch keine Angst gemacht.

K3: Die haben uns ja auch schon geholfen.

K4: Na, dann, lasst uns weiter spielen!

K1-4 rennen los. Ende der Szene.

LIED: Du, Gott, stützt mich
(in: Kirche mit Kindern Liederbuch, hg. v. Rhein. Verband für Kindergottesdienst, S. 46)

GRUPPENPHASE/ALLE ALTERSGRUPPEN

(Imbiss nach Gelegenheit einplanen)

Zu den Geboten »Du sollst keine anderen Götter haben!«, »Du sollst dir kein Bild davon machen und es anbeten!«, »Du sollst den Namen Gottes nicht missbrauchen!« und in Kombination dazu »Du sollst nicht falsch Zeugnis reden!«, »Du sollst den Sabbat/Feiertag heiligen!« und »Du sollst Vater und Mutter ehren« wird in den verschiedenen Altersgruppen das Gleiche gearbeitet.
Zu den Geboten »Du sollst nicht töten!«, »Du sollst nicht ehebrechen!«, »Du sollst nicht stehlen!« und »Du sollst nicht begehren!« arbeiten die Gruppen dann altersdifferenziert.

KURZE AUFNAHME DER PLENUMSGESCHICHTE UND DES ANSPIELS

- Ich frage mich, warum sich die jüngeren Kinder nicht an die Regeln der ersten beiden Großen halten wollten?
- Ich überlege, warum sie die beiden Regeln der anderen beiden Großen annehmen wollen?
- Ziel: Regeln von Menschen, mit denen ich etwas Positives erlebt habe, nehme ich leichter an als die von Menschen, die mir schaden wollen.

Gott hat die Israeliten aus Ägypten befreit. Nun gibt er ihnen Weisungen/Regeln/Gebote, die ihnen helfen sollen, gut miteinander auszukommen und befreit leben zu können.

ZUM 1. + 2. GEBOT

Jede Gruppe gestaltet einen Collage zum Thema »Was ist Menschen besonders wichtig?«

Material
- Fotos/Bilder aus Zeitungen, Zeitschriften (bitte keine kompletten Zeitschriften hinlegen, sondern nur ausgerissene Bildseiten, sonst lesen sich die Kinder fest)
- Kleber
- ein Bogen Packpapier
- Eddings
- Plakat mit dem Satz: »Du sollst keine anderen Götter neben mir haben!«
- Plakat mit dem Satz: »Mach dir kein Bild, nicht von mir und nicht von den anderen Dingen auf der Erde, damit du sie nicht anbetest!«

Die fertige Collage wird unter dem Aspekt betrachtet »Was könnten wir weglassen und hätten trotzdem noch alles, was wir zum Leben brauchen?« Alles, was die Kinder benennen, wird von ihnen dann mit einem Edding durchgestrichen.

Die beiden Plakate mit den Gebotstexten werden dazugelegt. Mit den Kindern wird überlegt, welche Verbindung zwischen der Collage und den Geboten besteht.

Abschlussfrage: »Wovor will Gott uns mit diesen beiden Weisungen schützen?«

ZUM 3. GEBOT

Namenskennenlernspiele

Dann: Mitarbeiter 1: »Mitarbeiter 2 (Hier bitte den betreffenden Namen nennen!) hat gesagt, dass ihr alle unter dem Stuhl durchkriechen müsst.«
Mitarbeiter 2: »Das stimmt nicht, das habe ich nicht gesagt.«
Mitarbeiter 1: »Ach nein, das war ja XY (Name von einem Kind aus der Gruppe nennen. Reaktionen abwarten. Weitere Namen probieren. Zum Schluss Gott probieren, Reaktionen abwarten.)

Gesprächsrunde:
Wie ist das, wenn der Name missbraucht wird? Was kann man machen, wenn man dabei ist? (z. B. widersprechen, sich wehren, aber selbst das ist manchmal schwer.) Was kann man machen, wenn man nicht dabei ist, nur später davon hört? (Man hat dann kaum eine Chance.)

Wer mag, kann noch die folgende Geschichte erzählen:

Kleine schwarze Federn.
Einst hatte eine Frau über ihren alten Pfarrer eine hässliche Verleumdungsgeschichte aufgebracht, die schnell durch die ganze Gemeinde flog und weit über ihre Grenzen hin Unheil anrichtete. Als die Frau bald darauf schwer krank wurde, bereute und bekannte sie ihre Lügen. Nach ihrer Genesung ging sie zum Pfarrer und bat ihn um Verzeihung. »Gewiss verzeihe ich dir gern«, sagte der alte Pfarrer freundlich, »aber weil du mir damals so weh getan hast, möchte ich dich jetzt um einen Gefallen bitten!«
»Gern«, rief die Frau erleichtert.
»Geh heim und schlachte ein schwarzes Huhn und rupfe ihm alle Federn aus, auch die kleinsten, und verliere keine davon. Dann lege die Federn in einen Korb und bringe sie zu mir.« Die Frau dachte, dass es sich um einen alten Brauch handele, und tat, wie ihr geheißen war. Nach kurzer Zeit kam sie mit dem Körbchen voller schwarzer Federn wieder zum Pfarrer. »So«, sagte dieser, »jetzt geh langsam durch das Dorf und streue alle drei Schritte ein wenig von den Federn aus und dann steige auf den Kirchturm, wo die Glocken hängen, und schütte den Rest dort oben auf das Dorf hinab. Dann komm wieder zu mir!«
Die Frau war nach einer Stunde wieder mit dem leeren Korb beim Pfarrer. »Schön«, meinte der freundlich, »jetzt gehe durch das Dorf und sammle alle die ausgestreuten Federn wieder in dein Körbchen, aber sieh zu, dass keines fehlt!« Die Frau starrte den Pfarrer erschrocken an und sagte: »Das ist unmöglich! Der Wind hat die Federn in alle Richtungen zerstreut.«
»Siehst du, so ist es auch mit deinen bösen Worten gegangen. Wer kann sie wieder einsammeln und zurücknehmen und ihre Wirkung ungeschehen machen? Denke an die kleinen schwarzen Federn, bevor du Worte ausstreust!«
So ist es mit vielen Geschichten gegangen, die wir über andere Menschen weitererzählt haben: Kleine schwarze Federn, die der Wind verweht. Wer kann sie wieder einsammeln und zurücknehmen? Darum lässt uns Gott sagen: »Du sollst nicht falsch Zeugnis reden wider deinen Nächsten!« (2. Mose 20,16)

Axel Kühner, aus: ders., Überlebensgeschichten für jeden Tag, 18. Aufl. 2010, Neukirchener Verlagsgesellschaft mbH, Neukirchen-Vluyn

Abschlussfrage:
»Wovor will Gott sich und uns mit diesen beiden Weisungen schützen?«

ZUM 4. GEBOT

An meinem freien Tag mache ich …
Die Kinder können ihre Aktivitäten
- einfach nur benennen
- pantomimisch darstellen und die anderen raten
- malen (Papierbögen, Jaxonpastellölkreiden oder Wachsmalstifte)

Warum mache ich das da? Tut mir das gut?
Wer hat mir diesen freien Tag geschenkt? Gott. Folge: Auch daran soll ich mich an diesem freien Tag erinnern und so auch Gott an diesem Tag Zeit geben.

ZUM 5. GEBOT

Gemeinsam überlegen:

- Wozu brauche ich Vater/Mutter? Tue ich, was sie sagen?
- Wozu brauchen Oma/Opa denn den Papa/die Mama?
- Wozu brauchen Papa/Mama mich?

(z. B. zum Versorgt-werden, zum Liebhaben, zum Spielen, Zuhören)
Ziel: Es geht um gegenseitigen Respekt und sich aufeinander verlassen können.

GRUPPENPHASE JÜNGERE/MITTLERE

BIBLISCHE GESCHICHTE: ERZÄHLVORSCHLAG ZUR NATANSPARABEL, 2. SAMUEL 12,1-4

Material

- ein Korb oder ein Tablett, in/auf dem sich die Erzählmaterialien befinden
- ein großes grünes Filztuch als Spielfläche (80 x 80 cm)
- 4 große Holz-Figurenkegel (www.shop.labbe.de, dann bei »Suche« »Figurenkegel« eingeben, 10 Holzkegel, 71 mm, 4,80 €)
- 4 kleine Holz-Figurenkegel (www.shop.labbe.de, dann bei »Suche« »Figurenkegel« eingeben, 10 Holzkegel, 46 mm, 1,90 €)
- viele Bauklötze
- viele Schafe (z. B. aus heller Märchenwolle, Schafwolle, Merinowolle ganz einfach zu kleinen Schafknubbeln geformt, evtl. Augen und Ohren anmalen; alternativ kann man auch Schaffiguren aus Bauernhofsets verwenden)
- viele Rinder (z. B. aus brauner Märchenwolle, dunklerer Schafwolle zu größeren Rinderknubbeln geformt, evtl. Augen und Ohren oder Hörner anmalen; alternativ kann man auch Rinderfiguren aus Bauernhofsets verwenden)

Die folgenden Fotos sind immer aus der Sicht des Erzählers/der Erzählerin aufgenommen.

WAS MAN TUT	WAS MAN ERZÄHLT
Stellen Sie alles benötigte Material neben sich.	
	Wir haben heute ja schon ganz viel über Gottes gute Weisungen gehört. Manchmal kennt man die ganz genau und macht trotzdem etwas falsch. Das kann passieren. Und manchmal merkt man es nicht mal selbst, dass man gegen eine oder sogar mehrere von Gottes Weisungen gehandelt hat. Hin und wieder braucht es dann einen, der uns darauf hinweist. Dann können wir noch mal neu nachdenken und es beim nächsten Mal anders machen. Davon möchte ich euch jetzt erzählen. Einmal hatte ein sehr mächtiger Mann etwas Schlimmes getan. Eigentlich war dieser mächtige Mann einer, der gut wusste, wie Gottes Weisungen für das Leben heißen, z. B. Du sollst nicht nach dem gieren, was ein anderer hat! Du sollst nicht stehlen! Du sollst nicht töten! All das wusste der Mann. Aber trotzdem konnte er seinen eigenen Fehler nicht erkennen. Da schickte Gott einen Propheten zu ihm. Und der Prophet erzählte dem Mann diese Geschichte.
Breiten Sie das grüne Filztuch aus und streichen Sie es glatt.	
	Es waren einmal zwei Männer.
Zeigen Sie die erste große Holzkegelfigur herum und stellen Sie sie dann links vor sich auf das grüne Tuch.	Der eine war sehr reich.
Bauen Sie um den Mann mit Bauklötzen einen großen Hausumriss. Stellen Sie einen Klotz hochkant als Tür hin. Legen Sie vor dem Mann einen anderen Bauklotz flach hin. Er stellt einen Tisch dar.	Er lebte in einem großen Haus.
Stellen Sie ganz viele Schafe beim Haus des Reichen auf den grünen Filz.	Er hatte sehr viele Schafe. Er hatte so viele Schafe, dass er gar nicht genau wusste, wie viele es waren. Der reiche Mann konnte sich unmöglich um jedes seiner Schafe kümmern. Das taten andere für ihn.

Stellen Sie ganz viele Rinder beim Haus des Reichen auf den grünen Filz. Sie können ruhig auch zwischen den Schafen stehen.

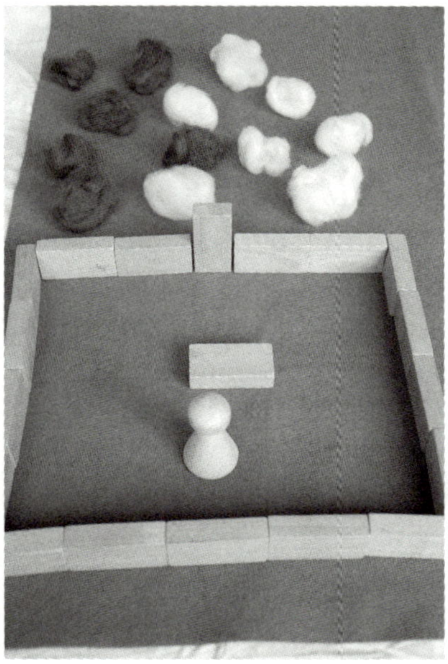

Er hatte auch sehr viele Rinder. Er hatte so viele Rinder, dass er gar nicht genau wusste, wie viele es waren. Der reiche Mann konnte sich unmöglich um jedes seiner Rinder kümmern. Auch das taten andere für ihn.

Zeigen Sie die zweite große Holzkegelfigur herum und stellen Sie sie dann rechts vor sich auf das grüne Tuch.

Der andere Mann war arm.

Zeigen Sie die dritte große Figur und stellen Sie sie zu dem Mann. Zeigen Sie dann die vier kleinen Figuren und stellen Sie sie zu den beiden anderen.

Er lebte mit seiner Frau und seinen Kindern

Bauen Sie um die Figuren herum mit Bauklötzen einen kleinen Hausgrundriss. Stellen Sie einen Klotz hochkant als Tür hin. Legen sie einen weiteren Klotz flach als Tisch in das Haus.

in einem kleinen, armseligen Häuschen.

Zeigen Sie das eine Schaf und stellen Sie es vor das Haus des armen Mannes auf das grüne Tuch.

Der arme Mann hatte nur ein einziges Schaf. Es war klein und mickrig. Doch der arme Mann kümmerte sich um sein Schaf.

Bewegen Sie den Mann zur Tür, öffnen Sie die Tür und lassen Sie ihn aus dem Haus zum Schaf und die beiden dann miteinander durch die Tür ins Haus zurückgehen. Vergessen Sie nicht, die Tür wieder zu schließen!

Er holte es in sein Haus.

Stellen Sie die Holzkegelfiguren um den Bauklotztisch herum.

Immer wenn die Familie am Tisch saß und aß,

Lassen Sie die Mann-Figur das Schaf holen und direkt zu sich stellen.

holte der arme Mann auch das kleine Schaf dazu. Er gab ihm von seinem eigenen Essen und ließ es aus seinem eigenen Becher trinken. Er hatte es so lieb wie seine Kinder.

Rücken Sie den Mann etwas vom Tisch zurück und stellen oder legen Sie das Schaf dicht vor ihn.

Wenn das kleine Schaf müde war, nahm der arme Mann es auf den Schoß, und dort schlief es dann ein.

Lassen Sie die kleineren Figuren das Schaf streicheln.

So wuchs das Schaf in der Familie auf und wurde größer.

Bewegen Sie die Kinderfiguren und das Schaf durch die Tür nach draußen vor das Haus und stellen Sie sie dort auf. Türöffnen und -schließen nicht vergessen!

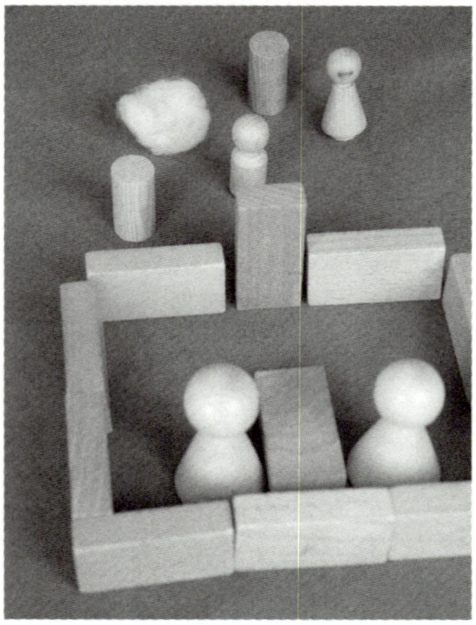

Wann immer es ging, spielten die Kinder draußen mit dem Schaf.

Zeigen Sie die vierte große Holzfigur und lassen Sie sie dann über das Tuch zum Haus des Reichen gehen. Lassen Sie die Figur an die Tür klopfen.

Eines Tages nun bekam der reiche Mann Besuch.

Bewegen Sie den Reichen zur Tür, öffnen Sie die Tür, bewegen Sie den Gast hinein. Schließen Sie dann die Tür wieder und bewegen Sie beide Figuren zum Tisch.

Er öffnete und bat den Gast herein. Dann geleitete er ihn zum Tisch. Er wollte dem Gast etwas zu essen anbieten, so wie es sich für einen guten Gastgeber gehört. Er wollte ihm etwas richtig Gutes anbieten, am besten einen Braten.

Bewegen Sie den Reichen hinaus, zwischen seine Tiere.

Darum stand der reiche Mann auf und ging hinaus vor sein Haus zu seinen Tieren. Doch als er seine vielen Tiere ansah, konnte er sich für keines entscheiden. »Nein«, dachte er, »ich kann doch keins von meinen Tieren dafür hergeben! Sie sind doch alle zu schade dafür, geschlachtet zu werden.« »Und außerdem«, so dachte er weiter, »wenn ich eines schlachte, dann habe ich ja eins weniger als vorher. Nein, ich kann keines von meinen Tieren hergeben, um meinem Gast ein ordentliches Mahl zuzubereiten.«

Wenden Sie die Figur hin und her.

Der reiche Mann sah sich um. Da fiel sein Blick auf das eine Schaf des armen Mannes, das mit den Kindern draußen vor dem Haus herumtollte.

»Ja«, dachte er, »ich werde dieses Schaf nehmen. Dann muss ich keines von meinen eigenen nehmen. Ja, dieses Schaf will ich haben.«

Bewegen Sie den Reichen dorthin.

Und so ging er hinüber vor das Haus des armen Mannes. Er störte sich nicht an den Kindern.

Bewegen Sie den Mann und das Schaf zurück vor das Haus des Reichen.

Er schnappte sich das eine Schaf und ging damit zurück.

Bringen Sie den Reichen und das Schaf ins Haus. Legen Sie das Schaf auf den Tisch und setzen Sie den Reichen zu seinem Gast an den Tisch.

Zu Hause schlachtete er es und bereitete für seinen Gast eine leckere Mahlzeit.

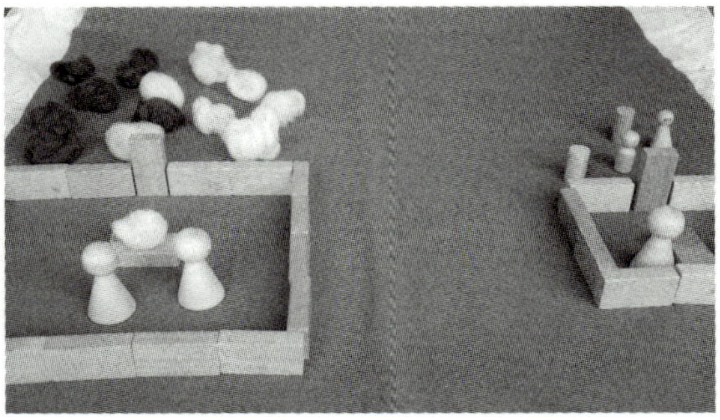

Lehnen Sie sich zurück, nehmen Sie Blickkontakt mit den Kindern auf und warten Sie einen Moment, bis Sie die erste Frage stellen.
Alle Fragen sind ergebnisoffen! Die Kinder können, müssen aber nicht antworten. Bitte bewerten oder korrigieren Sie die Antworten der Kinder nicht! Bringen Sie Ihre eigene Meinung bitte nicht ein, außer die Kinder fragen von sich aus explizit danach! Machen Sie aber auch dann immer deutlich, dass das Ihre persönliche Antwort und keine allgemeingültige, »richtige« Antwort ist.

Und nun frage ich mich, welchen Teil der Geschichte du gern magst? Welcher hat dir gefallen?

Ich überlege, ob der reiche Mann etwas falsch gemacht hat?

Ich würde gern wissen, was der reiche Mann hätte anders machen können?

Ich frage mich, wie es dem armen Mann und seiner Familie jetzt wohl geht?

Ich frage mich, warum Gott sagt: Sei nicht gierig auf das, was ein anderer hat?

Und warum er wohl sagt: Du sollst einem anderen nicht einfach seine Sachen wegnehmen?

Ich überlege, warum Gott sagt: Du sollst niemanden töten?

Wenn sich das Gespräch dem Ende nähert, nehmen Sie jede Figur einzeln in die Hand, benennen Sie sie noch einmal und legen Sie sie dann in den Korb zurück. Bei den Kindern, Schafen und Rindern können Sie natürlich mehrere Figuren in Ihre Hand legen, sie zeigen und dann weglegen.

KREATIVANGEBOT ZUR VERTIEFUNG

1. MÖGLICHKEIT

Material: große und kleine Holzkegelfiguren – Filzstifte – Wollreste – Stoffreste – Flüssigkleber – Märchen- oder Schafwolle – kleine Zweige – brauner Karton – Scheren
für jedes Kind ein grünes Stoffstück in der Größe eines Geschirrhandtuchs (das ist zum einen die Spielfläche, zum anderen kann jedes Kind am Schluss alle seine Figuren, Zweige, Tische in das Tuch legen und es mit einer Kordel wie ein Bündel zusammenschnüren und so nach Hause transportieren.) – Kordel

Die Kinder gestalten für sich selbst die Figuren aus der Geschichte, um mit ihnen dann hier oder zu Hause die Geschichte nachspielen zu können oder sie auch eben ganz anders zu spielen und ein anderes Verhalten auszuprobieren.
Dazu können sie sich Holzkegelfiguren aussuchen, ihnen Gesichter malen, mit Wolle Haare ankleben und aus Stoff Kleidung aufkleben. Statt der Bauklötze für die Hausumrisse können kleine Zweige verwendet werden. Tischplatten können aus einem Karton geschnitten werden. Die Schafe und Rinder werden aus der Wolle »geknubbelt«.

2. MÖGLICHKEIT

Material (bitte auswählen):
Papier in verschiedenen Größen (DIN A4, A3, A2, Tonpapierbögen)
Zeitungen/Folie zum Unterlegen
Müllsäcke, in die man vorher Löcher für Kopf und Arme schneidet, als Malkittel;
Wasserfarben, Pinsel, Wassergläser, Küchenpapier zum Abtupfen der Pinsel;
Acrylfarben, Pinsel, Pappteller als Farbpalette, größere Wassergläser (aber nur, um die Pinsel auszuwaschen, mit Acrylfarbe malt man unverdünnt! Bei Flecken: Sofort mit kaltem, klarem Wasser auswaschen, keine (!) Seife verwenden!), Küchenpapier zum Abtupfen der Pinsel
Jaxonpastellölkreiden, Wachsmalstifte

Wir haben hier Papier und Farben. Gestaltet ein Bild zu der Geschichte. Es kann die Stelle sein, die euch besonders gefallen hat, oder auch das, worüber ihr euch geärgert habt. Oder ihr malt, wie es auch anders hätte ausgehen können.

GRUPPENPHASE/ÄLTERE

Die Weisungen/Gebote zum Töten, Ehebrechen, Stehlen und Nicht-begehren werden anhand der Geschichte von David und Batseba (2. Samuel 11) deutlich gemacht. Die Geschichte zeigt auch, wie die Missachtung eines Gebots die weitere Missachtung anderer Gebote nach sich zieht: »Das eben ist der Fluch der bösen Tat, dass sie fortwährend immer Böses muss gebären« (Friedrich Schiller aus: »Die Piccolomini«, Wallenstein Erster Teil)

BIBLISCHE GESCHICHTE:
ERZÄHLVORSCHLAG ZUR GESCHICHTE VON DAVID UND BATSEBA, 2. SAMUEL 11

Material
4 große Pappkarten/-schilder, auf denen jeweils eines der Gebote steht:
Du sollst nicht töten!
Du sollst nicht ehebrechen!
Du sollst nicht stehlen.
Du sollst nicht begehren deines Nächsten Haus, Frau, Knecht, Magd, Rind, Esel noch alles, was dein Nächster hat.
1 große Pappkarte/-schild, mit dem Text: »Das eben ist der Fluch der bösen Tat, dass sie fortwährend immer Böses muss gebären.« Friedrich Schiller

- ein Korb oder ein Tablett, in/auf dem sich die Erzählmaterialien befinden
- eine Krone aus goldfarbenem Karton, Durchmesser ca. 10 cm
- 9 Speere, aus silberfarbenem Karton geschnitten, Schaft 2 x 15 cm und dann noch eine Speerspitze daran, einer der Speere wird an der Speerspitze mit einem schwarzen Punkt gekennzeichnet
- 2 Holzkegelfiguren (www.shop.labbe.de, dann bei »Suche« »Figurenkegel« eingeben, - 10 Holzkegel, 71 mm, 4,80 €)
- ein flacher Bauklotz
- ein dunkles Tuch als Erzählunterlage, ca. 80 x 80 cm
- 4 kleine Trinkbecher, z. B. von Puppenstubengeschirr
- eine kleine Schriftrolle (= ein Blatt Papier, ca. 10 x 15 cm zusammengerollt und mit einem Gummi gehalten)

Die folgenden Fotos sind immer aus der Sicht des Erzählers/der Erzählerin aufgenommen.

WAS MAN TUT	WAS MAN ERZÄHLT
Breiten Sie das dunkle Tuch aus.	
Zeigen Sie die Krone und stellen Sie sie dann etwas links vor sich auf das Tuch.	Das ist König David. Gott mochte ihn und David mochte Gott. Gott hatte ihn zum König gemacht. David dankte Gott für alles, was er für ihn getan hatte, und dichtete viele Loblieder über Gott. König David war auch ein mächtiger Herrscher. Sein Reich war groß, und er war ein erfolgreicher Kriegsführer.
Legen Sie 8 Speere um die Krone herum, die Speerspitzen zeigen dabei alle in dieselbe Richtung, nämlich von Ihnen weg.	Ihm gehorchten viele Soldaten.
Zeigen Sie den Speer mit dem schwarzen Punkt und legen Sie ihn zu den anderen.	Einer dieser Soldaten war Uria.
	Eines Tages stand wieder einmal ein Feldzug an. König David war inzwischen so mächtig, dass er gar nicht mehr selbst in den Krieg zog.
Zeigen Sie eine der Holzkegelfiguren und stellen Sie sie zwischen die Speere.	Dafür hatte er seinen Feldherrn Joab.

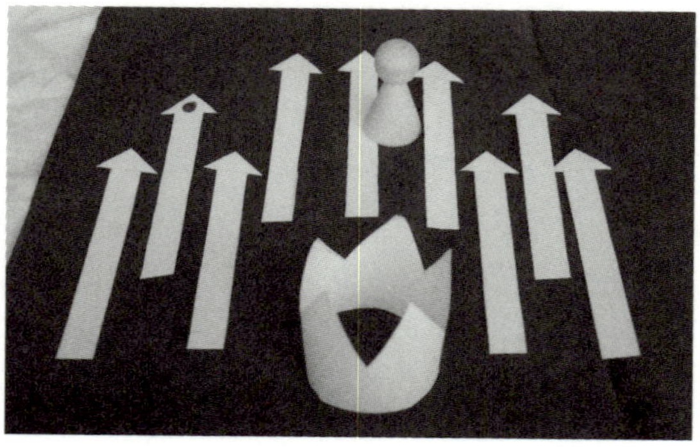

Bewegen Sie nach und nach Joab und alle Speere auf dem Tuch nach vorn, bis sie fast am Rand liegen.

Und so zog Joab mit den Soldaten auf Befehl des Königs in den Krieg.

David aber blieb in seinem Palast. Eines Abends, die Sonne war noch nicht untergegangen, trat David hinaus auf das flache Dach seines Königspalastes.

Legen Sie den Bauklotz etwas rechts vor der Krone auf das Tuch, so dass die Krone dichter bei Ihnen und der Bauklotz weiter weg sind.

Dort ging er eine Weile hin und her und sah herab auf die flachen Dächer der Häuser, die um seinen Palast herum standen.

Zeigen Sie die zweite Holzkegelfigur und stellen Sie sie auf den flachen Bauklotz.

Da bemerkte er auf einem der Dächer eine Frau. Neben der Frau stand ein Krug mit Wasser. Die Frau wusste nicht, dass der König sie beobachtete. Sie zog sich aus und goss sich Wasser aus dem Krug über ihren nackten Körper. Sie wusch sich ab. Dann nahm sie ein großes Tuch und hüllte sich darin ein. Der König hatte ganz hingerissen zugesehen. Die Frau gefiel ihm. Sie war so hübsch.

Deuten Sie mit einem Zeigefinger einen Weg von der Krone zu der Frau an. Verharren Sie mit Ihrem Finger einen Moment bei der Frau.

Er schickte einen Boten, um herauszufinden, wer sie war.

Bewegen Sie Ihren Finger von der Frau zurück zur Krone und halten Sie ihn dort.

Der Bote kam zurück. Er berichtete: »Mein König! Die Frau heißt Batseba. Sie ist die Frau von Uria, der für dich als Soldat im Krieg kämpft.«

Bewegen Sie ihren Zeigefinger wieder zurück zu der Frau.

Da schickte David den Boten erneut los

Umfassen Sie die Kegelfigur mit der ganzen Hand und ziehen Sie sie über das Tuch bis zur Krone. Nehmen Sie Ihre Hand dann weg.

und ließ Batseba holen.

Stellen Sie die Krone über die Kegelfigur, so dass die Figur im Inneren der Krone steht.

Als Batseba zum König kam, nahm er sie zu sich ins Bett und schlief mit ihr.

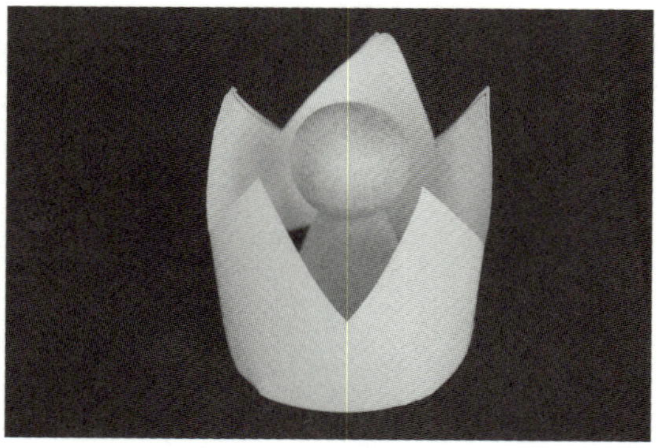

Nehmen Sie die Kegelfigur aus der Krone heraus und lassen Sie sie zu ihrem Bauklotz zurückgehen. Stellen Sie sie darauf.

Am nächsten Morgen ging Batseba zurück nach Hause. Bald stellte sie fest, dass sie schwanger war.

Deuten Sie mit einem Zeigefinger einen Weg von Batseba zu der Krone an. Verharren Sie mit Ihrem Finger bei der Krone, bis Sie mit dem Text fertig sind.

Da schickte sie einen Boten zum König und ließ ihm sagen: »Ich bin schwanger von dir.«

König David überlegte. Was sollte er jetzt tun? Jeder würde sich wundern, warum Batseba schwanger ist, wo doch ihr Mann Uria weit weg im Krieg ist. Es gab nur eine Möglichkeit: Uria musste her, aber schnell.

Deuten Sie mit einem Zeigefinger einen Weg von der Krone zu den Speeren an. Verharren Sie mit Ihrem Finger einen Moment bei der Joab-Kegelfigur.

Und so schickte David einen Boten zu seinem Feldherrn Joab. »Der König befiehlt: Schicke Uria zu mir!« Und so geschah es.

Nehmen Sie den markierten Uria-Speer und bewegen Sie ihn zur Krone. Legen Sie ihn so vor die Krone, dass die Speerspitze auf die Krone zeigt.

Uria machte sich auf den Weg und kam zu König David. David befragte ihn über den Krieg und wie die Lage war. Dann sagte er zu ihm: »Geh nun nach Haus, Uria, wasch dich und ruh dich ein wenig aus.«

Drehen Sie den Speer um, so dass die Spitze nun von der Krone wegzeigt.

Uria bedankte sich und ging hinaus.

Doch er ging nicht weit. Denn er dachte: »Alle anderen sind noch im Kampf. Und auch die Soldaten, die hier sind, schlafen vor dem Palast des Königs. Auch ich bin Soldat. Und ich bin im Krieg. Wie kann ich da nach Hause gehen?«

Legen Sie den Speer jetzt quer vor die Krone.

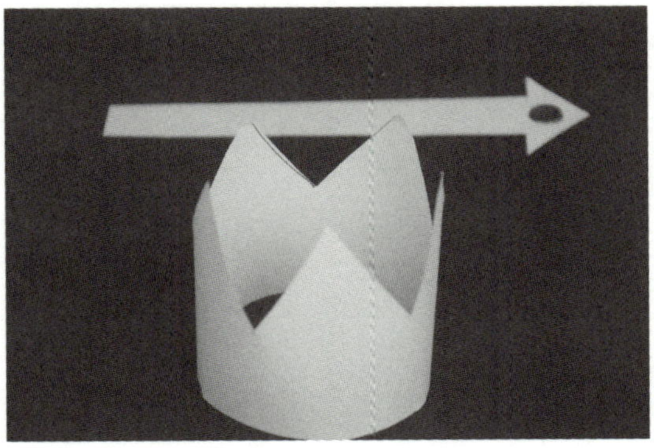

Und so legte er sich zu den anderen Soldaten vor den Palast des Königs.

Legen Sie den Speer wieder so, dass er mit der Spitze auf die Krone zeigt.

Als der König am nächsten Morgen erfuhr, dass Uria gar nicht nach Hause gegangen war, ließ er ihn rufen.

»Warum bist du denn nicht nach Hause gegangen?« Uria antwortete: »Wir sind im Krieg und ich bin Soldat. Keiner der anderen kann im Moment nach Hause. Ich käme mir schäbig vor, wenn ich nach Hause gehe, dort gut esse und trinke und mich dann zu meiner Frau lege. Nein, keiner von den anderen Soldaten kann das im Moment. Darum tue ich es auch nicht.« Da sagte der König: »Dann bleib heute hier.«

Stellen Sie nach und nach alle 4 Becher neben den Uria-Speer.

Und er lud ihn ein und gab ihm reichlich zu trinken, mehr und immer mehr, bis Uria schließlich betrunken war.

David dachte: »Nun ist er so betrunken, dass er bestimmt nach Hause zu seiner Frau geht.«

Legen Sie den Speer wieder quer vor die Krone.

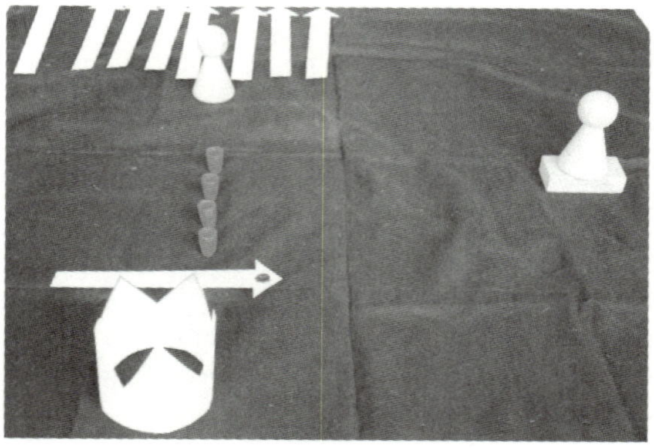

Doch auch in dieser Nacht legte sich Uria zu den anderen Soldaten vor den Palast des Königs.

Der König wusste sich nun nicht mehr zu helfen. Auf diese Weise würde bald jeder wissen, dass Batseba das Kind eines anderen bekam. Darum schrieb er einen Brief.

Nehmen Sie den Brief, ziehen Sie das Gummi ab und entrollen Sie ihn. Tun Sie so, als ob Sie aus dem Brief vorlesen.

»An Joab, meinen Feldhauptmann! Stelle Uria beim nächsten Kampf ganz vorne hin, dort wo es am gefährlichsten ist. Wenn dann die Gegner angreifen, zieht ihr euch zurück und lasst Uria allein. Er muss in dem Kampf sterben! Der König.«

Rollen Sie den Brief zusammen, machen Sie das Gummi darum, legen Sie den Brief auf den Speer, drehen Sie den Speer in Richtung der anderen Speere und bewegen Sie Speer und Brief dorthin.

Am nächsten Morgen gab David Uria den Brief und schickte ihn damit zurück zu Joab.

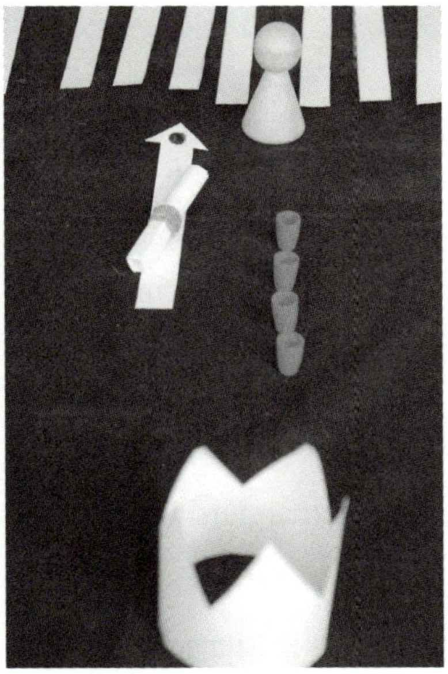

Legen Sie den Brief neben den Joab-Kegel.

Uria gab Joab den Brief. Der las ihn. Und dann geschah alles genau so, wie es der König befohlen hatte

Nehmen Sie den Uria-Speer und legen Sie ihn zurück in den Korb/auf das Tablett.

und Uria starb.

Deuten Sie mit einem Zeigefinger einen Weg von den Speeren zu der Krone an.

Ein Bote kam und brachte dem König die Nachricht.

Und auch Batseba erfuhr vom Tod
ihres Mannes und sie trauerte um ihn.

Deuten Sie mit einem Zeigefinger einen Weg von der Krone zu der Frau an. Umfassen Sie die Kegelfigur mit der ganzen Hand und ziehen Sie sie über das Tuch bis zur Krone.

Als die Trauerzeit vorüber war, ließ der König sie in seinen Palast bringen und machte sie zu seiner Frau.

Stellen Sie die Figur, dann in das Innere der Krone.

Lehnen Sie sich zurück, nehmen Sie Blickkontakt mit den Kindern auf und warten Sie einen Moment, bis Sie die erste Frage stellen.
Alle Fragen sind ergebnisoffen! Die Kinder können, müssen aber nicht antworten. Bitte bewerten oder korrigieren Sie die Antworten der Kinder nicht! Bringen Sie Ihre eigene Meinung bitte nicht ein, außer die Kinder fragen von sich aus explizit danach! Machen Sie aber auch dann immer deutlich, dass das Ihre persönliche Antwort und keine allgemeingültige, »richtige« Antwort ist.

Ich frage mich, ob es in dieser Geschichte einen Teil gibt, den du magst?

Ich überlege, ob es so kommen musste?

Ich frage mich, ob es auch anders hätte kommen können?

Ich wüsste gern, wo sich die Menschen in der Geschichte hätten anders entscheiden können und was dann wohl passiert wäre?

König David war eigentlich einer, der viel von Gott wusste. Schaut mal.

Legen Sie an jede Seite des Tuches eines der 4 Gebotsplakate, mit der Schrift nach außen, so dass die Kinder sie gut lesen können. Das Plakat direkt vor Ihnen drehen Sie bitte mit der Schrift zu den Kindern.

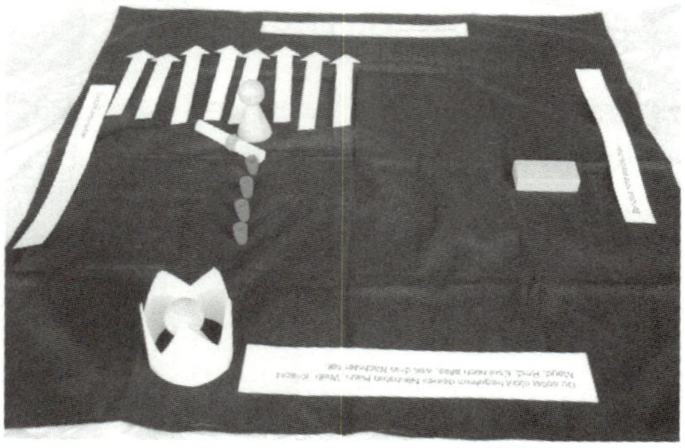

Warten Sie spontane Äußerungen der Kinder ab.

Danach können Sie Fragen stellen, z. B.:

Ich würde gern wissen, welche dieser Weisungen Gottes König David vergessen hat?

Ich überlege, was passiert wäre, wenn er sich an »Du sollst nicht töten!« gehalten hätte?

Und wenn er sich an »Du sollst nicht stehlen!/ Du sollst nicht ehebrechen!« gehalten hätte?

Was wäre geschehen, wenn er sich an »Du sollst nicht begehren!« gehalten hätte?

Legen Sie dann das Plakat mit dem Satz »Das ist der Fluch der bösen Tat ...« quer über die Spielfläche.
Warten Sie Äußerungen der Kinder ab. Motivieren Sie sie, die Bedeutung des Satzes anhand der Geschichte zu entdecken.

Schaut mal.

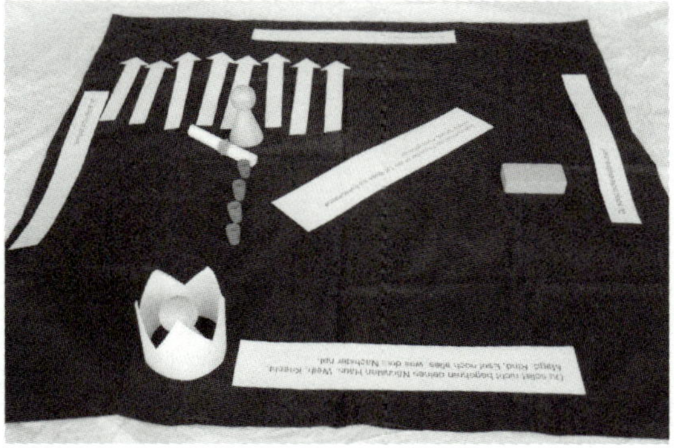

Abschlussfrage:

Ich überlege, warum Gott uns Menschen überhaupt Weisungen gegeben hat?

KREATIVANGEBOT ZUR VERTIEFUNG: EIN BILD IN COLLAGETECHNIK GESTALTEN

Material
- für jedes Kind ein Bogen weißes Tonpapier
- Fotos aus Foto-symboliche-Mappen oder aus Zeitschriften (keine kompletten Zeitschriften hinlegen, nur einzelne Seiten! Fotos müssen lange im Vorfeld gesammelt werden!)
- Kleber
- Jaxonpastellölkreiden, Wachsmalstifte, Zeichenkohle
- DIN A4 Papier für die Bildtitel

Anleitung
Geht einmal herum und schaut euch die ausgelegten Bilder an. Sucht euch zwei Bilder oder zwei Teile aus Bildern aus, die für euch mit der Geschichte zu tun haben. Reißt die Bilder/die Bildteile, die ihr benötigt aus (wichtig: nicht schneiden, keine Scheren!!!). Ordnet die beiden Bilder dann auf einem Blatt an. Überlegt dabei, an welche Stelle des Blattes die Bilder sollen, wie weit sie voneinander entfernt sein sollen etc. Schiebt sie so lange hin und her, bis sie für euch in der richtigen Beziehung zueinander stehen. Klebt sie dann auf. Gestaltet das Blatt dann mit Farben weiter. Die Farben können die Bilder verlängern, Beziehungen schaffen oder Stimmungen ausdrücken. Wenn ihr mit eurem Bild fertig seid, gebt ihm bitte einen Titel und schreibt ihn auf ein Extrablatt.«

Es schließt sich eine »Museumsrunde« an. Dabei werden die fertigen Bilder auf den Boden gelegt und der jeweilige Titel wird unter das Bild gelegt. Die Kinder gehen herum und schauen sich die Bilder an. Wenn Bedarf ist, kann es dann noch eine »Rückfragenrunde« geben, bei der die Kinder sich zu ihren Bildern befragen können. Alternativ können sich immer zwei Kinder zusammentun und sich über ihre Bilder austauschen.

SCHLUSSPLENUM

LIED: Geh den Weg, geh den Weg
(in: Menschens Kinder Lieder 2, 35)

ZUSAMMENFASSUNG

K1–4 treten noch einmal auf.
K1: Ich will mich an Weisungen halten, wenn sie von einem kommen, der es gut mit mir meint.
K2: Ich will mich an Weisungen halten, wenn sie mir gut tun.
K3: Ich will mich an Weisungen halten, wenn sie das Leben mit anderen besser machen, für mich und für die anderen.
K4: Ich will mich an Weisungen halten, wenn sie mir helfen, frei zu sein.
K1: Frei von der Angst, dass man schlecht über mich redet!
K2: Frei von der Angst, dass andere neidisch auf mich sind!
K3: Frei von der Angst, dass man mir etwas wegnimmt!
K4: Frei von der Angst, dass mir jemand etwas antut!
K1: Frei dazu, meine Eltern lieb zu haben!
K2: Frei dazu, Gott lieb zu haben!
K3: Frei dazu, auch frei zu haben!
K4: Frei dazu, Gott für all das zu danken!
K1–4: Wär' schön, wenn sich alle daran halten würden! Ja!

GEBET/VATERUNSER

SEGEN

LIED: Gottes Macht erhalte dich
(in: Menschens Kinder Lieder 2, 45)

Das kommt von Herzen

EIN KINDERBIBELTAG ZU DAVID, 1. Samuel 16,1-13;17

von Christiane Zimmermann-Fröb

THEOLOGISCHE VORBEMERKUNGEN

Dieser Kinderbibeltag beschäftigt sich zum einen mit der Salbung Davids zum zukünftigen König von Israel und mit seinem Kampf gegen Goliat. Er schlägt dabei den Bogen von der unerwarteten Wahl Gottes bis zu einem David, der sich nun auch selbst etwas zutraut. David ist der jüngste von acht Brüdern. In den Augen Samuels und seines Vaters ist er damit nicht der geeignete Kandidat, um König zu werden. Die beiden gehen nach der Regel vor: zuerst der Älteste, dann evtl. der Hübscheste, der Stärkste, der Klügste, aber sicher nicht der Jüngste! Doch gerade den kleinsten und jüngsten, den scheinbar ungeeignetsten Sohn wählt Gott aus. Denn: »Ein Mensch sieht, was vor Augen ist; der Herr aber sieht das Herz an.« (1. Samuel 16,7b) Gott sieht mehr, er lässt sich nicht vom äußeren Anschein oder von menschlichen Regeln täuschen. Darum traut er gerade dem Kleinen etwas Großes zu. Gott sieht das Potential, das in David steckt. Er sieht seine Möglichkeiten, die »Schätze« in seinem Inneren, er sieht das Gute hinter der äußeren, »mickrigen« Fassade. Gottes Wahl von David ist sein »Ja« zu David. Dieses »Ja« wird dadurch unterstrichen, dass Gott David nun auch mit seinem Geist ausstattet (1. Samuel 16,13). David erlebt: Gott traut mir etwas zu, was andere mir nicht zutrauen. Gott traut es mir zu, einmal König zu sein. Gott sieht etwas in mir, dass ich vielleicht selbst noch nicht entdeckt habe. Das stärkt Davids Selbstvertrauen, und er kann sich nun auch selbst etwas zutrauen. So kommt es, dass David gegen Goliat kämpft, vor dem die Soldaten und selbst der alte König Angst haben. Es ist das Gefühl, dass Gott bei ihm ist, dass ihm den nötigen Mut gibt: »… ich aber komme zu dir im Namen des Herrn Zebaoth …« (1. Samuel 17,45).

Die Kinder werden an diesem Tag eingeladen wie David, etwas von ihren eigenen Schätzen, von dem, was hinter ihrer äußeren Fassade ist, von dem, was Gott in ihnen schon sehen kann, zu entdecken. Es soll ihnen helfen, ihr Selbstwertgefühl zu stärken und sich Dinge zuzutrauen, zu denen ihnen manchmal der Mut fehlt, z. B. eine Aufgabe anzugehen, bei der sie normalerweise ein Scheitern befürchten.

ANKOMMEN

- Bei der Ankunft wird jedes Kind fotografiert. Die Bilder werden während der Plenumsphase ausgedruckt, wahlweise auf normalem Papier oder auf Fotopapier. Sie benötigen eine Digitalkamera, einen Computer, einen Farbdrucker und entsprechendes Papier.
  Alternativ werden die Kinder im Vorfeld – z. B. bei der Anmeldung, aber auch durch Hinweise

auf den Plakaten und Werbematerialien – gebeten, ein Foto von sich mitzubringen. Nur die »Vergesser« werden dann am Tag selbst fotografiert.
- Namensschilder ausgeben und von den Kindern beschriften und evtl. noch bemalen lassen
- Gruppeneinteilung (Die Gruppeneinteilung kann über die Namensschilder erfolgen, z. B. haben alle Kinder einer Gruppe dasselbe Symbol oder dieselbe Farbe.)
- Teilnehmerbeitrag einsammeln (falls es einen gibt)

PLENUM

BEGRÜSSUNG

LIED: Ein jeder kann kommen
(in: Kirche mit Kindern Liederbuch, hg. v. Rhein. Verband für Kindergottesdienst, S. 49)

TRINITARISCHER KERZENRITUS

Im Namen des Vaters und des Sohnes und des Heiligen Geistes. Amen.

(Es werden drei Kinder ausgewählt, die gleich die Kerzen anzünden. Dafür bitte lange Kaminstreichhölzer bereitlegen!)

Die erste Kerze zünden wir an für Gott. Er hat uns das Leben gegeben und zu ihm kehrt es auch wieder zurück.

(Ein Kind zündet – gegebenenfalls mit Hilfe – die erste Kerze an. Alle singen: Du bist da, wo Menschen leben)

Die zweite Kerze zünden wir an für Jesus. Er hat uns gezeigt, dass Gott uns liebt und wie wir liebevoll miteinander umgehen können.

(Ein Kind zündet – gegebenenfalls mit Hilfe – die zweite Kerze an. Alle singen: Du bist da, wo Menschen lieben)

Die dritte Kerze zünden wir an für den Heiligen Geist. Er gibt uns Hoffnung und tröstet uns, wenn wir traurig sind.

(Ein Kind zündet – gegebenenfalls mit Hilfe – die dritte Kerze an. Alle singen: Du bist da, wo Menschen hoffen + Halleluja-Strophe mit Klatschen.

LIED: Du bist da, wo Menschen leben.
(in: Kirche mit Kindern Liederbuch, hg. v. Rhein. Verband für Kindergottesdienst, S. 37 oder Menschens Kinder Lieder 1,42)

PSALM 89 MIT KEHRVERS

Ich will singen von der Gnade des Herrn, immer und ewig hält er uns die Treue.

Guter Gott, wir denken weit zurück – an David.
Du hast damals den Kleinen vom Feld geholt und alle staunten über deine Wahl:
Er sollte der neue König werden.

Ich will singen von der Gnade des Herrn, immer und ewig hält er uns die Treue.

Du hast mit David einen Bund geschlossen.
Ihm und dem ganzen Volk hast du die Treue versprochen.
Immer sollte einer wie David regieren,
in Sorge um die Menschen und mit dem Herzen bei dir.

Ich will singen von der Gnade des Herrn, immer und ewig hält er uns die Treue.

Du bist ein großer Gott, keiner ist dir gleich.
Himmel und Erde hast du geschaffen, Norden und Süden dir ausgedacht.
Doch uns kleine Menschen hast du in dein Herz geschlossen.
So hast du David dein Wort gegeben: Ich bin für euch da!

Ich will singen von der Gnade des Herrn, immer und ewig hält er uns die Treue.

Amen.
(aus: Dir kann ich alles sagen, Gott; hg. v. Rhein. Verband für Kindergottesdienst)

LIED (mit Bewegungen): Bist du groß oder bist du klein
(in: Kirche mit Kindern Liederbuch, hg. v. Rhein. Verband für Kindergottesdienst, S. 26)

ANSPIEL

Es spielen mit: Gottes Stimme aus dem Off, Samuel, Isai, sieben große Söhne und ein kleiner David. Wenn möglich, wäre es toll, wenn die acht Söhne immer etwas kleiner würden, wie Orgelpfeifen. Außerdem wird eine große, einfach gezeichnete Figur gebraucht. Dazu übertragen Sie vorher mit Edding die Umrisse eines Erwachsenen auf eine Packpapierbahn. Die Bahn sollte gut sichtbar vorn hängen. Weiterhin werden Eddings, größere Karten und Tesakrepp gebraucht.

Samuel: (tritt auf, trägt einen kleinen Krug mit Salböl) Gott hat mich losgeschickt. Ich soll einen neuen König finden. Der alte König, Saul, ist kein guter König mehr. Ein neuer muss her. Ich habe schon den Krug mit dem Salböl dabei. Denn wenn ich den neuen König gefunden habe, dann soll ich ihn gleich mit dem Öl salben. Das ist das Kennzeichen, dass Gott ihn ausgewählt hat. Gott hat zu mir gesagt: »Geh nach Bethlehem! Dort lebt ein alter Mann, Isai. Einer seiner Söhne soll der neue König sein.« Naja, wie dumm, dass der mehrere Söhne hat. Wie finde ich denn unter den Söhnen den neuen König heraus? Ich weiß gar nicht, woran ich ihn erkennen soll? (zu den Kindern) Habt Ihr eine Idee, wie oder woran ich einen neuen König erkennen könnte? (Kinder antworten lassen. Die Mitarbeitenden schreiben die Antworten auf Karten und kleben sie jeweils an die Stelle der Figur, wo sie hinpassen könnten.) Ja, da sind ja schon einige gute Ideen dabei. Hm, ich würde gern wissen, was ein König so alles braucht, damit er ein richtig guter König sein kann? Wie muss er sein? (Kinder antworten lassen. Die Mitarbeitenden schreiben die Antworten auf Karten und kleben sie jeweils an die Stelle der Figur, wo sie hinpassen könnten, z. B. »stark sein« an den Oberarm, »klug« in den Kopf etc. Falls Dinge genannt werden, z. B. »Krone« oder »Waffen« kann man das auch direkt an die Figur malen. Samuel kommentiert die genannten Dinge. Wenn die Figur fertig beschriftet/bemalt ist, spricht er weiter.) Da sind ja einige Kennzeichen zusammengekommen. Manche kann ich natürlich noch nicht sehen. Wenn ich den neuen König erst noch finden muss, dann hat er leider noch keine Krone auf. Sonst wäre es einfacher für mich. Aber ob er groß ist oder stark, dass kann ich – glaube ich – schon erkennen. Na, ich mache mich mal auf den Weg.

Samuel wandert eine Weile, bis er zu Isai kommt.

Samuel: Guten Tag! Bist du Isai?
Isai: Ja, der bin ich, guten Tag. Was kann ich für dich tun?
Samuel: Gott schickt mich. Einer deiner Söhne soll der neue König werden.
Isai: Was? Und welcher?
Samuel: Das weiß ich nicht. Gott hat ihn ausgesucht. Aber ich denke, er wird mir schon ein Zeichen geben, welcher es sein soll. Und ich habe auch schon einige Ideen, wie ein König sein muss. Daran könnte ich es wohl erkennen.
Isai: Na, wenn es ordentlich zugehen soll, dann wird es wohl mein Ältester, der Erstgeborene sein. (ruft) Mein Sohn, mein Ältester, komm einmal her!
Sohn 1: (kommt) Ja, Vater. Da bin ich. Was gibt es denn?
Samuel: (geht um Sohn 1 herum, betrachtet ihn genau) Ja, der Älteste. Ich denke, er ist der neue König. (Samuel nimmt den Krug, will ihn gerade öffnen, da:)
Stimme: (aus dem Off) Stopp! Der ist es nicht!
Samuel: Aber er ist der Älteste!
Stimme: (aus dem Off) Achte nicht auf solche Regeln!
Samuel: Also gut. (zu Isai) Dein Ältester ist es nicht. Vielleicht der Nächste? (Ältester stellt sich an der Seite hin.)

Isai: Mein Nächster ist groß und gerade gewachsen. Der wird es dann wohl sein. Ich rufe ihn: Mein Sohn, mein zweiter, komm einmal her!
Sohn 2: (kommt) Ja, Vater. Da bin ich. Was gibt es denn?
Samuel: (geht um Sohn 2 herum, betrachtet ihn genau) Ja, er ist wirklich groß und stattlich. Ich denke, er ist der neue König. (Samuel nimmt den Krug, will ihn gerade öffnen, da:)
Stimme: (aus dem Off) Stopp! Der ist es nicht!
Samuel: Aber er ist so groß und stattlich!
Stimme: (aus dem Off) Achte nicht auf solche Größe!
Samuel: Also gut. (zu Isai) Der ist es nicht. Vielleicht der Nächste? (Sohn 2 stellt sich neben Sohn 1.)

Isai: Mein Nächster ist sehr stark. Der wird es dann wohl sein. Ich rufe ihn: Mein Sohn, mein dritter, komm einmal her!
Sohn 3: (kommt, er trägt einen schweren Sack über der Schulter) Ja, Vater. Da bin ich. Was gibt es denn?
Samuel: (geht um Sohn 3 herum, betrachtet ihn genau, fasst nach den Muskeln am Oberarm.) Ja, er ist wirklich stark. Ich denke, er ist der neue König. (Samuel nimmt den Krug, will ihn gerade öffnen, da:)

Stimme: (aus dem Off) Stopp! Der ist es nicht!
Samuel: Aber er ist stark!
Stimme: (aus dem Off) Achte nicht nur auf starke Muskeln!
Samuel: Also gut. (zu Isai) Der ist es nicht. Vielleicht der Nächste? (Sohn 3 stellt sich neben Sohn 2.)

Isai: Mein Nächster ist ein guter Läufer. Er hat richtig Ausdauer und langen Atem. Das braucht man als König ja wohl auch. Der wird es dann wohl sein. Ich rufe ihn: Mein Sohn, mein vierter, komm einmal her!
Sohn 4: (kommt laufend, angezogen mit Sportzeug, läuft im Folgenden auf der Stelle) Ja, Vater. Da bin ich. Was gibt es denn?
Samuel: (geht um Sohn 4 herum, betrachtet ihn genau.) Ja, der hat Ausdauer. Ich denke, er ist der neue König. (Samuel nimmt den Krug, will ihn gerade öffnen, da:)
Stimme: (aus dem Off) Stopp! Der ist es nicht!
Samuel: Aber er hat Ausdauer!
Stimme: (aus dem Off) Achte nicht nur auf kräftige Beine!
Samuel: Also gut. (zu Isai) Der ist es nicht. Vielleicht der Nächste? (Sohn 4 stellt sich neben Sohn 3.)

Isai: Mein Nächster ist sehr gut aussehend. Ein hübscher Bursche. Der wird es dann wohl sein. Ich rufe ihn: Mein Sohn, mein fünfter, komm einmal her!
Sohn 5: (kommt) Ja, Vater. Da bin ich. Was gibt es denn?
Samuel: (geht um Sohn 5 herum, betrachtet ihn genau, hebt das Kinn an und schaut ihm aufmerksam ins Gesicht.) Ja, er sieht wirklich gut aus. Ich denke, er ist der neue König. (Samuel nimmt den Krug, will ihn gerade öffnen, da:)
Stimme: (aus dem Off) Stopp! Der ist es nicht!
Samuel: Aber er sieht gut aus!
Stimme: (aus dem Off) Achte nicht nur aufs Aussehen!
Samuel: Also gut. (zu Isai) Der ist es nicht. Vielleicht der Nächste? (Sohn 5 stellt sich neben Sohn 4.)

Isai: Mein Nächster ist sehr geschickt. Der wird es dann wohl sein. Ich rufe ihn: Mein Sohn, mein sechster, komm einmal her!
Sohn 6: (kommt, er ist gerade dabei einen Pfeil zu schnitzen) Ja, Vater. Da bin ich. Was gibt es denn?
Samuel: (geht um Sohn 6 herum, betrachtet ihn genau, schaut ihm beim Schnitzen zu.) Ja, er ist wirklich geschickt. Ich denke, er ist der neue König. (Samuel nimmt den Krug, will ihn gerade öffnen, da:)
Stimme: (aus dem Off) Stopp! Der ist es nicht!
Samuel: Aber er ist so geschickt!
Stimme: (aus dem Off) Achte nicht nur auf Geschicklichkeit!
Samuel: Also gut. (zu Isai) Der ist es nicht. Vielleicht der Nächste? (Sohn 6 stellt sich neben Sohn 5.)

Isai: Mein Nächster ist sehr klug. Der wird es dann aber wohl sein. Ich rufe ihn: Mein Sohn, mein siebter, komm einmal her!
Sohn 7: (kommt, trägt eine Bille und ein aufgeschlagenes Buch) Ja, Vater. Da bin ich. Was gibt es denn?
Samuel: (geht um Sohn 7 herum, betrachtet ihn genau, schaut sich den Titel des Buches an.) Ja, er ist wirklich klug. Ich denke, er ist der neue König. (Samuel nimmt den Krug, will ihn gerade öffnen, da:)
Stimme: (aus dem Off) Stopp! Der ist es nicht!
Samuel: Aber er ist klug!
Stimme: (aus dem Off) Achte nicht nur darauf!
Samuel: Also gut. (zu Isai) Der ist es auch nicht. (Sohn 7 stellt sich neben Sohn 6.) Hast du vielleicht noch einen Sohn?

Isai: Ja, einen habe ich noch. Es ist der Jüngste. Er hütet draußen die Schafe, wie es sich für die Jüngsten gehört. Aber ich kann mir wirklich nicht vorstellen, dass gerade er …

Samuel: (seufzend) Ich verstehe dich. Ruf ihn trotzdem her!

Isai: David, David, komm einmal her!

David: (kommt, eher noch etwas verspielt hüpfend, in kurzen Hosen, Hemd hängt an einer Stelle aus der Hose heraus, Grashalm im Mund, einen Stock dabei, den er schlenkert) Da bin ich Vater. Was gibt es denn? Ich muss gleich wieder zurück zu den Schafen. Ich kann sie doch nicht so lange allein lassen.

Samuel: (geht um David herum, betrachtet ihn genau)

Stimme: (aus dem Off) Der ist es!

Samuel: Aber er ist klein! Er ist jung! Er ist noch so verspielt!

Stimme: (aus dem Off) Ihr Menschen seht nur, was ihr direkt vor Augen habt. Ich aber sehe in das Herz!

Samuel: Dann ist er der neue König?

Stimme: (aus dem Off) Ja! Salbe ihn!

Samuel: (öffnet den Krug, tut so, als ob er etwas auf seine Finger gießt und streicht damit über Davids Stirn)

LIED: Gott setzt auf dich
(in: Kirche mit Kindern Liederbuch, hg. v. Rhein. Verband für Kindergottesdienst, S. 71)

GRUPPENPHASE

Der erste Teil der Gruppenphase ist in allen Altersgruppen gleich. Erst mit der Geschichte setzt die Altersdifferenzierung ein.

KENNENLERNRUNDE

- Namensspiele
- Danach sagt jedes Kind noch einmal seinen Namen und dazu etwas, was er/sie gut kann. Im Anschluss sagen die Mitarbeitenden und die anderen Kinder etwas, was sie ihm/ihr zutrauen. Bedingung: Es muss etwas Positives sein und es soll ehrlich gemeint sein, aber es ist nicht wichtig, ob es »richtig« ist (z. B. »Ich traue dir zu, dass du gut klettern kannst.« Aber ob es für das Kind zutrifft, dass es wirklich gut klettern kann, ist dabei nicht wichtig.). Die Äußerungen werden nur genannt und einfach stehen gelassen. Es geht hier darum, sich eigene gute Fähigkeiten bewusst zu machen und zu erleben, dass andere mir etwas zutrauen.

Mitarbeitende/r: In dem Spiel, das wir gesehen haben, hat Gott gesagt: »Ihr Menschen seht nur, was ihr direkt vor Augen habt. Ich aber sehe in das Herz!« (Ein großes rotes Papier-/Pappherz in die Mitte legen.) Ich frage mich, was Gott wohl in Davids Herz sieht?«

Kinder antworten lassen. Die Mittleren und Älteren können ihre Ideen direkt mit Eddings in das Herz schreiben, für die Jüngeren schreiben die Mitarbeitenden.

Gestalten einer »Herz-Schatzkiste«

Material
- Kettmaterial
- verschiedene Glas-Muggelsteine
- Schneckenhäuser
- verschiedenfarbige Holzperlen
- Goldkugeln
- kleine Steine
- und was Ihnen sonst noch einfällt …
- Tonpapierbögen in verschiedenen Farben
- Scheren
- Kleber
- Wäscheklammern
- Vorlage aus Tonpapier für die Kiste, die dann auf die Bögen übertragen wird, Größe des Deckels mindestens 15 x 15 cm, damit ein Foto darauf geklebt werden kann.

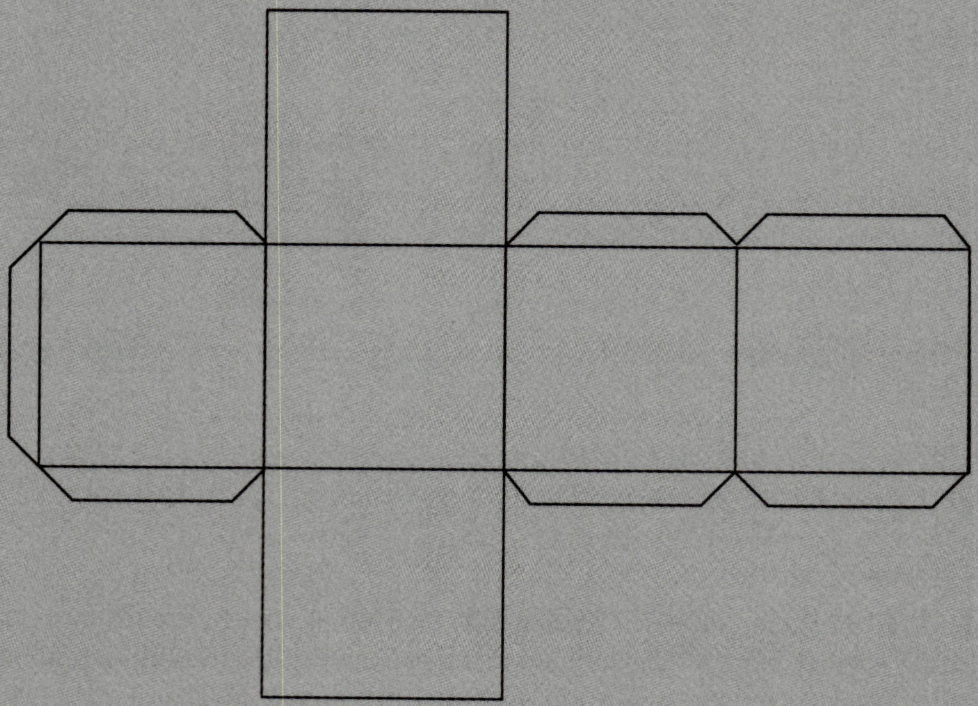

große Vorlage (siehe CD-ROM/Das kommt von Herzen/Vorlage Herz-Schatzkiste).
- Bleistifte
- Lineale
- Radiergummis
- Stoffreste, um die Herz-Schatzkiste von innen oder außen zu bekleben
- Glitzersteine zum Verzieren der Herz-Schatzkiste
- Moosgummi zum Verzieren der Herz-Schatzkiste
- das eigene Foto (mitgebracht oder vor Beginn von den Mitarbeitenden gemacht und ausgedruckt)

»Unser Herz ist wie eine geheime Schatzkiste. Da ist ganz viel drin, was nur wir wissen. Und manche Fähigkeit schlummert darin, von der wir selbst noch nicht wissen. Gott schaut ins Herz und kennt uns. Und er sieht, was wir alles können und was wir könnten. Er traut uns eine Menge zu! Wir wollen gleich jede und jeder für sich seine eigene Herz-Schatzkiste machen. Dazu muss jede und jeder einmal überlegen, was in der eigenen Herz-Schatzkiste drin ist. Überlegt mal für euch: Was macht mich aus? Was kann ich? Was traue ich mir zu? Was würde ich gern können? Was sieht Gott in mir? (etwas Zeit lassen)
Schaut mal: Wir haben hier Material mitgebracht. (Zeigen Sie das Kettmaterial und die anderen Dinge, die sie ausgewählt haben.) Vielleicht sind Dinge dabei, die euer eigenes Geheimzeichen sein könnten für das, was ihr könnt, was ihr euch zutraut, was ihr gern können würdet oder was Gott in euch sieht. Sucht euch dafür etwas aus. Ihr könnt es nachher in eure Herz-Schatzkiste legen.«
Die Kinder wählen für sich aus dem Material aus.

Dann bastelt jedes Kind seine Herz-Schatzkiste.

- Die Vorlage auf den Tonpapierbogen übertragen und ausschneiden.
- Die Kiste zusammenkleben. Mit Wäscheklammern die Klebestellen zusammenhalten, damit der Kleber besser antrocknet.
- Die Innen- und Außenseite gestalten, z. B. anmalen, mit Stoff, Glitzersteinen, Moosgummi bekleben.
- Auf den Deckel kommt das Foto des Kindes.
- Die ausgewählten Gegenstände werden in die Kiste gelegt. Nur das Kind selbst weiß, wofür die Dinge stehen.

Deckelgröße 9 x 13 oder 10 x 14 für Foto auf den Deckel.

Gott traut David etwas zu, Folge: David traut sich etwas zu.

GRUPPENPHASE/JÜNGERE

Die Geschichte von David und Goliath als Erzählung im Sand (1. Samuel 17)

Material

- ein Sanderzählsack, zu bestellen beim Rhein. Verband für Kindergottesdienst, Missionsstraße 9a, 42285 Wuppertal, Tel. 0202 2820310, Fax 0202 2820440, E-Mail: kigo@ekir.de, www.kindergottesdienst.org, Kosten ca. 30,- €; Anleitung zum Selbernähen unter: www.godlyplay.de, dort »Materialien« (das findet sich in der rechten Randspalte) anklicken, dann scrollen bis »Weitere Tipps zu Materialien« und dort »Schnittmuster für einen Wüstensack« anklicken

oder eine flache Kiste/alte Schublade mit stabilem Boden

- Quarz- oder Fugensand (Der ist ganz fein, beim Kauf trocken und hat im Gegensatz zum Vogelsand keine riechenden Zusätze!), alternativ: feiner Spielsand (Achtung, der ist beim Kauf immer nass und muss ausgepackt erst gut durchtrocknen!)

- ein Korb oder ein Tablett, in/auf dem sich die Bauklötze befinden
- ein kleiner gelber Bauklotz (Nr. 1 = David)
- acht etwas größere gelbe Bauklötze (Nr. 2 = Soldaten Israels)
- ein noch etwas größerer gelber Bauklotz (Nr. 3 = Saul)
- neun grüne Bauklötze, Größe Nr. 2 (= Soldaten der Philister)
- ein großer grüner Bauklotz (Nr. 4 = Goliat)

Zu den Bauklotzfarben: Sie können auch zwei andere Farben als gelb und grün verwenden. Die Farben sollten nur jeweils für die Israeliten und die Philister einheitlich sein.

DIE GESCHICHTE

Die Fotos im Text sind jeweils aus der Sicht des/der Erzählenden aufgenommen!

WAS MAN TUT	WAS MAN ERZÄHLT
Öffnen Sie den Sandsack. Streichen Sie mehrfach mit einer Hand längs durch den Sandhaufen, so dass eine Rinne entsteht, eine Art langgezogenes Tal, das links und rechts von einer Bergkette flankiert wird. Streichen Sie von der rechten Bergkette aus etwas Sand flach auslaufend nach rechts und zwar einmal direkt vor Ihnen und einmal etwa mittig. 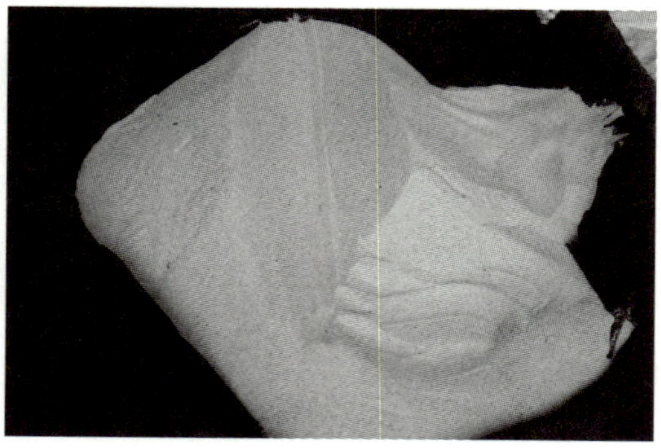	
Nehmen sie den kleinen gelben Klotz und zeigen Sie ihn auf Ihrer geöffneten Hand herum. Stellen Sie ihn dann rechts vor sich in den Sand, dicht bei Ihnen.	Gott hatte David als neuen König ausgewählt. Aber noch war er nicht König. Noch war er ein sehr junger Mann.
Zeigen Sie den größten gelben Klotz herum und stellen Sie ihn neben David.	König war immer noch Saul. Doch David war an Sauls Hof. Er half Saul, wenn dieser dunkle und Angst machende Gedanken hatte. Dann spielte David für ihn auf der Harfe. Und das tröstete Saul.

Es gab viel, worüber Saul sich Sorgen machte. Sein Volk, die Israeliten waren im Krieg mit den Philistern.

Stellen Sie alle anderen gelben Klötze in einer ordentlichen Zweierreihe auf der rechten Bergseite in den Sand.

Die Soldaten Israels standen auf dem einen Berg.

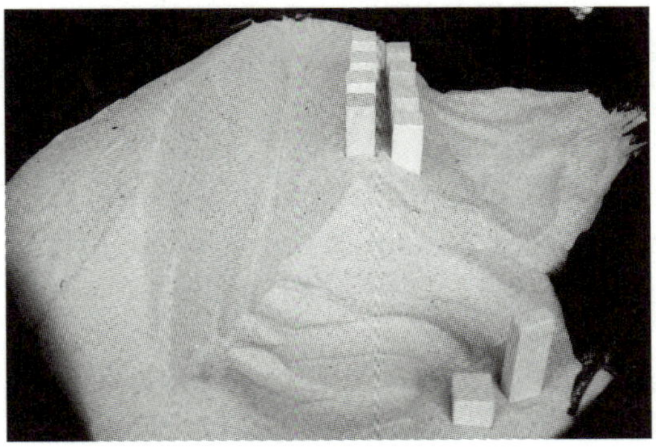

Lassen Sie Saul durch den Sand auf den Berg zu seinen Soldaten gehen und stellen Sie ihn mittig hinter den Soldaten auf.

Und Saul, ihr König, war bei ihnen.

Stellen Sie alle grünen Klötze in einer ordentlichen Zweierreihe auf der linken Bergseite in den Sand. Lassen Sie in der hinteren Reihe eine Lücke für Goliat.

Auf dem anderen Berg aber lagerten die Soldaten der Philister. Nur das Tal trennte die beiden Heere.

Zeigen Sie den größten grünen Klotz herum und stellen Sie ihn bei dem Satz »Goliat war ein Riese.« an den freien Platz bei den anderen grünen Klötzen.

In den Reihen der Philister gab es einen besonderen Soldaten. Sein Name war Goliat. Goliat war ein Riese. Seine Rüstung war stark und sein Wurfspieß gewaltig.

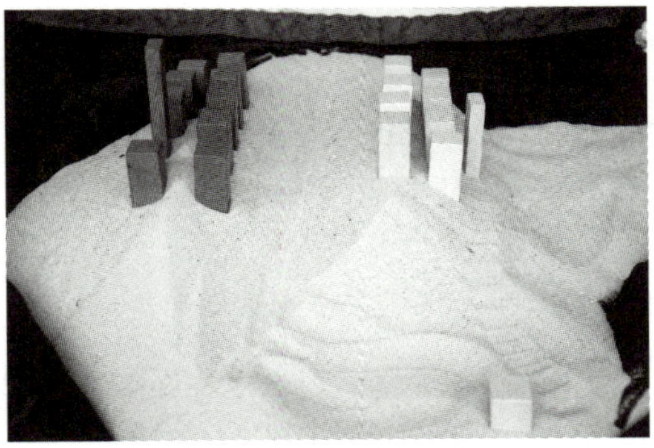

Bewegen Sie Goliat etwas den Berg hinunter, so dass er auf dem Hang gegenüber den Israeliten zu stehen kommt.

Goliat trat aus den Reihen der Philister hinaus.

»Ha«, rief er den Israeliten entgegen, »seid ihr etwa zum Kämpfen her gekommen? Ich bin ein Philister! Und wer seid ihr? Sauls kleine Soldaten, ha, ha, ha. Wer von euch will gegen mich kämpfen, na? Wählt einen aus! Wenn er mich besiegt und tötet, dann werden wir uns unterwerfen und ihr dürft über uns bestimmen. Wenn aber ich gewinne, dann unterwerft ihr euch uns und wir bestimmen!«

Drehen Sie Goliat um und lassen Sie ihn zurückgehen zwischen die anderen grünen Klötze.

Damit drehte Goliat sich um und ging lachend zurück zu seinen Kameraden: »Ha, Ha, Ha!«

Lassen Sie die gelben Bauklötze zu Saul laufen und sich ungeordnet um ihn herum aufstellen.

Da drängten sich die israelitischen Soldaten um ihren König. Alle zitterten. Der Riese hatte ihnen große Angst gemacht. Keiner von ihnen wagte es, gegen diesen Goliat zu kämpfen.

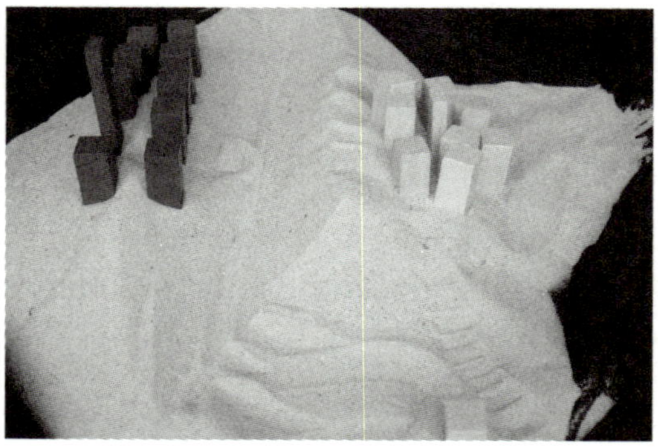

Während Saul bei seinen Soldaten war, hatte David am Hofe nichts zu tun.

Bewegen Sie David rechts außen durch den Sand nach vorn, etwa bis zur Mitte.

Deshalb machte er sich auf den Heimweg nach Bethlehem. Zu Hause hütete er die Schafe, wie früher auch. Und wenn es sein musste, verteidigte er sie mit Stock und Schleuder gegen wilde Tiere.

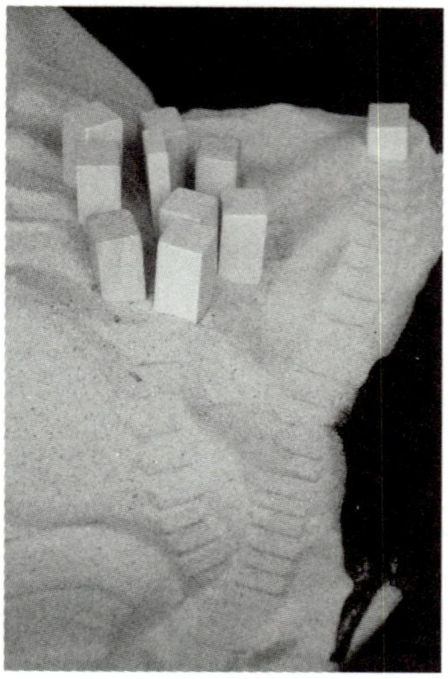

Davids drei ältesten Brüder aber gehörten zu den Soldaten Sauls.
Jeden Tag erlebten sie das gleiche Schauspiel.

Bewegen Sie Goliat etwas den Berg hinunter, so dass er auf dem Hang gegenüber den Israeliten zu stehen kommt.

Goliat trat aus den Reihen der Philister hinaus.

»Ha«, rief er den Israeliten entgegen, »seid ihr etwa zum Kämpfen her gekommen? Ich bin ein Philister! Und wer seid ihr? Sauls kleine Soldaten, ha, ha, ha. Wer von euch will gegen mich kämpfen, na? Wählt einen aus! Wenn er mich besiegt und tötet, dann werden wir uns unterwerfen und ihr dürft über uns bestimmen. Wenn aber ich gewinne, dann unterwerft ihr euch uns und wir bestimmen!«

Drehen Sie Goliat um und lassen Sie ihn zurückgehen zwischen die anderen grünen Klötze.

Damit drehte Goliat sich um und ging lachend zurück zu seinen Kameraden. »Ha, Ha, Ha!«

Aber Saul und seine Soldaten fürchteten sich. Das ging 40 Tage so. Inzwischen machte sich Davids Vater Sorgen um seine Söhne. So schickte er David los: »Geh, schau nach deinen Brüdern, ob es ihnen gut geht. Ich mache mir Sorgen. Nimm ihnen frisches Brot und Käse mit! Und dann komm rasch zurück und berichte mir.«

Bewegen Sie David an der Rückseite der rechten Berge entlang und dann ein wenig den Hang hinauf.

So machte sich David auf den Weg ins Lager der Soldaten.

Stellen Sie die gelben Klötze wieder in einer geordneten Zweierreihe auf, Saul mittig hinter ihnen.

Die Soldaten hatten sich in Schlachtordnung aufgestellt. Saul hatte endlich beschlossen in den Kampf zu ziehen.

Bewegen Sie David ganz auf den Berg hinauf und stellen Sie ihn ans Ende der Zweierreihe, so dass die Kinder ihn gut sehen können.

Gerade da traf David ein.

Bewegen Sie Goliat etwas den Berg hinunter, so dass er auf dem Hang gegenüber den Israeliten zu stehen kommt.

Während er noch Ausschau nach seinen Brüdern hielt, trat Goliat aus den Reihen der Philister.

»Ha«, rief er den Israeliten entgegen, »seid ihr etwa zum Kämpfen her gekommen? Ich bin ein Philister! Und wer seid ihr? Sauls kleine Soldaten, ha, ha, ha. Wer von euch will gegen mich kämpfen, na? Wählt einen aus! Wenn er mich besiegt und tötet, dann werden wir uns unterwerfen und ihr dürft über uns bestimmen. Wenn aber ich gewinne, dann unterwerft ihr euch uns und wir bestimmen!« Und diesmal ging Goliat nicht wieder zurück!

Bewegen Sie die gelben Klötze ungeordnet zurück, ein bisschen die rechte Bergseite hinunter.

Da liefen die Soldaten Israels voll Angst zurück. »Wer soll nur gegen diesen Riesen kämpfen?« »Was sollen wir nur tun?« »Er ist so furchtbar!«

David sah ihre Angst. Sie kamen ihm vor wie seine Schafe, wenn der Löwe kommt.
Da dachte er bei sich: »Gott hat mich ausgewählt. Er sieht etwas in mir, was andere nicht sehen. Er traut mir etwas zu! So wie ich sonst meine Schafe beschütze, so will ich jetzt die Soldaten Israels beschützen. Ja, das werde ich!«

Bewegen Sie David vor die gelben Klötze und etwas den Hang hinunter in Richtung auf Goliat zu.

Und so trat David vor und ging Goliat entgegen. »Ich werde gegen dich kämpfen!« rief er.

Bewegen Sie die gelben Klötze ungeordnet wieder auf den rechten Bergrücken.

Die Israeliten blieben stehen. »Was«, sagten sie, »der Kleine will gegen den Riesen kämpfen?« Und sie kamen näher, um zu sehen, was geschehen würde.

Stellen Sie Goliat und David einander gegenüber je auf einem dem Tal zugewandten Berghang auf.

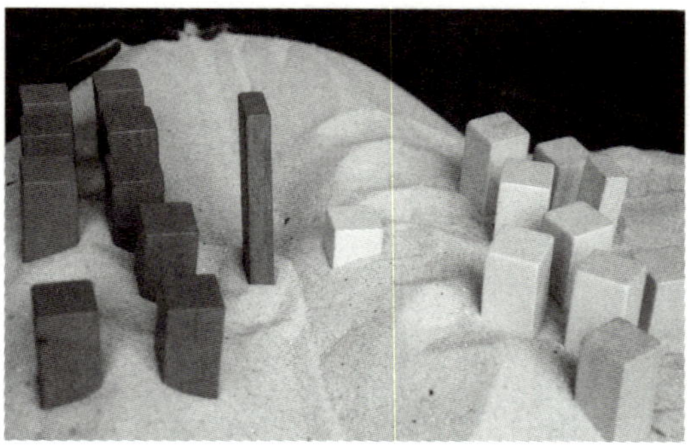

Goliat aber rief: »Du Kleiner willst gegen mich kämpfen? Du hast keine Rüstung, du hast kein Schwert, du hast keinen Speer! Nur einen Stock hast du dabei. Willst du dich etwa über mich lustig machen?«

Da rief David: »Ich habe meinen Stock und meine Schleuder. Damit verteidige ich auch meine Schafe gegen wilde Tiere. Und ich weiß, dass Gott mir etwas zutraut.« Da lachte Goliat. Doch David griff in seine Tasche, holte einen flachen Stein heraus und legte ihn in seine Schleuder.

Führen Sie Ihren Zeigefinger von dem kleinen Davidstein hin zu Goliat.

Mit einer schnellen Drehung seines Arms schleuderte er den Stein heraus.

Berühren Sie den Goliatklotz auf »Kopfhöhe« und kippen Sie Goliat seitlich um.

Der Stein traf Goliat mitten auf die Stirn und der Riese stürzte zu Boden.

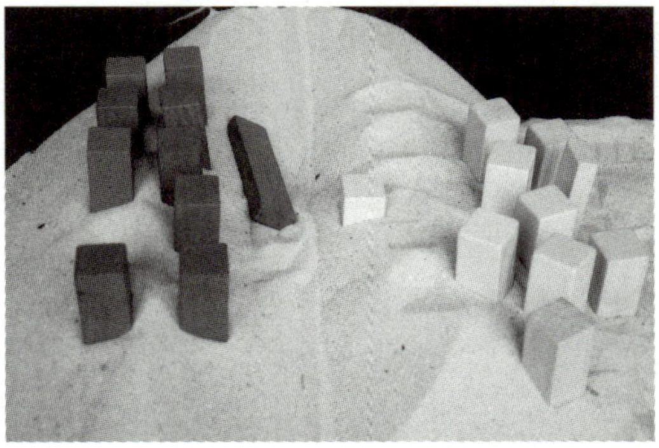

Bewegen Sie David schnell neben Goliat.

David aber sprang vor, nahm Goliats Schwert und schlug ihm den Kopf ab.

Bewegen Sie alle gelben Klötze außer Saul den Hang hinunter auf die Philister zu.

Als das die Israeliten sahen, stürmten sie den Berg hinunter, den Philistern entgegen.

Wenden Sie die grünen Klötze um und lassen Sie sie den linken Hang hinunter laufen.

Doch die, ihres stärksten Kämpfers beraubt, ergriffen die Flucht.

Und so besiegte Israel an diesem Tag die Philister. David aber gewann die Achtung Sauls und seiner Soldaten.

Lehnen Sie sich zurück, nehmen Sie Blickkontakt mit den Kindern auf und warten Sie einen Moment, bis Sie die erste Frage stellen.
Alle Fragen sind ergebnisoffen! Die Kinder können, müssen aber nicht antworten. Bitte bewerten oder korrigieren Sie die Antworten der Kinder nicht! Bringen Sie Ihre eigene Meinung bitte nicht ein, außer die Kinder fragen von sich aus explizit danach! Machen Sie aber auch dann immer deutlich, dass das Ihre persönliche Antwort und keine allgemeingültige, »richtige« Antwort ist.

Legen Sie das »Davidherz«, das zu Beginn der Gruppenphase entstanden ist, so in das Tal im Sand, dass seine Spitze zu den Kindern zeigt.

Ich frage mich, welchen Teil der Geschichte du wohl am liebsten magst?

Welcher Teil könnte der wichtigste sein?

Gibt es etwas in dieser Geschichte, das du auch kennst?

Ich wüsste gern, ob wir etwas weglassen könnten und hätten trotzdem noch alles, was wir für die Geschichte brauchen?

Ich wüsste gern, was das hier mit der Geschichte zu tun haben könnte?

KREATIVIDEE

Geben Sie den Kindern die Möglichkeit, die Geschichte für sich im Sand nachzuspielen. Dazu brauchen Sie:

- für jedes Kind ein Geschirrtuch
- Quarzsand, der auf die Tücher verteilt wird
- viele Bauklötze, alternativ können Sie mit den Kindern kleine Äste/Zweige sammeln oder selbst mitbringen, die sich die Kinder für ihre Figuren in die gewünschte Länge brechen

Imbiss: Planen Sie den bitte ein und machen Sie ihn, wann Sie es für angemessen halten!

GRUPPENPHASE/MITTLERE

Die Geschichte von David und Goliath mit Reibebildern

Das Prinzip von Reibebildern ist einfach. Es funktioniert wie das Durchrubbeln von Münzen, über die man ein Stück Papier gelegt hat.

Material und Anleitung

- Kopieren Sie die Vorlagen (s. CD-ROM/Das kommt von Herzen/Vorlagen Reibebilder) auf Kopierkarton und schneiden Sie sie aus.
- Befestigen Sie sie mit einem kleinen gerollten Stück Tesafilm oder Tesakrepp auf einer Pappunterlage, damit die Vorlagen nicht verrutschen können.

- Legen Sie ein entsprechend großes weißes Blatt Papier darüber. Evtl. sollte das Papier mit Tesafilm auf der Unterlage fixiert werden, damit es beim Reiben nicht verrutscht.
- Nehmen Sie Wachsmalblöcke (z. B. von Stockmar) und reiben Sie die entsprechende Szene durch.
- Verwenden Sie für die Philister und die Israeliten jeweils eine eigene Farbe.
- Sie können auch überlegen, für David, Goliat und Saul je eine eigene Farbe zu verwenden oder für Saul und Goliat einen dunkleren oder helleren Farbton entsprechend ihrer Soldaten (z. B. hell- und dunkelgrün etc.).
- Erzählen Sie erst und rubbeln Sie danach die entsprechende Szene frei. Sie können sich dafür Zeit lassen und sollten dabei dann nicht reden. Das Szenenbild entsteht auf diese Weise langsam vor den Augen der Kinder und diese haben Zeit, das Gehörte mit dem Bild abzugleichen. Wenn die Szene frei gerieben ist, erzählen Sie weiter.

DIE GESCHICHTE

Gott hatte David als neuen König ausgewählt. Aber noch war er nicht König. Noch war er ein sehr junger Mann. König war immer noch Saul. Doch David war an Sauls Hof. Er half Saul, wenn dieser dunkle und Angst machende Gedanken hatte. Dann spielte David für ihn auf der Harfe. Und das tröstete Saul. (Szene ganz frei reiben)

Es gab viel, worüber Saul sich Sorgen machte. Die Philister bedrohten Israel mit Krieg. Sie waren mit vielen Soldaten gekommen. (Philister-Seite frei reiben = rechts)
So zog Saul mit seinen Soldaten den Philistern entgegen. (Israel-Seite frei reiben = links)
In den Reihen der Philister aber gab es einen besonderen Soldaten. Sein Name war Goliat. Goliat war ein Riese. Seine Rüstung war stark und sein Wurfspieß gewaltig. (Goliat in der Mitte frei reiben)

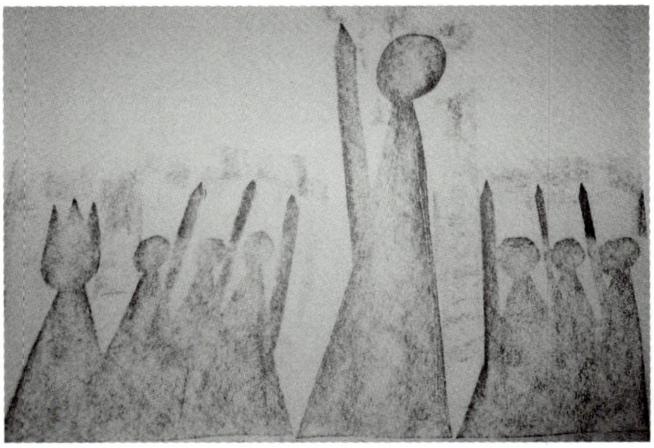

Goliat trat aus den Reihen der Philister hinaus. »Ha«, rief er den Israeliten entgegen, »seid ihr etwa zum Kämpfen her gekommen? Ich bin ein Philister! Und wer seid ihr? Sauls kleine Soldaten, ha, ha, ha. Wer von euch will gegen mich kämpfen, na? Wählt einen aus! Wenn er mich besiegt und tötet, dann werden wir uns unterwerfen und ihr dürft über uns bestimmen. Wenn aber ich gewinne, dann unterwerft ihr euch uns und wir bestimmen!« Damit drehte Goliat sich um und ging lachend zurück zu seinen Kameraden. »Ha, Ha, Ha!« Da drängten sich die israelitischen Soldaten um ihren König. Alle zitterten. Der Riese hatte ihnen große Angst gemacht. Keiner von ihnen wagte es, gegen diesen Goliat zu kämpfen.

Während Saul bei seinen Soldaten war, hatte David am Hofe nichts zu tun. Deshalb machte er sich auf den Heimweg nach Bethlehem. Zu Hause sollte er wieder die Schafe hüten, wie früher auch. So nahm er seinen Hirtenstock und die Schleuder und ging mit den Schafen hinaus. (Schafe und David frei reiben)
Manchmal schlich sich ein wildes Tier an, um eines der Schafe zu reißen. Dann legte David schnell einen Stein in die Schleuder und schleuderte ihn auf das Tier. (Erst das Tier frei reiben, dann den Stein dazwischen frei reiben)

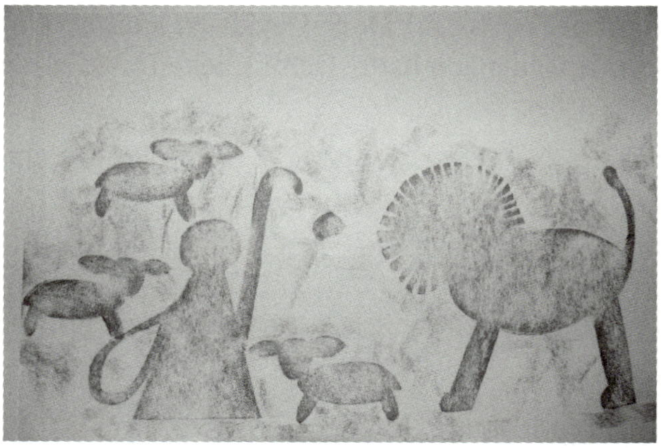

So verteidigte David die Schafe und beschützte sie.

Inzwischen machte sich Davids Vater Sorgen um seine Söhne, die bei Saul als Soldaten waren. So schickte er David los: »Geh, schau nach deinen Brüdern, ob es ihnen gut geht. Ich mache mir Sorgen.« So machte sich David auf den Weg ins Lager der Soldaten. Die Soldaten hatten sich in Schlachtordnung aufgestellt. Saul hatte endlich beschlossen in den Kampf zu ziehen. (Saul und Soldaten frei reiben) Gerade da traf David ein. (David frei reiben)

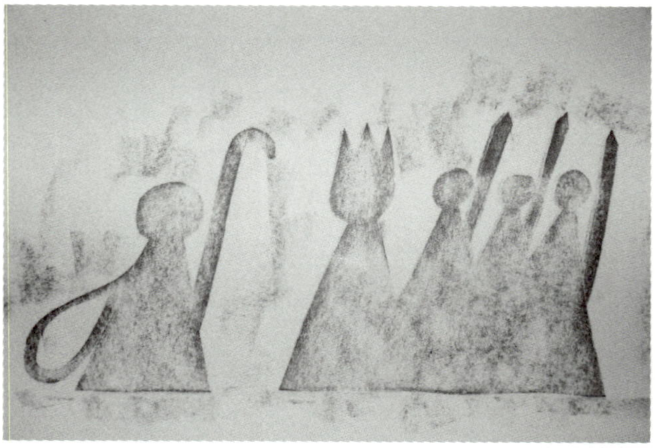

Während er noch Ausschau nach seinen Brüdern hielt, trat Goliat aus den Reihen der Philister. (Goliat frei reiben)

»Ha«, rief er den Israeliten entgegen, »seid ihr etwa zum Kämpfen her gekommen? Ich bin ein Philister! Und wer seid ihr? Sauls kleine Soldaten, ha, ha, ha. Wer von euch will gegen mich kämpfen, na? Wählt einen aus! Wenn er mich besiegt und tötet, dann werden wir uns unterwerfen und ihr dürft über uns bestimmen. Wenn aber ich gewinne, dann unterwerft ihr euch uns und wir bestimmen!« Und diesmal ging Goliat nicht wieder zurück!
Da liefen die Soldaten Israels voll Angst zurück. »Wer soll nur gegen diesen Riesen kämpfen?« »Was sollen wir nur tun?« »Er ist so furchtbar!« David sah ihre Angst. Sie kamen ihm vor wie seine Schafe, wenn der Löwe kommt. Da dachte er bei sich: »Gott hat mich ausgewählt. Er sieht etwas in mir, was andere nicht sehen. Er traut mir etwas zu! So wie ich sonst meine Schafe beschütze, so will ich jetzt die Soldaten Israels beschützen. Ja, das werde ich!«
Und so trat David vor und ging Goliat entgegen. (David frei reiben)

»Ich werde gegen dich kämpfen!«, rief er.
Die Israeliten blieben stehen. »Was«, sagten sie, »der Kleine will gegen den Riesen kämpfen?« Und sie kamen näher, um zu sehen, was geschehen würde.
Goliat aber rief: »Du Kleiner willst gegen mich kämpfen? Du hast keine Rüstung, du hast kein Schwert, du hast keinen Speer! Nur einen Stock hast du dabei. Willst du dich etwa über mich lustig machen?« Da rief David: »Ich habe meinen Stock und meine Schleuder. Damit verteidige ich auch meine Schafe gegen wilde Tiere. Und ich weiß, dass Gott mir etwas zutraut.« Da lachte Goliat. Doch David griff in seine Tasche, holte einen flachen Stein heraus und legte ihn in seine Schleuder.
Mit einer schnellen Drehung seines Arms schleuderte er den Stein heraus. (Stein frei reiben)

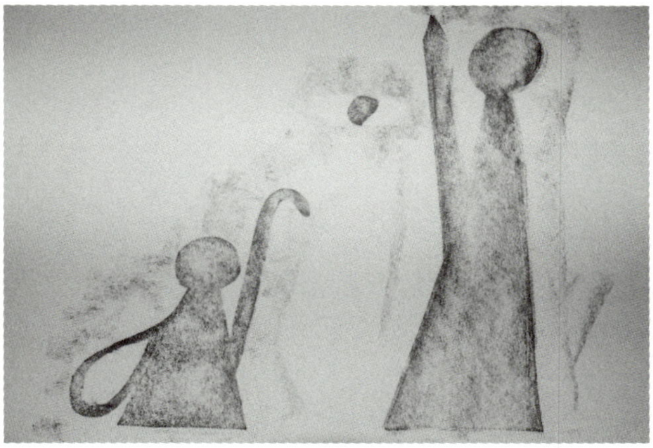

Der Stein traf Goliat mitten auf die Stirn und der Riese stürzte zu Boden. (ganze Szene frei reiben)

David aber sprang vor, nahm Goliats Schwert und schlug ihm den Kopf ab.
Als das die Israeliten sahen, stürmten sie den Berg hinunter, den Philistern entgegen. Doch die, ihres stärksten Kämpfers beraubt, ergriffen die Flucht.
Und so besiegte Israel an diesem Tag die Philister. David aber gewann die Achtung Sauls und seiner Soldaten. (ganze Szene frei reiben)

KREATIVIDEE

Jedes Kind kann sich nun seine eigene Reibebildergeschichte von David und Goliat machen.

Möglichkeit a:
Jedes Kind erhält entsprechend viele Blätter Papier und geht von Vorlage zu Vorlage, legt sein Papier darüber und reibt mit den Wachsmalblöcken selbst Bild für Bild frei. Die Bilder können dann als Bilderbuch aneinander getackert werden. Wer will, kann etwas aus der Geschichte dazu schreiben.

Möglichkeit b:
Die Kinder bekommen Papier, dünne Pappe, Scheren, Bleistifte, Radiergummis, Tesakrepp und Wachsmalblöcke. Sie können nun selbst Figuren und Szenen aus der Geschichte entwerfen, aufzeichnen, ausschneiden, fixieren und dann freireiben. Die fertigen Bilder können dann als Bilderbuch aneinander getackert werden. Wer will, kann etwas aus der Geschichte dazu schreiben.

Imbiss: Planen Sie den bitte ein und machen Sie ihn, wann Sie es für angemessen halten!

GRUPPENPHASE/ÄLTERE

Die Geschichte von David und Goliath zum Nachspielen/als Jeux Dramatiques

Material zum Verkleiden:
große Tücher/Umhänge/Kutten, Gürtel, Seile, Kostüme z. B. vom Krippenspiel, farbige Chiffontücher, Sicherheitsnadeln, Wäscheklammern

Material zur Dekoration und als Requisiten:
das eben entstandene »Davidherz«, »Schwerter«, »Speere«/Stöcke, Helme, Material, das als Rüstung verwendet werden kann, ein Wanderstab, eine Schleuder, eine Krone, eine »Harfe«, ein Stuhl als Thron, ein Beutel für David, Brot, Käse, eine Klangschale/Triangel/Glocke o. ä., um Anfang und Schluss des Spiels deutlich zu machen

Anleitung
Zunächst wird die Geschichte einmal vorgelesen.
Dann suchen sich die Kinder eine Rolle aus (mögliche Rollen: David, drei seiner Brüder, sein Vater Isai, König Saul, Diener Sauls, Soldaten Sauls, zwei Heerführer Sauls, Goliat, Soldaten der Philister, Schafe, ein wildes Tier; bei Älteren sind aber auch Rollen möglich, die Stimmungen ausdrücken wie Wut, Angst, Hoffnung, Mut, oder Gegenstände können zu Rollen werden, z. B. der Stein, den David schleudert etc.). Wichtig dabei: Die Kinder wählen frei. Bei jüngeren Kindern müssen mögliche Rollen benannt werden und es kann erst einmal gemeinsam überlegt werden, was man in dieser Rolle zu tun hat. Je älter die Kinder sind, umso weniger sollten Rollen benannt werden, weil das eine Engführung bedeutet. Alles in der Geschichte kann als Rolle gewählt werden. Wenn nicht jede Rolle besetzt ist, macht das nichts. Man denkt sich dann die Person und spielt mit »der Luft«. Auch wenn Rollen mehrfach besetzt sind, ist das in Ordnung. Dann stehen eben mehrere »Davids« nebeneinander. Evtl. regeln die Kinder solche Mehrfachbesetzungen selbst. Auf keinen Fall sollen die Mitarbeitenden dafür sorgen, dass alle Rollen und jede Rollen auch nur einfach besetzt sind. Stattdessen sollen sie die Kinder ermutigen, wirklich die Rolle auszusuchen, die sie spielen möchten! Wichtig ist, dass jedes Kind die Rolle übernehmen kann, die es sich selbst auswählt! Zu beachten: Wer nicht mitspielen, sondern nur zuschauen möchte, darf auch das!
Wichtig: Die Kinder müssen in ihren Rollen nichts sagen, sie spielen alles nur pantomimisch! Das muss ihnen vorher gesagt werden. Es kann sein, dass sie während des Spiels spontan etwas sagen. Das ist nicht schlimm.
Die Kinder sollen ihre gewählten Rollen durchhalten und weiter spielen, auch wenn in der Geschichte gerade nicht ausdrücklich von ihnen die Rede ist. Das muss man ihnen vor Spielbeginn sagen!
Nachdem die Rollen verteilt sind, verkleiden sich die Kinder, wie sie es für ihre Rolle für passend halten und suchen ihre Requisiten zusammen. Das braucht Zeit! Das Verkleiden ist der erste Schritt für die Kinder, in ihre Rolle hineinzufinden, sich damit zu identifizieren.
Wenn alle kostümiert sind, einigen sich die Kinder (mit Unterstützung der Mitarbeitenden) darauf, wo im Raum welche Szene spielt, dekorieren evtl. ein wenig dazu/richten die Szene her. Falls es mehrere Kinder in einer Rolle gibt (z. B. Soldaten der einen oder anderen Seite) können die sich noch ein wenig absprechen, wer was machen will.

Dann gibt es eine Interview-Runde, in der jeder noch einmal laut sagt, wen er spielt, und evtl. worauf es ihm dabei ankommt/was er selber dabei will. Dazu geht der/die Spielleiter/in als Reporter/in mit »Spiel-Mikro« (z. B. der Holzschläger der Klangschale o. ä.) herum und fragt jedes Kind: »Wer bist du? – Was möchtest du in der Geschichte erleben? – Was erwartest du, was hier gleich passieren wird?« (Z. B. »Ich bin Goliat und ich bin der stärkste. Mich kann keiner besiegen.« »Ich bin ein Soldat Sauls. Ich soll kämpfen, aber ich habe Angst.« etc.) Die Interview-Runde ist der zweite Schritt, der den Kindern hilft, in ihre Rollen hineinzufinden.
Wichtig: Die Gruppe spielt für sich selbst, sie spielt nicht für andere oder anderen vor, d. h. dieses Stück wird nachher NICHT vor allen Kindern oder den Eltern präsentiert! Es bleibt in der Gruppe.
Eine Klangschale wird angeschlagen als Zeichen, dass das Spiel beginnt.
Nun wird die Geschichte noch einmal langsam vorgelesen und die Kinder spielen dazu. Beim Vorlesen bitte darauf achten, dass die Kinder Zeit haben, eine Szene auszuspielen.
Am Schluss wird die Klangschale erneut angeschlagen zum Zeichen, dass das Spiel zu Ende ist.
Es kann sich eine »Wie war es? – Was habe ich als Goliat/als David/als Israelit usw. erlebt? – Wie ging es mir dabei?« – Runde anschließen. Dabei bleiben noch alle in ihren Rollen. Die Kinder können, müssen sich aber nicht äußern, d. h. es wird nicht jede Rolle einzeln abgefragt. Das ist anders als bei der Interview-Runde vor dem Spiel! In einem zweiten Durchgang kann über Beobachtungen gesprochen werden, die die Kinder während des Spiels gemacht haben.
Wenn Zeit ist und die Gruppe mag, kann die Geschichte ein zweites Mal mit neuer Rollenverteilung (wer möchte) gespielt werden.

DIE GESCHICHTE ZUM VORLESEN

König Saul war ein mächtiger König. Er hatte viele Soldaten. Jeden Tag ging er an seinen Soldaten vorbei und begutachtete seine Truppe. Doch wenn er wieder allein in seinem Palast war, dann bekam er oft große Angst. Er hatte dunkle Gedanken, die ihn quälten. Dann verkroch er sich hinter seinem Thron und wagte es nicht, wieder hervorzukommen. Er fühlte sich allein gelassen, von allen Menschen und von Gott. Wenn es wieder einmal so weit war, dann liefen Sauls Diener und suchten nach David. David war inzwischen nämlich am Hofe Sauls. Er war sehr jung, er war freundlich und er konnte gut auf der Harfe spielen. Die Diener liefen zu ihm und sagten: »Komm, Saul hat wieder dunkle Gedanken. Du musst auf der Harfe spielen, denn das vertreibt diese Gedanken und beruhigt ihn.« Dann nahm David seine Harfe und ging zum König. Nahe beim Thron setzte er sich hin und begann zu spielen. Und je länger er spielte, umso mehr beruhigte sich der König. Schließlich kam er hinter seinem Thron hervor, richtete sich auf und setzte sich dann ordentlich auf den Thron. David spielte noch ein bisschen weiter, so lange, bis der König ihm mit der Hand ein Zeichen gab zu gehen. Dann verließ David den Thronsaal.
Auf einem Berg in der Nähe sammelten sich unterdessen die Soldaten der Philister. Sie wollten gegen Saul kämpfen und sein Land erobern. Sie bauten ihr Heerlager auf. Einer von ihnen war ganz besonders riesig: Goliat. Die Philister waren sehr stolz auf diesen riesigen Krieger. Während sie ihr Lager errichteten, lief ein Diener zu Saul. »Mein König«, sagte er, »die Philister sammeln sich auf dem Berg. Sie wollen gegen uns kämpfen.« Da erhob sich Saul. »Ruf mir meine Heerführer!« Der Diener verschwand und kehrte bald darauf mit den beiden Heerführern zurück, die sich vor Saul verneigten. »Heerführer, die Philister rüsten zum Kampf gegen uns. Sie haben sich auf dem Berg versammelt. Macht meine Soldaten abmarschbereit. Wir werden auf dem Berg gegenüber Stellung beziehen.« Und so geschah es. Die Heerführer eilten zu den Soldaten und schon bald standen alle in Reih und Glied. Als der König kam, waren sie abmarschbereit. Vorneweg zogen die Heerführer,

dann folgten die Soldaten und am Ende ging der König. So zogen sie auf den Berg gegenüber den Philistern und stellten sich in einer Schlachtreihe auf. Als die Philister das sahen, stellten auch sie sich in einer Schlachtreihe auf. Und dann trat Goliat vor, ihr größter Kämpfer, ein Riese und stark wie drei Ochsen. Er reckte seinen Speer und warf sich in die Brust. »Ha«, rief er den Israeliten entgegen, »seid ihr etwa zum Kämpfen her gekommen? Ich bin ein Philister! Und wer seid ihr? Sauls kleine Soldaten, ha, ha, ha. Wer von euch will gegen mich kämpfen, na? Wählt einen aus! Wenn er mich besiegt und tötet, dann werden wir uns unterwerfen und ihr dürft über uns bestimmen. Wenn aber ich gewinne, dann unterwerft ihr euch uns und wir bestimmen!« Damit drehte Goliat sich um und ging lachend zurück zu seinen Kameraden. »Ha, Ha, Ha!« Da drängten sich die israelitischen Soldaten um ihren König. Alle zitterten. Der Riese hatte ihnen große Angst gemacht. Keiner von ihnen wagte es, gegen diesen Goliat zu kämpfen. Von nun an ging das jeden Tag so. Goliat trat vor, machte sich über Saul und seine Soldaten lustig und Sauls Leute zitterten vor Angst.

Während Saul bei seinen Soldaten war, hatte David am Hofe nichts zu tun. Deshalb machte er sich auf den Heimweg nach Bethlehem. Als er zu Hause ankam, schickte ihn sein Vater wieder zum Schafehüten. »So gehört es sich nun mal für den Kleinsten«, sagte er. Also nahm David seinen Stock und die Schleuder und führte die Schafe hinaus. Plötzlich blökten die Schafe aufgeregt. David sah sich um und entdeckte ein wildes Tier, das sich heranschlich. Da sprang David auf, nahm einen Stein, legte ihn in seine Schleuder und schleuderte ihn nach dem Tier. Mit erhobenem Stock stellt er sich vor die Schafe. Doch das war gar nicht mehr nötig. Das wilde Tier hatte jaulend die Flucht ergriffen. Und so brachte David die Schafe unversehrt nach Hause. Da sagte sein Vater zu ihm: »David, ich mache mir Sorgen um deine Brüder. Sie sind als Soldaten mit Saul gezogen und ich habe schon lange nichts mehr von ihnen gehört. Bitte geh ins Feldlager der Soldaten und sieh nach ihnen, ob es ihnen gut geht. Nimm ihnen auch frisches Brot und Käse mit. Und dann komm gleich zurück und berichte mir, hörst du!« David packte Brot und Käse in einen Beutel, nahm seinen Stock und die Schleuder und ging los. Als er sich dem Lager der Soldaten Sauls näherte, sah er, wie sie sich gerade in einer Schlachtreihe aufstellten. Er konnte auch die Philister auf dem anderen Berg sehen, die schon Aufstellung genommen hatten. Nun sollte es also endlich zum Kampf kommen. David war neugierig. Er legte den Beutel mit Brot und Käse ab und ging näher heran. Da trat auf einmal aus den Reihen der Philister ein Riese hervor, Goliat. Er zog sein Schwert und reckte es in die Höhe. »Ha«, rief er den Israeliten entgegen, »seid ihr etwa zum Kämpfen her gekommen? Ich bin ein Philister! Und wer seid ihr? Sauls kleine Soldaten, ha, ha, ha. Wer von euch will gegen mich kämpfen, na? Wählt einen aus! Wenn er mich besiegt und tötet, dann werden wir uns unterwerfen und ihr dürft über uns bestimmen. Wenn aber ich gewinne, dann unterwerft ihr euch uns und wir bestimmen!« Und er lachte grässlich. Da liefen die Soldaten Israels voll Angst zurück. »Wer soll nur gegen diesen Riesen kämpfen?« »Was sollen wir nur tun?« »Er ist so furchtbar!« David sah ihre Angst. Sie kamen ihm vor wie seine Schafe, wenn ein wildes Tier kommt. Da dachte er bei sich: »Gott hat mich ausgewählt. Er sieht etwas in mir, was andere nicht sehen. Er traut mir etwas zu! So wie ich sonst meine Schafe beschütze, so will ich jetzt die Soldaten Israels beschützen. Ja, das werde ich!« Und so trat David vor und ging Goliat entgegen. »Ich werde gegen dich kämpfen!« rief er. Die Israeliten blieben stehen. »Was«, sagten sie, »der Kleine will gegen den Riesen kämpfen?« Und sie kamen näher, um zu sehen, was geschehen würde. Goliat aber rief: »Du Kleiner willst gegen mich kämpfen? Du hast keine Rüstung, du hast kein Schwert, du hast keinen Speer! Nur einen Stock hast du dabei. Willst du dich etwa über mich lustig machen?« Da rief David: »Ich habe meinen Stock und meine Schleuder. Damit verteidige ich auch meine Schafe gegen wilde Tiere. Und ich weiß, dass Gott mir etwas zutraut.« Da lachte Goliat. Doch David griff in seine Tasche, holte einen flachen Stein heraus und legte ihn in seine Schleuder. Mit einer schnellen Drehung seines Arms schleuderte er den Stein heraus. Der Stein traf Goliat mitten auf die Stirn und der Riese stürzte zu Boden. David aber sprang vor, nahm Goliats Schwert und schlug ihm den Kopf ab. Als die Israeliten das sahen, stürmten sie den Berg hinunter, den Philistern entgegen. Doch die, ihres stärksten Kämpfers beraubt, ergriffen die Flucht. Und so besiegte Israel an diesem Tag die Philister. Alle jubelten. David aber gewann die Achtung Sauls und seiner Soldaten.

KREATIVIDEE

Das Verkleiden und Nachspielen braucht Zeit, so dass weitere Kreativideen entfallen.

Imbiss: Planen Sie den bitte ein und machen Sie ihn, wann Sie es für angemessen halten!

SCHLUSSPLENUM

Davidherzen werden auf die Königsfigur geklebt.

LIED: Gott setzt auf dich
(in: Kirche mit Kindern Liederbuch, hg. v. Rhein. Verband für Kindergottesdienst, S. 71)

Samuel: (tritt vor die große aufgeklebte Königsfigur) Nun weiß ich, warum Gott den kleinen David ausgesucht hat. Ich habe immer nur auf das Äußere geachtet (Jetzt kann er entweder noch mal vorlesen, was als Kennzeichen auf der Figur gesammelt ist oder er benennt Aspekte aus dem Anfangsanspiel). Aber Gott hat auf etwas ganz anderes geachtet, auf das Herz. (Samuel klebt ein großes rotes Herz auf die Figur. Das Herz ist aus rotem Tonpapier und hat Tesakrepprollen auf der Rückseite oder Doppelklebeband. Außerdem ist es aufklappbar (s. CD-ROM/Das kommt von Herzen/ Vorlage aufklappbares Herz). Innen sind einige Muggelsteine/Hozperlen/Kettmaterialien aufgeklebt, mindestens sechs, die die Kinder auch zu Beginn der Gruppenphase selbst zur Verfügung hatten.) Und bei David ist da so einiges drin, was man so von außen gar nicht gesehen hat. (Samuel klappt das Herz auf und die aufgeklebten Dinge werden sichtbar.) David hat Mut, er kämpft gegen wilde Tiere und gegen Goliat. Aber ansehen kann man ihm diesen Mut nicht. Er übernimmt Verantwortung, wenn er sich um seine Schafe kümmert. Aber ansehen kann man ihm das nicht. Er ist einfühlsam und liebevoll, wenn er für Saul auf der Harfe spielt. Aber ansehen kann man ihm das nicht. Es ist alles hier drin (Samuel zeigt auf das Herz an der Figur), in der Schatzkammer seines Herzens. Und da sind noch viel mehr Schätze drin (zeigt auf einige aufgeklebte Dinge). Aber was das wirklich ist, das weiß nur David – und Gott. Aber manchmal, da bekommen auch wir anderen einen dieser Schätze zu sehen, wenn David Harfe spielt, mutig kämpft oder sich um die Schafe kümmert. Tja, so eine Schatzkiste tragen wir alle in uns. (Samuel legt seine Hand auf die Stelle seines eigenen Herzens.) Sie macht uns aus. Und wenn uns einer so ganz richtig kennt und um unsere Schätze weiß, dann ist das Gott. Denn wir sehen nur, was wir vor Augen haben. Gott aber sieht unser Herz an. Darum hat er einen ausgewählt, den sonst keiner genommen hätte, einen Kleinen, einen, der noch ganz jung ist. Und ich durfte ihn salben, als Zeichen, dass Gott ihm etwas zutraut.

SALBUNG

Dieses Zeichen wollen wir nun auch an Euch weitergeben.
(Die Kinder sammeln sich bei ihren jeweiligen Gruppenmitarbeitenden. Die haben jeweils eine kleine Schale mit Salböl/Chrisamöl. Die Kinder können entscheiden ob, sie auf der Stirn oder in der Handinnenfläche gesalbt werden wollen.
Der Mitarbeitende sagt zu jedem Kind. »Gott kennt den Schatz in deinem Herzen. Er traut dir etwas zu und hat dich lieb.« Dann benetzt er einen Finger mit etwas Öl und zeichnet ein Herz auf die Stirn oder in die Handinnenfläche. Beim Zeichnen in die Handinnenfläche bitte die Spitze des Herzens zum Kind zeigen lassen!)

GEBET/VATERUNSER

SEGEN

LIED (mit Bewegungen): **Immer und überall**

(in: Kirche mit Kindern Liederbuch, hg. v. Rhein. Verband für Kindergottesdienst, S. 88)

Vorlage für das aufklappbare Herz

Bitte übertragen Sie das Aufklapp-Herz in der gewünschten Größe auf rotes Tonpapier. Schneiden Sie es aus. An den gestrichelten Linien wird gefaltet.

Entscheide dich, Jona!

EIN KINDERBIBELTAG zu Jona 1–4

von Christiane Zimmermann-Fröb

THEOLOGISCHE VORBEMERKUNGEN

Die Geschichte von Jona ist eine Entscheidungsgeschichte. Jona muss sich entscheiden, ob er Gottes Auftrag ausführen will. Die Menschen in Ninive müssen sich entscheiden, ob sie ihr Leben ändern wollen. Gott muss sich entscheiden, ob er sein Urteil über Ninive ändern will. Durchgehend ist, dass Gott sich immer wieder anbietet, um Menschen wirbt, auf ganz unterschiedliche Weise. Wenn Menschen Gott dann ernst nehmen, in ihre Mitte lassen, bekommen sie eine zweite Chance. So geht es Jona im Wal. Im Gebet kommt er Gott nahe, spürt Gottes Nähe und entscheidet sich dann dazu, Gottes Auftrag auszuführen. Der Wal spuckt ihn an Land: Jonas zweite Chance auf Leben. Die Menschen in Ninive glauben Jonas Worten. Sie erkennen, dass ihre bisherige Lebensweise nicht in Ordnung war, dass andere darunter leiden mussten. Daher ändern sie ihre Art zu leben. Das führt dazu, dass Gott nun auch sein bereits gefälltes Urteil über sie noch einmal ändert, sich umentscheidet. So bekommen die Menschen von Ninive ihre zweite Chance zum Leben.

Den Kindern soll an diesem Tag deutlich werden, dass auch sie immer wieder vor Entscheidungen stehen und immer wieder neu Entscheidungen treffen müssen. Dabei wird auch deutlich, dass einmal getroffene Entscheidungen nicht unumstößlich sind, sondern auch wieder verändert werden dürfen, wenn es anderen hilft. Selbst Gott handelt so!

ANKOMMEN

- Namensschilder ausgeben und von den Kindern beschriften und evtl. noch bemalen lassen
- Gruppeneinteilung (die Gruppeneinteilung kann über die Namensschilder erfolgen, z. B. haben alle Kinder einer Gruppe dasselbe Symbol oder dieselbe Farbe)
- Teilnehmerbeitrag einsammeln (falls es einen gibt)

PLENUM

BEGRÜSSUNG

LIED: **Einfach spitze** (mit Bewegungen)
(in: Kirche mit Kindern Liederbuch, hg. v. Rhein. Verband für Kindergottesdienst, S. 55)

TRINITARISCHER KERZENRITUS

Es werden drei Kinder ausgewählt, die während des Ritus jeweils eine Kerze anzünden. Der Ritus wird begleitet mit dem Lied »Du bist da, wo Menschen leben« in: Kirche mit Kindern Liederbuch, hg. v. Rhein. Verband für Kindergottesdienst, S. 37, oder Menschens Kinder Lieder 1, 42.

Im Namen des Vaters und des Sohnes und des Heiligen Geistes. Amen.

Die erste Kerze zünden wir an für Gott. Er hat uns das Leben gegeben und zu ihm kehrt es auch wieder zurück.

(Ein Kind zündet - gegebenenfalls mit Hilfe - die erste Kerze an. Alle singen: Du bist da, wo Menschen leben)

Die zweite Kerze zünden wir an für Jesus. Er hat uns gezeigt, dass Gott uns liebt und wie wir liebevoll miteinander umgehen können.

(Ein Kind zündet - gegebenenfalls mit Hilfe - die zweite Kerze an. Alle singen: Du bist da, wo Menschen lieben)

Die dritte Kerze zünden wir an für den Heiligen Geist. Er gibt uns Hoffnung und tröstet uns, wenn wir traurig sind.

(Ein Kind zündet - gegebenenfalls mit Hilfe - die dritte Kerze an. Alle singen: Du bist da, wo Menschen hoffen + Halleluja-Strophe mit Klatschen.

PSALM 34 MIT KEHRVERS

Ich will den Herrn loben allezeit.
Sein Lob soll immerdar in meinem Munde sein.

Gott will ich loben mit allem, was mir möglich ist.
Ich will euch anstecken mit meiner Freude.
Gemeinsam wollen wir Gott preisen und seinen Namen groß machen.

Ich will den Herrn loben allezeit.
Sein Lob soll immerdar in meinem Munde sein.

Hört meine Erfahrung: Als ich Gott brauchte, war er für mich da.
Als ich voller Furcht war, holte Gott mich heraus.

Ich schäme mich nicht, von meiner Angst zu reden.
Doch hört auch, wie Gott mir geholfen hat und singt mit mir:

Ich will den Herrn loben allezeit.
Sein Lob soll immerdar in meinem Munde sein.

Immer wieder erzähle ich davon: Gott hörte, als ich nach ihm schrie.
Gott half aus tiefer Not heraus. Ja, es ist wahr: So ist Gott. Er hilft.
Mit allen Sinnen könnt ihr erleben, wie freundlich Gott ist.
Gottes Freundlichkeit könnt ihr schmecken und sehen, hören und riechen und spüren.
Verlasst euch darauf!

Ich will den Herrn loben allezeit.
Sein Lob soll immerdar in meinem Munde sein.

Amen.
(aus: Dir kann ich alles sagen, Gott; hg. v. Rhein. Verband für Kindergottesdienst)

LIED: Du bist ein Gott, der mich sieht, Strophe 1–4
(in: Kirche mit Kindern Liederbuch, hg. v. Rhein. Verband für Kindergottesdienst, S. 40)

ANSPIEL
MITMACHGESCHICHTE MIT FRAGEUNTERBRECHUNG AN DIE KINDER

Bei der Mitmachgeschichte macht der Erzähler/die Erzählerin während des Erzählens Bewegungen, spielt Teile der Geschichte dazu. Die Kinder werden vorher gebeten, die Bewegungen mitzumachen. Auf diese Weise schlüpfen sie in unterschiedliche Rollen in der Geschichte und erleben sie mit. Bitte im Folgenden die kursiv gedruckten Aktivitäten und Anweisungen in der Erzählung spielen. Lassen Sie Pausen beim Erzählen, damit die Teile auch gespielt werden können.
Außerdem brauchen Sie eine/n Moderator/in, die die Geschichte mit Entscheidungsfragen an die Kinder unterbricht.

1. TEIL: EIN AUFTRAG FÜR JONA

Moderator/in: Heute geht es um ziemlich viele Entscheidungen. Auch Jona muss sich entscheiden, aber nicht nur er. Schauen wir einmal, was ihm passiert ist.

Erzähler/in: Eines Tages war Jona in seinem Garten. Er *grub* die Beete *um*. Plötzlich *hielt* er *inne*. Er *hörte* etwas (Hand lauschend ans Ohr legen). »Jona«, sagte jemand. Jona *sah* sich *um*. »Wer ist da?«, fragte er. Und eine Stimme antwortete: »Ich bin Gott. Ich habe einen Auftrag für dich. Geh (Arm ausstrecken und in eine Richtung zeigen) in die große Stadt Ninive. Die Menschen dort sind schlecht (Daumen nach unten). Sie sind gemein zueinander. Sie unterdrücken einander. Sie haben mich vergessen. Dafür wird die Stadt untergehen (eine wegwischende Bewegung mit einem Arm machen). Geh hin (Arm wieder ausstrecken und in eine Richtung zeigen) und sag ihnen das!« Die Stimme verstummte.

Jona *lief* aufgeregt im Garten *hin und her*. Er *knetete* die Hände. »Was soll ich nur tun? Wenn ich hingehe und den Menschen das sage, werden sie bestimmt wütend (Faust ballen und drohend schütteln) auf mich. Vielleicht werden sie mich sogar töten« (Bewegung wie Halsabschneiden machen).

Moderator/in: Was meint Ihr, wie könnte es weitergehen? Wie könnte Jona sich entscheiden? (Kinder antworten lassen, Überlegungen anstellen)

LIED: Jona will nicht nach Ninive, Strophe 1
(in: Menschens Kinder Lieder 2, 67)

Moderator/in: Schauen wir jetzt mal, wie es weitergeht.

2. TEIL: EIN SCHIFF, EIN STURM UND DANN?

Erzähler/in: »Nein, nein, nein (heftig mit dem Kopf schütteln), das mache ich nicht. Dieser Auftrag ist viel zu gefährlich. Am besten, ich verschwinde. Ich haue ab, bevor Gott mich wieder findet.« *Geduckt lief* Jona zum Hafen. Er entdeckte ein Schiff. Er rief (Hand rufend an den Mund legen): »Fahrt ihr weit weg?« »Ja, sehr weit.« Jona rief wieder (Hand wieder an den Mund): »Dann nehmet mich doch mit!« »Komm an Bord (einladende Bewegung mit dem ganzen Arm)!«, riefen die Matrosen. Da *bestieg* Jona das Schiff. Die Matrosen *machten* die Leinen *los*. Dann *setzten* sie die *Segel* und das Schiff fuhr los. Jona war erschöpft und müde (gähnen). Er *stieg* die Treppe *hinunter* zu einer der Kajüten unter Deck. Dort *legte* er sich *hin* und schlief ein. Inzwischen kam ein starker Wind auf (beide Hände an den Mund legen und laut pusten). Große Wellen türmten sich auf (mit beiden Armen große Wellen machen). Das Schiff *schwankte* gewaltig hin und her. Es war mitten in einen Sturm geraten. Doch Jona *lag* unter Deck und schlief. Oben an Deck *liefen* die Matrosen aufgeregt herum. Sie *holten* das Segel *ein*. Sie *warfen* ihre Ladung über Bord, damit das Schiff leichter würde. Doch das Schiff *schwankte* weiter wie verrückt. »Was sollen wir tun?«, riefen sie. »Wir beten zu unseren Göttern!« (Hände gefaltet oder aneinandergelegt nach oben recken) »Gott des Windes, strafe uns nicht!« »Ihr Götter des Wassers, habt erbarmen!« Doch der Wind blies (beide Hände an den Mund und pusten) und die Wellen (mit beiden Armen Wellen machen) tobten. »Unsere Götter helfen uns nicht!«, riefen die Matrosen. »Vielleicht kann uns der Fremde helfen, den wir an Bord genommen haben.« Sie *liefen* hinunter zu Jona. Sie *rüttelten* ihn. »Wach auf! Wir kommen in diesem Sturm um. Rufe zu deinem Gott. Vielleicht kann er uns retten!« Jona *stand auf*. »Ich glaube, der Sturm ist meinetwegen da. Denn ich (Hand auf die Brust legen) bin vor meinem Gott (Hand nach oben strecken) weggelaufen.« Da bekamen die Matrosen einen gewaltigen Schrecken (beide Hände erschrocken vor die Brust). Wie mächtig (mit beiden Armen Geste des Muskelanspannens machen) muss dieser Gott sein? Die Matrosen sagten: »Wir werden sterben (Bewegung wie Halsabschneiden machen) in diesem Sturm!« Da *legte* Jona einem die Hand auf die Schulter und sagte: »Werft mich ins Meer! Dann wird sich der Sturm beruhigen und ihr seid gerettet.« Und bei sich dachte Jona: »Wenn ich erst mal tot bin, dann kann Gott mich nicht mehr finden.« Doch die Matrosen erschraken (Hände vor den Mund nehmen). Sie sollten einen Menschen töten? Das durften sie doch nicht (mit einer Hand abwehrende Bewegung machen)! Da *schwankte* das Schiff wieder gefährlich.

Moderator/in: Was könnten die Matrosen tun? Was meint ihr? Wie könnten sie sich entscheiden? (Kinder antworten lassen, Überlegungen anstellen)

LIED: Jona will nicht nach Ninive, Strophe 2–7

Moderator/in: Schauen wir jetzt mal, wie es weitergeht.

3. TEIL: INS MEER

Erzähler/in: »Wir wollen nicht sterben (heftig mit dem Kopf schütteln)«, riefen die Matrosen. Sie *packten* Jona, *nahmen Schwung* und *warfen* ihn ins Meer. Da legte sich der Wind (Hände an den Mund, pusten, dann aushauchen und Hände langsam sinken lassen). Das Meer wurde ruhig (mit beiden Händen eine glatt streichende Bewegung machen) und das Schiff *hörte auf zu schwanken*. Jona aber *versank* im Meer. Doch Gott vergaß Jona nicht. Ein großer Wal (beide Arme wie einen dicken Bauch vor sich halten) schwamm heran (die Arme weiter so halten und mit ihnen ein langsames Gleiten durchs Wasser andeuten). Der *öffnete* sein Maul ganz weit und verschluckte (das »Arm-Maul« wieder schließen) Jona.

LIED: Jona will nicht nach Ninive, Strophe 8+9

Moderator/in: Und wie es mit Jona jetzt weitergeht, erfahrt ihr in den Gruppen.

GRUPPENPHASE

(Imbiss nach Gelegenheit einplanen)

In der Gruppenphase werden die Angebote hier nicht nach dem Alter der Kinder unterschieden. Wer will, könnte daher auch in altersgemischten Gruppen arbeiten. Kleine und Große lernen dann mit- und voneinander und unterstützen sich nach ihren Fähigkeiten. Es kann aber auch wie gewohnt in verschiedenen Altersgruppen gearbeitet werden.

DAS JA/NEIN-STUHLSPIEL IN ZWEI GRUPPEN

Hierbei geht es um das Sich-entscheiden-Müssen. Es geht nicht um richtig oder falsch. Allerdings wird das den Kindern nicht gesagt, sonst verliert das Entscheiden an Bedeutung und die Kinder werfen ihr Taschentuch (s. u.) einfach nur noch in den nächsten Korb.
Die Gruppe wird in zwei Teams aufgeteilt. Jedes Team sitzt in einer Stuhlreihe hintereinander. Beide Stuhlreihen stehen parallel zueinander. Jedes Kind bekommt ein Tempotaschentuch in die Hand. Die Tempotaschentücher von einem Team sind weiß, auf denen des anderen Teams ist jeweils ein Farbfleck. Ein/e Mitarbeitende/r sitzt den Teams mittig auf einem Stuhl gegenüber. Rechts und links neben dem Stuhl steht jeweils ein Korb/eine Schüssel o. ä. An einem Korb ist ein Schild mit der Aufschrift »Ja«, am anderen eins mit »Nein« angebracht. Der/Die Mitarbeitende stellt nun Entscheidungsfragen. Jeweils das erste Kind in jeder Stuhlreihe muss sich für »Ja« oder »Nein« entscheiden, vorlaufen, das Tempotaschentuch in den entsprechenden Korb legen (Tempotaschentücher lassen sich nämlich nicht gut werfen, d. h. die Kinder müssen schon bis zum Korb laufen) und ans Ende seiner Stuhlreihe laufen und sich dort hinsetzen. Alle anderen aus seiner Reihe rutschen inzwischen einen Platz weiter nach vorn. Wenn wieder zwei Kinder vorn sitzen, wird die nächste Frage gestellt. Man kann das Spiel in zwei Durchgängen spielen (bei wenigen Kindern pro Team ist das sinnvoll), einmal mit Entscheidungsfragen zur Geschichte, einmal mit Fragen aus dem Alltag der Kinder. Wenn Sie viele Kinder pro Team haben, können Sie sich für eine der beiden Möglichkeiten entscheiden. Wenn Sie beide Durchgänge spielen, ist es sinnvoll, mit den Fragen zur Geschichte zu beginnen und im zweiten Durchgang die Alltagsfragen zu nehmen.

Mögliche Fragen zur Geschichte (bitte nach Kinderanzahl auswählen):
1. Glaubt Jona an Gott?
2. Läuft Jona vor Gott weg?
3. Ist das eine gute Idee?
4. Sollte Gott sich einen anderen für den Auftrag suchen?
5. Würdest du so einen Auftrag annehmen?
6. Ist das Schiff eine gute Möglichkeit, um vor Gott wegzulaufen?
7. Hättest du dich – so wie Jona – schlafen gelegt, wenn du gerade auf der Flucht bist?
8. Hast du Angst bei Sturm?
9. Werfen die Matrosen Jona ins Wasser?
10. Darf man einen Menschen töten?

Mögliche Fragen zum Alltag (bitte nach Kinderanzahl auswählen):
1. Als Nachtisch gibt es Schokoladen- oder Erdbeereis? Nimmst du das Schokoladeneis?
2. Du guckst gerade einen spannenden Film. Deine Freunde klingeln und fragen, ob du zum Spielen rauskommst. Gehst du mit?
3. Du darfst dir ein Buch oder eine CD aussuchen. Nimmst du das Buch?
4. Bei der Mathearbeit möchte dein Nachbar abgucken. Der Lehrer schaut schon misstrauisch. Lässt du deinen Nachbarn abgucken?
5. Deine Eltern sagen: »Wir können am Wochenende ins Kino gehen oder in den Zirkus. Du darfst entscheiden.« Entscheidest du dich für den Zirkus?
6. Dir ist aus Versehen etwas kaputtgegangen. Keiner hat es bemerkt. Sagst du trotzdem Bescheid?

7. Deine Oma und deine beste Freundin/bester Freund feiern am selben Tag Geburtstag. Gehst du zu deiner Freundin/deinem Freund?
8. Deine Mutter zeigt dir zwei Pullover zur Auswahl, einen grünen und einen blauen. Nimmst du den blauen?
9. Deine Schwester/Dein Bruder hat sich total mit dir gezankt. Direkt danach will sie/er sich wieder mit dir vertragen. Willst du das jetzt auch?
10. Du bist im Schwimmbad auf den Dreier geklettert. Von unten sah es gar nicht hoch aus. Als du von oben runtersiehst, ist es auf einmal sehr hoch. Springst du?

4. TEIL: ENTSCHEIDUNG IM WAL

ERZÄHLEN UND VERTIEFEN MIT ZUCKERKREIDE

Material
- für jedes Kind ein Bogen schwarzes Tonpapier
- Küchenpapier für die Kreide und zum Hände abwischen
- Zuckerkreide (dazu normale farbige Schulkreide in der Mitte durchbrechen und für mindestens 30 Minuten in eine gesättigte Zuckerlösung legen, d. h. es ist so viel Zucker im Wasser, dass er sich beim Rühren nicht mehr auflöst. Achtung: Sie brauchen nicht viel Wasser, die Kreide soll nur eben bedeckt sein. Die Kreide direkt vor dem Erzählen aus dem Wasser nehmen und auf Küchenpapier bereitlegen. Gemalt wird mit der nassen Kreide. Mit der Kreide kann wie mit einem Stift gemalt werden. Man kann das Kreidestück aber auch quer auf das Papier legen und breite Bahnen ziehen. Das Bild ist erst nur unklar zu erkennen, so, wie wenn man mit Kreide auf einer feuchten Tafel schreibt. Beim Trocknen kommen die Farben heraus. Durch die Zuckerkristalle wird die Farbe sehr leuchtend und die Kreide lässt sich nach dem Trocknen nicht mehr verwischen. Danach brauchen die Kinder die Möglichkeit, sich die Hände zu waschen.)

DIE GESCHICHTE

Ich möchte euch erzählen, wie es mit Jona weiterging. Der Wal hatte ihn verschluckt. Nun saß Jona im Inneren des Wals. Es war ganz finster. Es war feucht und es roch muffig. »Ich bin nicht ertrunken«, dachte Jona. So viel war ihm klar. Aber das machte ihn nicht froh. Er konnte nichts sehen in der Finsternis. Ihm war kalt, denn er war ganz durchnässt. Und er war allein, mutterseelenallein. »Hallo«, sagte Jona, »ist hier jemand?« Doch keiner antwortete. »Wer soll hier unten schon sein«, dachte Jona, »kein Mensch ist hier außer mir. Nun ja, ich wollte ja weg, weglaufen vor Gott, und jetzt bin ich so richtig weg, weiter geht es wohl nicht mehr. Aber hier habe ich Angst. Gibt es denn keinen, der mich hört? Ich wünschte, Gott wäre hier und könnte mich hören.« Und weil er so verzweifelt war, begann Jona mit Gott zu reden. »Ich wollte vor dir weglaufen, Gott, aber ich glaube das geht nicht. Ich glaube, du bist da, denn wie soll es sonst gekommen sein, dass ich nicht ertrunken bin? Ich lebe, aber lebendig fühle ich mich nicht. Ich sitze in der Tiefe und der Finsternis. Es ist, als ob der Tod selbst sein Maul aufgesperrt und mich verschluckt hätte. Ich sitze hier allein im Rachen des Todes. Aber selbst dort bist du, Gott, und hörst mich. Das glaube ich ganz feste. Du hast mich in die Tiefe, in das tiefste Meer geworfen. Die Wellen sind über mir zusammengeschlagen. Ich dachte, du bist zornig mit mir. Ich dachte, du willst mich nicht mehr sehen. Aber das stimmt nicht. Du hast mich gerettet. Du hast mich nicht ertrinken lassen. Ich wollte vor dir weglaufen, nichts mehr von dir hören. Aber hier unten, ganz allein, als ich nicht mehr weiterwusste, da habe ich an dich gedacht. Und du hast mich gerettet. Du hörst mich, wenn ich zu dir rufe und du hilfst mir. Ich werde nicht sterben, ich werde leben. Dafür danke ich dir, mein Gott.« Und Gott hörte Jona. Da schwamm der Wal an die Küste und spuckte Jona aus.

ANLEITUNG

»Ihr bekommt jede/r einen Bogen schwarzes Tonpapier, so schwarz, wie es im Bauch des Wals war. Hier sind Kreiden. Ich bitte euch aufzumalen, was Jona im Bauch des Wals erlebt hat, wie er sich dort gefühlt hat.«

Wenn die Kinder fertig sind, werden die Bilder ausgelegt oder aufgehängt und in einer Museumsrunde angeschaut. Wer mag, kann etwas zu seinem Bild erzählen, muss aber nicht.

Frage: Der Wal hat Jona wieder an Land gespuckt. Was meint ihr: Wie entscheidet sich Jona jetzt? Wird er nach Ninive gehen und Gottes Auftrag ausführen, oder wird er nach Hause gehen?

(Kinder antworten und begründen lassen).

5. TEIL: NINIVE ENTSCHEIDET SICH – ERZÄHLVORSCHLAG IM SAND

Material

- ein Sanderzählsack, zu bestellen beim Rhein. Verband für Kindergottesdienst, Missionsstr. 9a, 42285 Wuppertal, Tel. 0202 2820310, Fax 0202 2820440, E-Mail: kigo@ekir.de, www.kindergottesdienst.org, Kosten ca. 30,- €; Anleitung zum Selbernähen unter: www.godlyplay.de, dort »Materialien« (das findet sich in der rechten Randspalte) anklicken, dann scrollen bis »Weitere Tipps zu Materialien« und dort »Schnittmuster für einen Wüstensack« anklicken oder eine flache Kiste/alte Schublade mit stabilem Boden
- Quarz- oder Fugensand (der ist ganz fein, beim Kauf trocken und hat im Gegensatz zum Vogelsand keine riechenden Zusätze!), alternativ: feiner Spielsand (Achtung, der ist beim Kauf immer nass und muss ausgepackt erst gut durchtrocknen!)
- Holzfiguren (z. B. die Volk Gottes-Figuren bei www.godlyplay-materialien.de oder Figurenkegel bei www.shop.labbe.de)
- Bauklötze
- ein Korb/Tablett, in/auf dem sich das Erzählmaterial befindet

Die Fotos im Text sind jeweils aus der Sicht des/der Erzählenden aufgenommen!

WAS MAN TUT	WAS MAN ERZÄHLT
Bringen Sie den Korb mit den Erzählmaterialien und den Sandsack in die Mitte. Öffnen Sie den Sandsack. Streichen Sie den Sand etwas glatt. Formen Sie links vor sich einen kleinen Hügel.	
Zeigen Sie die Jonafigur herum und stellen Sie sie dann direkt vor sich in den Sand. 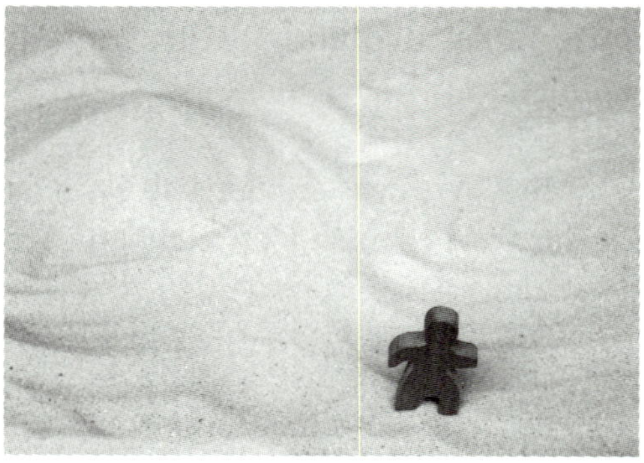	Der Wal hatte Jona wieder an Land gespuckt. Da stand Jona nun und sah sich um. »Ich lebe«, dachte er, »ich habe eine zweite Chance bekommen.« Da hörte er Gottes Stimme. »Jona, geh nach Ninive. Die Menschen dort sind gemein zueinander. Sie unterdrücken einander. Sie haben mich vergessen. In 40 Tagen wird ihre Stadt untergehen. Sage ihnen das.« Und dieses Mal sagte Jona: »Ja, das will ich tun.«
Lassen Sie Jona ein wenig nach vorn durch den Sand gehen.	Und er machte sich auf den Weg.
Bauen Sie mit den Bauklötzen eine Stadtmauer mit Tor.	Bald sah er von Weitem die Mauern einer Stadt, Ninive.
Bauen Sie mit den Bauklötzen Häuserumrisse und einen Palast. Lassen Sie in der Mitte der Stadt einen freien Platz.	Die Stadt war voller Häuser. Es gab auch einen Palast und einen großen Platz.
Stellen Sie Figuren in die Häuser. 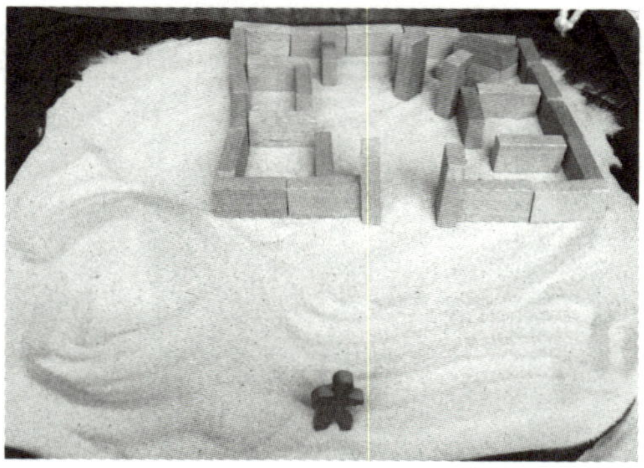	Viele Menschen lebten dort.
Zeigen Sie den König und setzen Sie ihn dann in seinen Palast.	Ninive hatte auch einen König.

Bewegen Sie Jona durch den Sand zum Stadttor und lassen Sie ihn hindurchgehen. Bewegen Sie ihn dann zum großen Platz.

Langsam ging Jona auf das Stadttor zu und betrat dann die Stadt. Er suchte den größten Platz in der Stadt. Dort stellte er sich hin. »Hört alle her!«, rief er. »Gott hat mich zu euch geschickt.«

Lassen Sie einige der Figuren zu Jona auf den Platz gehen.

Einige Leute kamen näher. »Es steht schlecht um eure Stadt.«

Lassen Sie weitere Figuren kommen.

Mehr Menschen kamen hinzu. »Gott hat gesehen, wie ihr lebt. Ihr seid gemein zueinander. Ihr unterdrückt euch gegenseitig. Ihr habt Gott vergessen. Ihr habt euch gegen ihn entschieden.« Die Leute tuschelten miteinander.

Lassen Sie noch mehr Figuren kommen.

Noch mehr Menschen kamen herbei. »Eure Stadt wird untergehen. Ihr habt noch 40 Tage!«

Lassen Sie Jona aus der Stadt herausgehen und auf den kleinen Hügel links vor Ihnen steigen.

Als Jona das gesagt hatte, verließ er die Stadt und stieg auf einen kleinen Hügel in der Nähe. »Ich will doch mal sehen, wie es weitergeht«, dachte er bei sich.

Die Menschen in der Stadt waren sehr aufgeregt. »Einer muss dem König Bescheid sagen!«, riefen sie.

Eine Figur in den Palast laufen lassen und vor den König stellen.

Und so rannte einer zum Palast. Er trat vor den König und erzählte: »Da war ein Fremder. Er kam im Auftrag Gottes. Er sagte: ›Es steht schlecht um eure Stadt. Gott hat gesehen, wie ihr lebt. Ihr seid gemein zueinander. Ihr unterdrückt euch gegenseitig. Ihr habt Gott vergessen. Ihr habt euch gegen ihn entschieden. Eure Stadt wird untergehen. Ihr habt noch 40 Tage!‹ Was sollen wir jetzt nur tun, mein König?«

Warten Sie einen Moment. Nehmen Sie dann Blickkontakt mit den Kindern auf.

Ja, ich frage mich, wie sich die Menschen in Ninive nun entscheiden? Was werden sie wohl tun? (Kinder antworten und begründen lassen)

Kehren Sie mit Ihrem Blick zu der Szene im Sand zurück.

Schauen wir, wie es weitergeht.

Der König sagte: »Wir müssen uns ändern. Wir wollen uns für Gott entscheiden. Wir werden unser Leben ändern. Vielleicht wird die Stadt dann gerettet werden.«

Bewegen Sie die eine Figur vom König zurück auf den Platz.

Und er schickte einen Boten auf den Platz. Der rief: »Hört, was der König sagt: ›Wir müssen uns ändern. Wir wollen uns für Gott entscheiden. Wir werden unser Leben ändern. Vielleicht wird die Stadt dann gerettet werden.‹«

Bewegen Sie die Figuren vom Platz in die verschiedenen Häuser. Lassen Sie auch mal zwei zusammengehen, die sich gegenseitig stützen.

Und das taten die Menschen. Sie kehrten in ihre Häuser zurück. Sie halfen einander. Sie wurden freundlich zueinander. Sie unterstützten sich. Und sie ließen Gott wieder in ihr Leben.

Warten Sie einen Moment. Nehmen Sie dann Blickkontakt mit den Kindern auf.

Ja, und nun frage ich mich, wie sich Gott wohl entscheiden wird? Was meint ihr? Wird Ninive gerettet oder wird die Stadt untergehen?
(Kinder antworten und begründen lassen)

Kehren Sie mit Ihrem Blick zu der Szene im Sand zurück.

Schauen wir, wie es weitergeht.

Jona saß auf seinem Hügel und wartete darauf, dass die Stadt untergehen würde. Doch nichts geschah. Gott hatte sich anders entschieden, denn er hatte gesehen, wie die Menschen von Ninive sich geändert haben.

Jona auf dem Hügel hin- und hergehen lassen.

Jona aber wurde zornig. Wütend lief er hin und her. »Wie kannst du das tun, Gott? Wie kannst du dich umentscheiden? Da schickst du mich los, um den Menschen zu sagen ›Eure Stadt wird untergehen‹ und dann stimmt das gar nicht. Wie stehe ich jetzt da? Warum sollte ich dann überhaupt gehen?«

Warten Sie einen Moment. Nehmen Sie dann Blickkontakt mit den Kindern auf.

Ich würde gern wissen, ob Gott sich umentscheiden darf?
(Kinder antworten und begründen lassen)

6. TEIL: GOTTES ENTSCHEIDUNG – EINE KLEINE PHANTASIEREISE UND ARBEIT MIT TON

Material
- vor jedes Kind wird ein DIN A4 Blatt gelegt
- auf jedes Blatt kommt eine etwa tennisballgroße Kugel aus weichem, eventuell lufttrocknendem Ton

Wisst ihr, Jona hat Gottes Entscheidung, Ninive zu retten, nicht verstanden. Da hat Gott sich entschlossen, es Jona zu erklären. Diese Erklärung könnt ihr nun erleben. Ich lade euch zu einer kleinen Phantasiereise ein. Wer mag, kann die Augen schließen.

(Bitte sprechen Sie langsam und lassen Sie Pausen zwischen den Sätzen.)

Du sitzt auf einem sandigen Hügel.
Der Sand ist warm.
Die Sonne scheint.
Es ist schön.
Dir wird warm.
Die Sonne blendet dich.
Dir wird heiß.
Du schaust dich um. Nichts ist da, was dir Schatten gibt.
Da entdeckst du eine kleine Pflanze.
Sie wächst. Sie wächst schnell und wird immer größer.
Bald ist sie größer als du.
Ihre breiten Blätter geben Schatten.
Du setzt dich unter die Pflanze.
Dort ist es angenehm. Es ist kühler.
Du freust dich über die Pflanze.
Du gewinnst sie lieb.
Sie spendet dir kühlen Schatten.
Doch auf einmal welken die Blätter.
Sie werden braun und rollen sich zusammen.
So schnell wie die Pflanze gewachsen ist, verdorrt sie wieder.
Du sitzt wieder in der heißen Sonne.
Vielleicht bist du traurig, weil die Pflanze nicht mehr da ist, vielleicht wütend oder erstaunt. Die Pflanze war dir wichtig geworden, obwohl du dich nicht selbst um sie gekümmert hast, obwohl sie von allein gewachsen war, ohne dein Zutun.
Da hörst du eine Stimme.
Sie sagt: Du bist traurig oder ärgerlich oder erstaunt, weil die Pflanze nicht mehr da ist. Sie war dir wichtig geworden. Mir sind die Menschen in Ninive wichtig. Ich habe mich um sie gekümmert. Ich habe sie lieb gewonnen. Ich wäre sehr traurig, wenn sie nicht mehr da wären.
Verstehst du jetzt?
Unsere kleine Reise ist nun zu Ende. Lasst, wenn möglich, die Augen noch geschlossen und tastet nach der Tonkugel vor euren Füßen. Nehmt sie in die Hand und formt mit geschlossenen Augen das, was euch in der Geschichte wichtig geworden ist. Wer fertig ist, legt sein Werk auf das Blatt zurück und öffnet dann die Augen.

(Wenn alle fertig sind, kann jede/r ihrem/seinem Kunstwerk einen Titel geben, das Geformte in die Mitte stellen und den Titel laut sagen.)

KREATIVIDEE
EINE JA/NEIN-ENTSCHEIDUNGSHILFE BAUEN

Material
- Lufttrocknende Modelliermasse,
- DIN A5 Laminierfolie, die dickere
- kleine Holzperlen (Größe bitte den gerollten Röhren anpassen, die Perlen müssen gut hineinpassen und auch leicht wieder ausgekippt werden können.)
- Pappunterlage
- Edding
- Tacker
- Gummibänder

Anleitung
Die Laminierfolie auseinanderziehen, zu zwei Röhren rollen und die Röhren tackern, damit sie nicht wieder aufgehen. Sie können zusätzlich mit Gummibändern gehalten werden. Mit dem Edding die eine Röhre als Ja-, die andere als Nein-Röhre kennzeichnen. Aus der Modelliermasse auf der Pappunterlage eine Schale formen, die an einer Randseite breiter und höher ist. Dort werden die beiden Röhren aufrecht hineingesteckt und festgedrückt. Wenn die Modelliermasse getrocknet ist, können die Perlen in die Schale gelegt werden. Nach dem Trocknen kann die Pappunterlage entfernt werden. Für den Transport nach Hause ist die Pappunterlage aber noch sinnvoll. Bei schweren Entscheidungen kann man die Argumente abwägen und jeweils Perlen für jedes Argument in die Ja- bzw. Nein-Röhre werfen. Man sieht dann leicht, welche Seite schließlich überwiegt, und kommt so leichter zu einer Entscheidung.
Skizze der Ja/Nein-Entscheidungshilfe

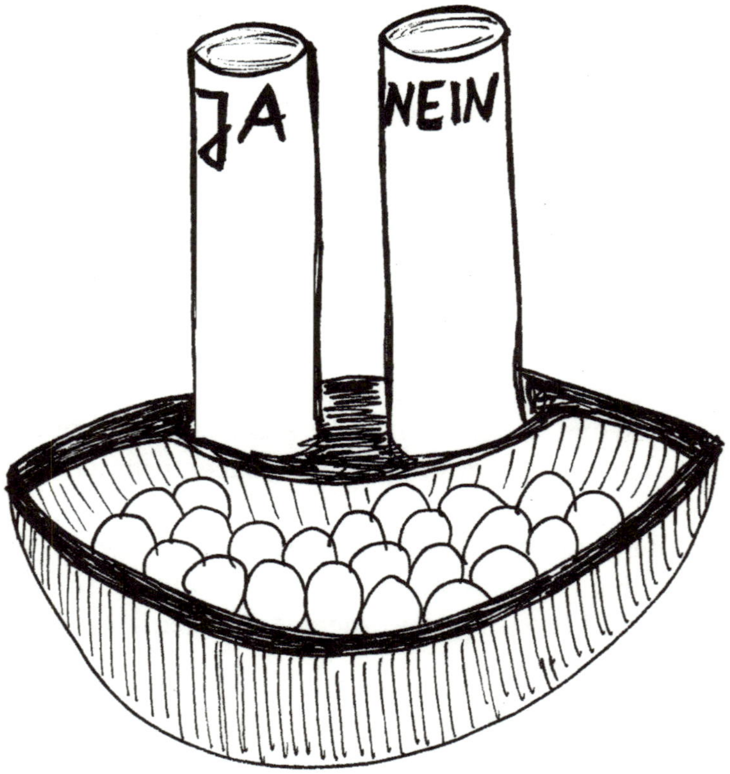

SCHLUSSPLENUM

LIED: Jona will nicht nach Ninive, Strophe 10–16

MODERATOR/IN UND JONA

(der eine gebastelte Entscheidungshilfe (s. o.) mitbringt)

Moderator/in:	Na, Jona! Das war ja ganz schön viel Hin und Her in deiner Geschichte.
Jona:	Oh ja! Erst wollte ich vor Gott weglaufen, dann hab ich mich umentschieden und nach ihm gerufen.
Moderator/in:	Und die Leute in Ninive?
Jona:	Erst wollten die nix mehr von Gott wissen und haben sich nicht umeinander gekümmert. Dann haben sie sich umentschieden und alles anders gemacht, besser.
Moderator/in:	Und Gott?
Jona:	Ja, sogar Gott hat sich umentschieden. Darüber war ich erst sauer, aber dann habe ich es verstanden. Man muss sich immer wieder neu entscheiden, sogar Gott.
Moderator/in:	Und wir Menschen erst recht.
Jona:	Genau. Darum habe ich jetzt auch so eine geniale Entscheidungshilfe dabei. (zeigt die gebastelten Röhren mit den Perlen in der Schale)
Moderator/in:	Und was machst du damit?
Jona:	Sie hilft mir, eine Entscheidung zu finden. Ich kann beide Seiten abwägen. Und wenn ich später noch mal vor derselben Frage stehe, dann bewerte ich es vielleicht anders und …
Moderator/in:	… entscheidest dich um.
Jona:	Genau. Wir müssen uns immer wieder neu entscheiden. Manchmal hilft da Nachdenken, manchmal braucht es Mut. Aber es lohnt sich. Für mich hat es sich gelohnt.
Moderator/in:	Und für die Menschen in Ninive auch.

LIED: Jona will nicht nach Ninive, Strophe 17–19

GEBET/VATERUNSER

SEGEN

LIED: Du bist ein Gott, der mich sieht, Strophe 5–7

Advent: Ein kleiner Kurs zur Geburtsvorbereitung

WAS BRAUCHT DIE WELT, WORAUF WARTEN WIR? EIN KINDERBIBELTAG IM RAHMEN EINES GEMEINDLICHEN ADVENTSTAGES

von Manfred Burdinski

Dieser Kinderbibeltag ist als zeitlich begrenztes Angebot für Kinder während eines gemeindlichen Adventstages oder Basars gedacht. Er kann bausteinartig verwendet werden. Das Rollenspiel kann von der Kreativphase getrennt und diese als dauerndes Angebot für Kinder während der Veranstaltung angeboten werden. Das Rollenspiel kann auch als Teil eines Gottesdienstes zu Anfang oder am Schluss eines Adventstages oder Basars stehen (siehe Alternativvorschlag unten). Der Gesamtentwurf reicht auch für einen Kinderbibeltag im Advent. Bei kürzeren Zeitfenstern können einzelne Stationen weggelassen werden, wobei der Text dann entsprechend geändert werden muss.

DIE GEBURTSVORBEREITUNG

Advent heißt: Warten auf das Weihnachtsgeschehen. Werden Kinder gefragt, worauf sie warten, antworten die meisten: »Auf die Geschenke« oder »auf die Geburt von Jesus.« Hier gilt es, beide Aussagen in Bezug auf Advent und Weihnachten zusammenzubringen: Advent ist sozusagen der Geburtsvorbereitungskurs für Weihnachten. Geburtsvorbereitung heißt dabei, sich auf das, was kommt, zu konzentrieren, auf den Tag der Geburt hin zu leben, ja sogar die Veränderungen im Leben, die das neu geborene Kind dann bewirkt, schon so weit wie möglich zu gestalten. Ein Raum wird für das Kind geschaffen (Wiege oder auch schon das Kinderzimmer), der Tagesablauf wird verändert und auf das erwartete Kind abgestimmt. Bei der Geburt selbst wird die Wohnung oder das Haus oft besonders geschmückt (Leine mit Babykleidung oder Storch auf dem Dach). Alle Welt soll von dem Glück der Geburt erfahren. Oft reden die Eltern von einem Geschenk, weil das Kind ihnen einen neuen oder zusätzlichen Sinn des Lebens gibt. All dies ist eine Erfahrungsebene, auf der die Kinder das Warten auf Weihnachten analog nachvollziehen können.

Allerdings sollte es nicht allein bei dieser Deutung und Wahrnehmung bleiben. Jedes Jahr Weihnachten zu feiern heißt mehr, als einfach einen Geburtstag zu begehen. Das Geschenk Gottes durch die Geburt Jesu sind die Gemeinschaft stiftenden Hilfen und Angebote zum Leben, seine Liebe zu den Menschen. Sie äußert sich im Licht, das er der Welt durch seine Orientierungshilfen (Gebote) gibt; im Frieden, den er der Welt ermöglicht, wenn die Menschen seine Hilfen annehmen; in seinem Heil, wenn Menschen seinen Trost spüren; in Hoffnung und Freude, wenn Menschen sich segnen lassen; im Brot für die Welt, wenn Menschen lernen zu teilen; in der Rettung der Welt, wenn die Menschen den Garten Gottes, die Erde, nicht am Blühen hindern, sondern ihn pflegen und fördern. All diese Geschenke legt uns Gott mit Jesu Geburt ans Herz. Das alles haucht er dem Menschen Jesu bei seiner Geburt förmlich ein.

Dies ist sicherlich analog zum Taufgeschehen zu sehen, wenn der Geist Gottes Raum findet in Jesus. Gott gibt dem kleinen Baby all diese Fähigkeiten mit. In Jesu Botschaft werden diese Geschenke auch uns heute nahegebracht. In dieser Botschaft offenbart sich Gott immer wieder neu zu allen Zeiten. Er schenkt uns diese Botschaft. Wir sollen damit das machen, was man mit Geschenken macht: sie auspacken und sie gebrauchen.

ANKOMMEN

Kinder gestalten Namensschildchen, geben ihre Schulklasse an und erhalten eine dementsprechende Farbkarte, auf die das Namensschild geklebt wird. Symbol für das Namensschild kann eine Kerze sein, die mit dem Namen des Kindes versehen auf eine runde farbige Fotokartonscheibe geklebt wird. (Beispiel: rot für die älteren Kindergartenkinder und Erstklässler, grün für die Kinder der zweiten und dritten Klasse, blau für Kinder der vierten und fünften Klasse).

PLENUM

BEGRÜSSUNG

LIED: Das Licht einer Kerze ist im Advent erwacht
(in: Kirche mit Kindern Liederbuch, hg. v. Rhein. Verband für Kindergottesdienst, S. 32)

TRINITARISCHER KERZENRITUS

s. Seite 35/36

PSALM 102

Der Herr, unser Gott, kommt auf uns zu.
Seine Nähe ist ein herrliches Gefühl.
Denn Gott hat ein Herz für die Armen.
Die Leidenden lässt er nicht im Stich.
Merkt euch das und vergesst es nie mehr:
Gott kommt als Helfer, darum lobt ihn.
Und der Herr wird genau hinschauen,
er sieht vom Himmel auf die Erde.
Er hört das Seufzen der Gefangenen.
Die in der Sackgasse stecken, führt er ins Freie.
Seinen Namen wollen wir preisen.
Ja, laut soll das Lob Gottes erschallen, in Jerusalem und auf der ganzen Welt.
Amen
(aus: Dir kann ich alles sagen, Gott, hg. v. Rhein. Verband für Kindergottesdienst)

LIED: **Im Advent, im Advent ist ein Licht erwacht**
(in: Weil du da bist. Kinder-Gotteslob, Nr. 194)

ANSPIEL: TEIL 1

Im Zentrum steht ein Rollenspiel, das die Geschenke, die mit der Geburt verbunden sind, verdeutlicht. In dem Spiel sieht Gott sich seine Erde an, ist traurig über deren Zustand und erkennt, dass seine Hilfe nötig ist. Er beschließt, sich in einem neugeborenen Menschen zu offenbaren. Die Engel schickt er als Vorbereitung seiner Offenbarung in Jesus auf die Erde, um zu zeigen, was er der Welt mit seinem Handeln bringt. Mit den Symbolen – Sonne für Licht, Peacezeichen für Frieden, Rotes Kreuz für Arzt/Heiler, Segenshand für Trost, Hoffnung und Freude, Brot für Hungerstillung, blühende Blume für heile Schöpfung – soll sein Handeln vor Augen geführt werden.

Folgende Mitspieler werden benötigt:
sechs Engel, ein Erzähler und ein Sprecher für die Stimme Gottes (Gott ist nur als Stimme zu hören!).

Material:
1. sechs Engelfiguren: aus Kiefer-Holzlatten zugeschnittene Holzstäbe (ca. Länge 15 cm, Breite 4 cm, Tiefe 2 cm), ein kurzer Nagel mit breitem flachen Kopf (Dachpappennägel) und ein 6 cm langer Flachkopfnagel, eine Styroporkugel (Durchmesser ca. 5-6 cm), ein runder Bierdeckel, Pfeifenputzerdraht, Farben zum Bemalen des Gesichts, Wollreste für die Haare, Stoffreste für die Kleidung, Bastelkleber. – Zuerst wird der Bierdeckel auf eine der Stirnseiten des Holzstabes genagelt, dann auf der gegenüberliegenden Seite die Styroporkugel. Zwei Pfeifenputzerdrähte werden miteinander verbunden (zwei Enden miteinander feste verdrehen) und dann wird der lange Draht um den Holzstab in der Nähe des Kopfes einmal um den Stab geführt und auf einer Seite so lange verdreht, bis der Draht nicht mehr verrutscht. Diese Arme können beliebig geformt werden. Nun kann das Gesicht auf die Kugel gemalt werden und der Kopf mit Haaren (Wollfäden) beklebt werden. Der Bierdeckel wird als Stand-/Bodenplatte in braun oder weiß ebenfalls angemalt. Jetzt können aus Stoffresten Kleider zugeschnitten und auf die Figur geklebt werden. Wer möchte, kann aus weißem Papier Flügel ausschneiden und dem Engel auf den Rücken kleben. Sechs Symbole, die von den gebastelten Engeln in der Hand gehalten werden (Symbole s. S. 148 im Anspiel), Stall mit leerer Krippe und einem Weg, der zu ihr führt, Ochs und Esel in dem Stall, Mikrofone, Brustbeutel (für die gesammelten Symbole)
2. Brustbeutel (für die gesammelten Symbole an den Stationen; s. u.) – Durch die Henkel von kleinen Baumwolltaschen in der Größe ca. eines DIN A 5 Blattes (erhältlich über den Kindergartenbedarf) wird ein 70 cm langer, dicker Wollfaden gezogen und an den Enden verknotet. Dann kann der Beutel um den Hals gehangen werden. Er ist immer leicht zu öffnen, ohne dass er abgenommen werden muss.

Ablauf:
Das Anspiel kann von Kindergottesdienstkindern vorgetragen werden. Dabei können die Engel ihren Text entweder selber ablesen bzw. frei vortragen, oder eine zweite Erzählperson, der/die Engelerzähler/in übernimmt alle Sprechtexte und die Engel stellen das Erzählte nur dar.
In dem folgenden Vorschlag wird das Anspiel im Plenum durch eine Gruppenphase unterbrochen. In ihr werden die Kinder an sechs Stationen mit der Realität der Welt konfrontiert (Dunkelheit, Krieg, Krankheiten, Traurigkeit, Hunger, Umweltzerstörung). Die Kinder nehmen die durch Bilder (Zeitungsausschnitte, Bilder aus dem Internet, Plakate von »Brot für die Welt«, eventuell auch kleine Filme oder Powerpointpräsentationen – zum Teil kostenlos bei den Hilfsorganisationen zu haben) aufgezeigte Situation wahr und beschrei-

ben sie. Falls nötig können Impulsfragen gestellt werden: »Was stört dich bei diesen Bildern?« »Wie kann die Situation geändert werden?« »Was brauchen die Menschen/braucht die Umwelt, damit sich was ändert?« »Was können wir vielleicht tun?« Die Impulsfragen werden von den jeweiligen Betreuern/Betreuerinnen einer Station gestellt. Sie bleiben jeweils an ihrer Station. Die Gruppe zieht mit einem oder zwei Gruppenbetreuern/-betreuerinnen zur nächsten Station, bis alle sechs besucht wurden.
An jeder Station gibt es nach dem Impulsgespräch entweder eine kleine Kreativaktion oder ein Symbol zum Mitnehmen.

Alternativ: Je nach zeitlichen Gegebenheiten kann auf die Gruppenphase mit den Stationen verzichtet und nur das Anspiel vorgetragen werden. Ebenso kann die Gruppenphase auch erst nach dem Anspiel durchgeführt werden.
Beim Anspiel können die gebastelten Engelfiguren auch dadurch ersetzt werden, dass die Kinder selbst als Engel auftreten und das entsprechende Symbol in die Krippe legen. Dann kann auf den Weg, der zum Stall führt, verzichtet werden.
Wer mehr Kinder beteiligen möchte, kann die Anzahl der Engel und Symbole einfach erhöhen. Beispiel: der Retter (Rettungsring).
Die Gruppenaufteilung durch Farbkarten orientiert sich an den Schulklassen (s. o. unter »Ankommen«).

Erzähler/Moderator: Gott hat sich mit uns so viel Mühe gegeben. Er hat nicht nur dafür gesorgt, dass wir so aussehen, wie wir aussehen, sondern er hat uns auch ganz viele Fähigkeiten für unser Leben mitgegeben. Er wollte halt keine dummen Menschen haben. Vielleicht dachte er, die Menschen werden sich so benehmen, dass sein großer Garten Erde, dieses Paradies im ganzen Weltall, immer Frieden und Glück ausstrahlt.

(währenddessen kommen Engel spielend von hinten in die Kirche und gehen nach vorne)

Gottes Stimme: (ist nur zu hören) Nein, nein, da hab ich mich aber kräftig vertan. Diese Streitereien, der Neid, der Hass, der Unfriede, ja sogar Mord und Totschlag, das alles bringt mich fast um. Und mein schöner Garten Erde ist fast nicht wiederzuerkennen. Was ist nur aus meiner tollen Idee geworden?

1. Engel: Ich hab eine Idee, Gott. Geh doch so, wie du bist, auf die Erde zu den Menschen und sage ihnen mal ordentlich die Meinung.

Gottes Stimme: Nein, nein, das klappt nicht. So wie die Menschen drauf sind, nehmen sie mich gefangen und töten mich. Und dann gibt's das reinste Chaos, dann ist keiner mehr da, der eingreifen kann. Und ihr Engel, meine Freunde, verliert den Himmel. Wenn ich tot bin, wird es keinen Himmel mehr geben, auch nicht den siebten und auch nicht den Himmel auf Erden. Dann wird alles zu Ende sein.

2. Engel: Du bist aber traurig, Gott. Es läuft wirklich viel zu viel schief auf der Erde. Können wir dir irgendwie helfen?

Gottes Stimme: Ja, schauen wir uns doch zuerst zusammen mal an, was auf meiner schönen Erde los ist.

Erzähler/Moderator: Ja, gut, da machen wir hier alle mit. An sechs Stellen, sechs Ausschnitten unserer Welt schauen wir, was vielleicht schiefläuft, und überlegen, wer oder was das ändern könnte. Dazu bilden wir sechs Gruppen. Jede Gruppe hat eine Farbe. Ihr habt die Farben bei der Ankunft mit eurem Namensschildchen erhalten. Jede Farbgruppe hat eine Leiterin/einen Leiter. Als Gruppe geht ihr von einer Station zur anderen. Dort trefft ihr jeweils eine Stationsbetreuerin/ einen Stationsbetreuer, der mit euch auf einen Teil der Welt schaut. Viel Spaß!

GRUPPENPHASE

(Imbiss nach Gelegenheit einplanen; kann auch während des Stationenlaufes von den verschiedenen Gruppen getrennt voneinander eingenommen werden.)

STATIONENLAUF

Die Stationen müssen voneinander so weit entfernt sein, dass sie sich gegenseitig nicht stören. Grundsätzlich machen alle Altersstufen die gleichen Aktionen, allerdings muss die Stationsleitung bei den Gesprächen das jeweilige Alter und die jeweilige Erfahrungswelt der Kinder berücksichtigen. Darüber sollte unbedingt bei der Vorbereitung dieses Tages gesprochen werden.
Die an den Stationen hergestellten oder einfach mitgegebenen Symbole werden im Brustbeutel gesammelt und ins Plenum mitgebracht.

STATION 1

Ein fast vollständig abgedunkelter Raum, Kerze mit Untersatz, etwas Stroh um den Untersatz, Honigwabenplatten (sog. »Mittelwände« aus Wachs können beim Imker oder Imkereibedarfshandel erworben werden, manchmal auch beim Discounter oder Kindergartenbedarf; leicht (!) – z. B. auf einer Heizung oder warmen Fensterbank – erwärmte Platten mit einem Cuttermesser auf 10x10 cm zuschneiden), je Platte ein Docht (12 cm)
Um die Wachsplatten besser verarbeiten zu können, werden sie kurz auf einer Heizung leicht angewärmt und dann auf Backpapier (antihaft) gelegt. Dann wird der Docht an einer Längsseite aufgelegt. Ein Ende des Dochts sollte ca. 1 cm über den Rand der Platte überstehen. Jetzt wird der Docht langsam eingerollt. Darauf achten, dass die Rolle fest genug gerollt wird.

Die Kinder betreten den Raum und setzen sich in einem Kreis auf den Boden. In der Mitte liegt eine Decke mit einzelnen Strohhalmen. Damit die Kinder nicht Angst bekommen, wird eine Lichtquelle zugelassen (Tür etwas offen lassen oder die Rollläden nicht ganz schließen). Der Betreuer/ die Betreuerin erzählt im Dunkeln die folgende alte Legende »Die Halle der Welt mit Licht erfüllen«. Der Text befindet sich auf der CD-ROM/Advent/Die Halle der Welt mit Licht erfüllen.

An der Stelle der Geschichte, an der der eine Königssohn die Kerze anzündet, macht dies die Betreuerin/der Betreuer auch. Er/sie stellt eine Kerze in die Mitte auf einen Untersatz und zündet sie an. Dann erzählt er/sie die Geschichte zu Ende.

Danach die Geschichte und den Lichteffekt einfach wirken lassen (30 sec. Stille). In die Stille wird der Satz aus Johannes 8,12 gesprochen: »Jesus Christus spricht: Ich bin das Licht der Welt; wer mir nachfolgt, wird nicht im Dunkeln sein, sondern das Licht des Lebens haben.« (Lutherübersetzung 1984)

Danach erst Zeit für Äußerungen der Kinder zur Geschichte und zum Bibelvers geben. Licht- und Dunkelheitserfahrungen erfragen:

- abends alleine zu Hause,
- in dunklen Räumen,
- im Keller

»Was habt ihr dabei gefühlt?«
»Was habt ihr in der Dunkelheit gemacht?«
»Warum fühlt ihr euch bei Licht oder im Hellen sicherer?«
»Was meint Jesus, wenn er sagt, er sei das Licht für die Welt?«
Zum Abschluss rollen die Kinder Kerzen aus den Wachsplatten.

STATION 2

Raum mit einer rundum mit Tesakrepp aufgehängten weißen Tapete als Wandzeitung. Zwei Tische in der einen Hälfte des Raumes, auf denen Scheren, Tesafilm, Stifte, für Kartoffeldruck vorbereitete Kartoffeln und Zeitschriften, Zeitungen und Bilder liegen. Die Bilder, die gebraucht werden, handeln von Krieg, Gewalt und Unterdrückung. In der anderen Hälfte des Raumes ist Platz für einen Sitzkreis. Die Mitte kann durch eine Kerze auf einer kleinen Decke auf dem Fußboden gestaltet werden.
Kartoffeldruck:
Große Kartoffel halbieren, auf beiden Schnittflächen mit einem Messer ein Peace-Zeichen einritzen. Um das Zeichen herum und innen etwa 5 mm der Kartoffel entfernen. Die Erhebung zeigt nun das Peace-Zeichen. Die Kartoffel etwas antrocknen lassen, dann auf ein rotes, schwarzes oder blaues (auch andere Farben möglich) Stempelkissen drücken und das eingefärbte Zeichen auf den Brustbeutel drücken. Die Stempelfarbe trocknet schnell. Die Kartoffel sollte vorbereitet sein, damit die Kinder nur zu drucken brauchen.

Einige Bilder über Gewalt und Krieg hängen schon an der Tapete/Wandzeitung. Die Kinder betreten den Raum und nehmen die Bilder an der Wand wahr. Wenn die Kinder nicht spontan auf die Bilder reagieren, bittet die Stationsbetreuung die Kinder zu beschreiben, was sie sehen. Danach soll jedes Kind ein oder zwei Bilder über Gewalt und Krieg aus den Zeitschriften aussuchen, ausschneiden und zu den anderen Bildern hängen. Danach setzen sich alle im Kreis auf den Boden

Impulsfragen zum Gespräch:
»Was stört dich/euch bei diesen Bildern?« (Antworten: Grausam, brutal, hilflos ausgeliefert …)
»Wie kann die Situation geändert werden?« (Antworten: Krieg beenden, Waffen verbieten …)
»Was brauchen die Menschen, damit sich was ändert?« (Antworten: Verständigung, Vergebung …)
»Was können wir vielleicht tun?« (Antworten: Gegen Hass angehen, selber Streit vermeiden …)

Biblischen Impuls nennen:
»Unser Gott ist voll Liebe und Erbarmen, (...) er wird uns führen und leiten, dass wir den Weg des Friedens finden« (frei nach Gute Nachricht Bibel [GNB], Lukas 1, 78 + 79 in Auswahl).
Gott möchte, dass wir friedlich zusammenleben.

Zum Abschluss können die Kinder ihre weißen Brustbeutel mit blauen, roten und/oder schwarzen Peace-Zeichen bedrucken. Kerze dafür solange herausnehmen.

STATION 3

Raumaufteilung und Gestaltung wie bei Station 2. Material ebenso wie bei Station 2. Anstelle des Peace-Zeichens wird auf den Kartoffelhälften ein dickes Kreuz wie das der Hilfsorganisation »Rotes Kreuz« hergestellt. Bei Station 3 hängen und liegen allerdings Bilder bereit, die Krankheiten zeigen. Hier eignet sich das Material des Newsletters der Christoffel-Blinden-Mission, aber auch von »Brot für die Welt« und »Kindernothilfe«, sowie Zeitschriften etc. Auch hier sollen die Kinder zuerst wie in Station 2 die vorhandenen Bilder wahrnehmen, sich dazu äußern und 1–2 Bilder selber finden, ausschneiden und an die Wand hängen.
Wenn die Möglichkeit besteht, einen Beamer einzusetzen oder einen Computer, so ist auf der Startseite der Christoffel-Blinden-Mission (http://www.cbm.de/) ein Grauer-Star-Simulator eingerichtet. Den können die Kinder ausprobieren. Die älteren Kinder können in Partnerarbeit versuchen, mit Hilfe des auch auf dieser Startseite vorhandenen Fingeralphabets ihren Namen zu buchstabieren.
Danach setzen sich alle im Kreis auf den Boden.

Impulsfragen zum Gespräch:
»Was stört dich/euch bei diesen Bildern?« (Antworten: Hilflos, elend, ausgeliefert ...)
»Wie kann die Situation geändert werden?« (Antworten: Heilen, Krankheit lindern, erträglich machen ...)
»Was brauchen die Menschen, damit sich was ändert?« (Antworten: Hilfe und Unterstützung ...)
»Was können wir vielleicht tun?« (Antworten: Helfen durch Spenden für Medikamente, ...)

Biblischen Impuls nennen:
»Jesus heilt einen Blinden« – Bartimäus (Markus 10,46–52) in der Erzählung und mit den Bildern von Kees de Kort (Meine schönsten Bibelgeschichten, mit Bildern von Kees de Kort, Deutsche Bibelgesellschaft, Stuttgart, 1998, S. 128–133)

Nun bestempeln die Kinder ihre Brustbeutel mit roten Kreuzen.

STATION 4

Etwas abgedunkelter Raum, mit einer mit Kerzen auf einem Tuch gestalteten Mitte, darauf eine Schale, gefüllt mit wohlriechendem Körperduftöl, Handtuch zum Abwischen der Finger, 8–10 (je nach Anzahl der Kinder in den Gruppen) aus Tesakrepp auf den Boden am Rand des Raumes – nahe an der Wand oder den zugehängten Fenstern – geklebte Markierungen, für den Brustbeutel ein Badezusatz-Kissen mit Rosmarin oder anderen Düften (erhältlich in Drogeriemärkten oder Ähnliches im Hotelbedarf im Internet).

Kinder betreten den Raum, stellen sich um die gestaltete Mitte. Die Stationsbetreuung bittet jedes Kind einzeln, sich auf eine Markierung an der Wand/dem Fenster zu stellen, und zwar mit dem Gesicht zur Wand/zum Fenster. Es soll nicht gesprochen werden. Die Stationsbetreuung und die Gruppenbegleitung setzen sich an die Mitte. Die Kinder erleben dadurch eine Abweisung. Nach 30–60 sec. werden die Kinder wieder zur Mitte gerufen. Sie nehmen im Kreis um die Mitte Platz. Die Betreuung sammelt nun die Eindrücke:
»Wie war das, als ihr euch an den Rand stellen solltet?«
»Wie war es, dass ihr nicht reden durftet?«
»Was habt ihr gefühlt, als wir euch wieder in die Mitte holten?«
Kinderäußerungen austauschen.
»Erlebt ihr solche Ablehnungen sonst auch schon mal?«
Kinderäußerungen sammeln.

Jesus hat die Ablehnung von Kindern bei seinen eigenen Leuten erlebt.
Erzählen oder vorlesen von Markus 10,13–16 nach GNB.

»Das, was Jesus mit den Kindern damals gemacht hat, möchten wir bei euch auf eine ganz besondere Art und Weise auch machen. Wir laden euch ein, ihr könnt immer zu uns hier in die Kirche kommen, egal ob ihr fröhlich oder traurig seid. Und um das Versprechen besonders zu zeigen, segnen wir euch, nicht nur mit der Hand, sondern auch mit einem kostbaren Öl, einem Öl mit dem früher Könige gesalbt wurden.«
Die Kinder werden gebeten, den Kreis etwas weiter zu machen, so dass die Betreuerin rundgehen kann und von der Kreismitte aus jedes Kind einzeln segnen kann. Dazu wird ein Finger leicht mit Öl benetzt und dem Kind je nach Wunsch damit ein Kreuz auf die Stirn oder in die geöffnete Hand gezeichnet. Dabei können folgende Worte gesprochen werden:
»Du bist ein geliebtes Kind Gottes, du bist gesegnet und sollst selber ein Segen sein für andere.«

Danach erhält jedes Kind für den Brustbeutel ein Badezusatz-Kissen mit Badeöl.

STATION 5

Raumgestaltung siehe Station 2. Bildmaterial (Hungergebiete, Hunger und Dürre in benachteiligten Gebieten) kommt von der Homepage »Brot für die Welt«, aus Zeitschriften und anderen Medien. Kleine Einspieler von den oben genannten entsprechenden Homepages können mittels Beamer oder Computer den Kindern gezeigt werden, »Brot für Welt-Sammeltütchen/Sparfaltschachtel (erhältlich über Materialkatalog Brot für die Welt), ein Infoblatt für Kinder (die jährliche Kinderaktion von Brot für die Welt).
Der Ablauf und die Fragen gleichen der Station 2. Allerdings wird der Kartoffeldruck weggelassen.

Vor der Frage »Was können wir vielleicht tun?« wird die Geschichte vom reichen Mann und armen Lazarus erzählt.

Jesus erzählte mal folgende Geschichte:
Ein Mann hatte richtig viel Geld, ein super großes Haus, viele Angestellte, mehrere Autos und alles, wovon viele andere träumen. Was er wollte, konnte er sich kaufen. Und dann gab es da einen anderen Mann, der hieß Lazarus. Schon lange hatte er seine Arbeit verloren, später auch seine Wohnung. Und irgendwann wurde er deshalb auch richtig krank. Er hatte keinen Cent mehr und konnte sich

nichts mehr kaufen. Irgendwann einmal hatte er angefangen zu betteln. »Haste mal ein Cent?«, »Haste mal ein Stück Brot für mich?« Vor einiger Zeit hatte er das Haus des Reichen entdeckt. Er dachte, da müsse doch etwas für ihn abfallen, wenigstens in den Mülltonnen. So bettelte er Tag für Tag vor der Tür des Reichen. Der gab aber nichts ab. Im Gegenteil, er verschloss sogar die Mülltonnen. Jetzt war der Arme so schwach und krank, dass er nur noch vor der Tür des Reichen liegen konnte. Der Diener des Reichen schubste ihn zur Seite in eine Ecke. Da war es kalt und feucht und die Hunde kamen und leckten an ihm rum. Da wollte er nur noch sterben. Zwei Tage späte war er tot. Die Engel trugen ihn hinüber in ein neues Leben bei Gott und seinem Helfer Abraham. Dort bekam er einen Ehrenplatz, weil er so viel gelitten hatte.
Der Reiche starb wenige Tage später. Auch er kam in eine neue Welt, aber die war ganz anders, als sein Luxusleben auf der Erde. Plötzlich litt er Qualen und fühlte sich ganz elend und krank. Da entdeckte er in der Ferne, jenseits einer unüberwindbaren Felsspalte, den Armen glücklich neben Abraham sitzend. Er rief laut: »Bring mir etwas Wasser, um meinen Durst zu stillen!« Da hörte er Abraham, der antwortete: »Ist Lazarus dein Diener? Und hast du ihm zu trinken gegeben auf der Erde? Er würde dir gerne helfen, die Tiefe zwischen dir und uns ist aber unüberwindbar. Hättest du nicht zu Lebzeiten auf der Erde, als du alles hattest, Lazarus etwas abgeben können? Du hast doch genug gehabt. Dir wäre es sicher nicht schlechter gegangen, wenn du mit ihm geteilt hättest. Kanntest du nicht das Gebot, deinen Nächsten zu achten und zu lieben wie dich selbst? Wusstest du nicht, dass derjenige, der etwas hat, denen helfen soll, die nichts oder wenig haben, damit alle leben können?« Da erkannte der Reiche, was er falsch gemacht hatte. Jetzt fühlte er, was Lazarus auf der Erde für Qualen erlitten hatte (frei nacherzählt nach Lukas 16,19–31 GNB).

»Was können wir vielleicht tun, damit es den Armen besser geht?«

Kinder äußern ihre Gedanken.

Abschließend wird die Aktion »Brot für die Welt« vorgestellt. Jedes Kind erhält dann ein »Brot für Welt-Sammeltütchen/Sparfaltschachtel« (erhältlich über Materialkatalog Brot für die Welt), ein Infoblatt für Kinder (die jährliche Kinderaktion von Brot für die Welt) und steckt beides in den Brustbeutel.

STATION 6

Auch diese Station ist wie Station 2 gestaltet und vorbereitet. Die Bilder zeigen Umweltzerstörungen. Blumensamen in Samentütchen (im Bau-/Gartenmarkt erhältlich). Auch die dort genannten Impulsfragen werden hier wieder genannt.

Biblischer Impuls: »Und Gott segnete die Menschen und sagte zu ihnen: Seid fruchtbar und vermehrt euch! Füllt die ganze Erde und nehmt sie in Besitz! Ich setze euch über die Fische im Meer, die Vögel in der Luft und alle Tiere, die auf der Erde leben, und vertraue sie eurer Fürsorge an.« (1. Mose 1,28 GNB) Pflegt und erhaltet sie wie einen schönen, wunderbaren Garten.

Impulsfrage: »Was können wir vielleicht tun, damit die Erde nicht von uns zerstört wird?«

Kinderäußerungen sammeln

Betreuer/in fasst zusammen: »Also ist es nicht unsere Aufgabe, alle Wälder auf der Erde abzuholzen, damit dort Straßen und Häuser gebaut werden können, sondern die Pflanzen und alles auf der grünen Erde zu erhalten. Deshalb erhaltet ihr jetzt ein Samentütchen mit Blumensamen, die ihr als Erinnerung an heute im Frühjahr, im März, in dem Garten eurer Eltern, in einem Topf auf dem Balkon oder auch auf einem öffentlichen Beet aussät. Beobachtet die Stelle, ob sich dort nach einigen Wochen eine Pflanze gebildet hat und blüht.«
Kinder erhalten das Samentütchen für ihren Brustbeutel.

Sollte der Kibitag am Anfang eines Adventstages stehen, kann als Abschluss des Tages eine kleine Andacht zusammen mit den Eltern und anderen Gemeindegliedern stehen, bei der die Symbole aus der Krippe allen gezeigt und mit Hilfe der Kinder erklärt werden.

Für einen Adventsfamiliengottesdienst kann der obige Ablauf des Tages durch entsprechende liturgische Elemente und eine kurze Ansprache ergänzt werden. Die Kreativphasen finden dann nicht statt.

SCHLUSSPLENUM

ANSPIEL: TEIL 2

(knüpft an Teil 1 direkt an)

Erzähler/Moderator:	Puh, ich kann Gott, glaube ich, verstehen, dass er traurig ist. Ich habe mir wie ihr die Ausschnitte von der Welt angesehen. Aber ihr habt auch schon überlegt, wie wir der Welt helfen können.
Gottes Stimme:	Liebe Kinder, ich bin sehr beeindruckt von euch und euren Ideen, macht nur weiter so, dann habe ich Hoffnung für meine Welt. Aber ich habe noch eine andere Idee; ihr, liebe Engel, müsst mir helfen! Ich schicke euch auf die Erde zu den Menschen.
1. Engel:	Och, nöööh, hier bei dir ist es doch so schön friedlich, was sollen wir denn da unten?
Gottes Stimme:	Na eben das, den Frieden verkündigen.
2. Engel:	Wie denn das?
Gottes Stimme:	Also, ich hab einen Plan: Zuerst schicke ich EUCH zu den Menschen. Ihr kündigt den Menschen an, dass ich etwas Besonders vorhabe. Ich will den Menschen ein Geschenk schicken, einen ganz besonderen Menschen, einen, den ich meinen Sohn nennen werde, den ich sozusagen adoptiert habe.
1. Engel:	Und wie heißt er?
Gottes Stimme:	Das ist nicht so einfach, er wird viele Namen haben. Der Gesalbte, das heißt Jesus Christus, das Licht, der Friedensbringer, der Heiler oder Arzt, der Tröster, der den Hunger besiegt, der die Erde wieder zum Blühen bringt.

1. Engel: Hej, Gott, ich mag nicht, wenn es dunkel ist. Ich nehme deshalb das Licht. Jesus soll doch Licht in die Welt bringen. (nimmt Engelfigur mit dem Symbol Sonne und stellt die Figur vor die Krippe)

2. Engel: Super, ich nehme den Frieden, den kündige ich an. Wenn Jesus auf die Welt kommt, bringt er Frieden. (nimmt die Engelfigur Frieden mit Peace-Zeichen und stellt sie auf den Weg zur Krippe)

3. Engel: Ich finde den Arzt gut. Der Sohn Gottes wird die Menschen aus Einsamkeit und Verzweiflung retten. (Engel mit Symbol »Rotes Kreuz« an die Krippe stellen)

4. Engel: Ich nehme den Tröster. Ich erzähle den Menschen, dass der Sohn Gottes die Menschen trösten wird. (Engel mit dem Zeichen segnende Hand an die Krippe stellen)

5. Engel: Und ich kündige den Menschen den Sohn Gottes als den an, der den Hunger besiegt. (Engel mit Symbol Brot an die Krippe stellen)

6. Engel: Ich finde es ganz wichtig, dass der Umwelt geholfen wird. Die Menschen haben schon so viel davon zerstört. Jesus wird ihnen Kraft geben, daraus wieder einen Garten Gottes zu machen. (Engelfigur mit Symbol Blühende Blume an die Krippe stellen)

(Jeder Engel nimmt seinen Symbolengel und stellt seinen Engel vor der Krippe ab. Dann geht jeder Engel zur Gemeinde – an den Anfang einer Reihe-, und bleibt bis zum Ende des Spiels dort stehen.)

Erzähler: So haben die Engel den Menschen die Frohe Botschaft verkündigt und sie auf die Geburt Jesu vorbereitet.

Gottes Stimme: Meine lieben Engel, ihr habt gute Arbeit geleistet. Vielleicht überlegen die Menschen ja jetzt selber, wie sie traurige Menschen trösten können, wie sie Unglückliche wieder glücklich machen, wie sie Frieden stiften können oder wie sie andere aus der Einsamkeit und Verzweiflung retten können. Ich sag euch, da würde es auf der Erde wirklich hell, das wäre der Himmel auf Erden, da bräuchten die Menschen noch nicht einmal mehr auf die Zukunft zu warten, da würden sie mit mir jetzt schon mein Reich aufbauen. So kann das Kind zur Welt kommen.

(Alle setzen sich.)

LIED: Der Himmel geht über allen auf
(in: Menschens Kinder Lieder 1, 7)

Währenddessen wird das Kind in die Krippe gelegt.

Moderator: Jetzt liegt das Kind in der Krippe. Gott hat dem Menschenkind seinen Geist eingehaucht. Er hat damit diesem Kind einen besonderen Auftrag gegeben. Die Zeichen in der Krippe beschreiben, was Jesus in der Welt machen soll. Und er hat es ja später auch gemacht, er hat uns alles als Beispiel vorgelebt. Und er gibt uns heute, auch jedem von euch hier, diese Zeichen weiter. Er weiß, ihr könnt es auch. Deshalb habt ihr an den Stationen Symbole in euren Brustbeuteln sammeln können. Sie erinnern euch daran, ihr könnt es ähnlich wie Jesus: anderen Freude bringen, sie trösten, anderen helfen, mit anderen teilen und auch auf die Welt aufpassen, damit es für alle Menschen schön bleibt, auf ihr zu leben. Und darum ist es gut, dass wir jedes Jahr die Geburt Jesu feiern, weil wir damit immer wieder an unseren eigenen Auftrag erinnert werden.

LIED: Tragt in die Welt nun ein Licht

(Evang. Gesangbuch, Ausgabe Rheinland/Westfalen/Lippe/Reformiert, Nr. 538)

FÜRBITTE

Guter Gott,
ich möchte es hell haben in meinem Leben,
schenke mir die Fähigkeit, anderen das Leben zu erhellen.
Ich möchte im Frieden leben,
schenke mir die Kraft, mit anderen den Frieden zu fördern.
Ich möchte nie allein sein,
schenke mir den Mut, anderen in ihren Sorgen und Nöten beizustehen, damit sie gesund werden.
Ich brauche jemanden, er mich tröstet, wenn ich traurig bin.
Schenke mir die Gabe, andere zu trösten.
Ich möchte nie hungern.
Schenke mir die Einsicht, was ich habe, mit anderen zu teilen, damit alle etwas haben.
Ich möchte lange auf einer schönen Erde leben.
Schenke mir die Einsicht, für die wunderschöne Erde auch etwas zu tun.
Schenke allen Menschen all diese Fähigkeiten, damit wir in Frieden jetzt schon hier auf der Erde spüren, wie das Reich Gottes irgendwann einmal sein wird.

VATERUNSER

SEGEN

SCHLUSSLIED: Oh, du fröhliche

(Evang. Gesangbuch Nr. 44)

MUSIK

Jesus – Geschichten einer Freundschaft und die Maus

EIN LEBENSGARTEN VON WEIHNACHTEN BIS OSTERN
EINE KINDERKIRCHENNACHT

von Manfred Burdinski

ZIELGRUPPE

Grundschulkinder, sowie sechste und siebte Klasse, sowie ehrenamtlich Mitarbeitende, die bereit sind, sich mit einem Teil des Lebens Jesu, einer ausgewählten Geschichte, theologisch auseinanderzusetzen und sich diese so anzueignen.

INHALTLICHE VORÜBERLEGUNGEN

Immer wieder stellen wir fest, dass das Basiswissen über Jesus bei Grundschulkindern und infolge dessen auch bei Jugendlichen ständig abnimmt. Noch mehr gilt dies bei den Zugängen und Erfahrungen im Umgang mit der Frohen Botschaft. Ein Zugang zu Jesus Christus wird nur noch selten vom Elternhaus oder anderen Erfahrungsträgern mitgegeben.
Dieser Entwurf möchte den Kindern einen Weg zu Jesus eröffnen, indem den Kindern auf der kognitiven Ebene ein Überblick über die Lebensstationen Jesu gegeben wird. Auf der Erfahrungsebene haben wir das Thema Freundschaft in den Focus der Aktion gestellt. Gerade in den ersten Grundschuljahren spielt das Thema Freundschaft, neue Freunde finden, Probleme mit Freunden, Vertrauen zueinander eine wichtige Rolle. Über diese mit vielen Emotionen besetzte Erfahrungsebene der Kinder versuchen wir eine Verbindung zu Jesu Leben herzustellen, bei dem Freundschaften eine große Rolle spielen: Freundschaft durch Vertrauen, Freundschaft anstelle von Feindschaft, Freundschaft miteinander gestalten, Freundschaft gegenüber vielen Menschen, Probleme in Freundschaften. Die Wichtigkeit von Freundschaft wird manchmal gerade in der Einsamkeit erlebt (Jesus im Garten Getsemani).
So haben wir folgende exemplarischen Lebensstationen Jesu ausgesucht:

GEBURT

(Betlehem/Lukas 2) – Der Freund der Menschen wird geboren.

Menschen fühlen sich dann besonders einsam, wenn sie keine Freunde haben.
Maria und Josef waren allein auf dem Weg nach Betlehem. Maria war schwanger. Bald sollte das Kind kommen. Hatte der Engel nicht gesagt, es sei ein ganz besonderes Kind? Er hatte sogar schon den Namen des Kindes vorgegeben: Jesus. Und jetzt waren sie allein. An jeder Tür wurden sie abgewiesen, kein freundliches Wort, kein »Herzlich willkommen«, sondern nur: »Haut ab, wir haben für euch hier keinen Platz.« Keine Freunde.
Dann haben Maria und Josef wenigstens einen Stall gefunden. Die Tiere ließen sie hinein. Beide wärmten sich an den Tieren. Die Tiere wurden ihnen zu Freunden.
Dann kam die Geburt. Nur Maria und Josef, kein anderer Mensch, kein Freund, keine Freundin, die hätte helfen können. Gott war aber dabei. Er war den beiden Freund in den schwierigen Stunden.
Als das Kind da war, kamen Hirten aus der Dunkelheit. Plötzlich waren sie da. Und sie schauten auf das Kind mit großen Augen. Und sie tanzten und sangen: »Freut euch, der Freund der Menschen ist geboren, er wird den Menschen helfen. Er wird mächtig sein und trotzdem brauchen wir keine Angst vor ihm zu haben, denn er wird uns zur Seite stehen und uns immer helfen, Halleluja, gelobt sei Gott.«
Maria und Josef waren erstaunt und fragten: »Woher wisst ihr das?«
Da antworteten die Hirten: »Der Engel Gottes hat es uns erzählt, vorhin mitten in der Nacht.«
(frei nacherzählt)

DIE JÜNGERBERUFUNG

(See Gennesareth/Lukas 5,1–11) – Jesus vertraut den Menschen und gewinnt Freunde

Die Berufung der ersten Jünger
Eines Tages stand Jesus am See Gennesaret; eine große Menschenmenge drängte sich um ihn und wollte das Wort Gottes hören.
Da sah er zwei Boote am Ufer liegen. Die Fischer waren ausgestiegen und reinigten ihre Netze.
Jesus stieg in das Boot, das Simon gehörte, und bat ihn, ein Stück weit auf den See hinauszufahren. So konnte er im Boot sitzen und von dort aus zu den Menschen sprechen.
Als er aufgehört hatte zu reden, wandte er sich an Simon und sagte: »Fahr jetzt weiter hinaus auf den See; werft dort eure Netze zum Fang aus!«
Simon antwortete: »Meister, wir haben uns die ganze Nacht abgemüht und haben nichts gefangen. Aber weil du es sagst, will ich die Netze auswerfen.«
Das taten sie dann auch, und sie fingen eine solche Menge Fische, dass ihre Netze zu reißen begannen. Deshalb winkten sie den Fischern im anderen Boot, sie sollten kommen und mit anpacken. Zusammen füllten sie die beiden Boote, bis diese schließlich so voll waren, dass sie zu sinken drohten.
Als Simon Petrus das sah, warf er sich vor Jesus auf die Knie und sagte: »Herr, geh fort von mir! Ich bin ein sündiger Mensch.«
Denn ihm und allen, die bei ihm ›im Boot‹ waren, war der Schreck in die Glieder gefahren, weil sie solch einen Fang gemacht hatten,
und genauso ging es Jakobus und Johannes, den Söhnen des Zebedäus, die zusammen mit Simon Fischfang betrieben. Doch Jesus sagte zu Simon: »Du brauchst dich nicht zu fürchten. Von jetzt an wirst du ein Menschenfischer sein.«
Da zogen sie die Boote an Land, ließen alles zurück und schlossen sich ihm an.

HEILUNGSGESCHICHTE

(Kafarnaum/Markus 2,1–12) – Jesus holt Menschen in die Gemeinschaft zurück.

Die Heilung des Gelähmten

Einige Tage später kehrte Jesus nach Kafarnaum zurück. Es sprach sich schnell herum, dass er wieder zu Hause war.

Da versammelten sich so viele Menschen bei ihm, dass kein Platz mehr war, nicht einmal vor dem Haus. Während er ihnen das Wort ›Gottes‹ verkündete, wurde ein Gelähmter gebracht; vier Männer trugen ihn. Sie wollten mit ihm zu Jesus, doch es herrschte ein solches Gedränge, dass sie nicht zu ihm durchkamen. Da deckten sie das Dach über der Stelle ab, wo Jesus sich befand, und machten eine Öffnung, durch die sie den Gelähmten auf seiner Matte hinunterließen.

Als Jesus ihren Glauben sah, sagte er zu dem Gelähmten: »Mein Sohn, deine Sünden sind dir vergeben!« Einige Schriftgelehrte, die dort saßen, lehnten sich innerlich dagegen auf. »Wie kann dieser Mensch es wagen, so etwas zu sagen?«, dachten sie. »Das ist ja Gotteslästerung! Niemand kann Sünden vergeben außer Gott.«

Jesus hatte in seinem Geist sofort erkannt, was in ihnen vorging. »Warum gebt ihr solchen Gedanken Raum in euren Herzen?«, fragte er sie.

»Was ist leichter – zu dem Gelähmten zu sagen: ›Deine Sünden sind dir vergeben‹ oder: ›Steh auf, nimm deine Matte und geh umher!‹?

Doch ihr sollt wissen, dass der Menschensohn die Vollmacht hat, hier auf der Erde Sünden zu vergeben.« Und er wandte sich zu dem Gelähmten und sagte:

»Ich befehle dir: Steh auf, nimm deine Matte und geh nach Hause!«

Da stand der Mann auf, nahm seine Matte und ging vor den Augen der ganzen Menge hinaus. Alle waren außer sich vor Staunen; sie priesen Gott und sagten: »So etwas haben wir noch nie erlebt.«

EINZUG IN JERUSALEM

(Jerusalem Stadttor/Markus 11,1–11) – Jesus als wichtiger Teil der Gemeinschaft

Der Einzug in Jerusalem

Als sie nicht mehr weit von Jerusalem entfernt waren, kurz vor Betfage und Betanien am Ölberg, schickte Jesus zwei seiner Jünger voraus.

Er gab ihnen folgende Anweisung: »Geht in das Dorf, das ihr vor euch seht. Gleich beim Ortseingang werdet ihr einen Esel finden, der angebunden ist, ein junges Tier, auf dem noch nie ein Mensch geritten ist. Bindet es los und bringt es her.

Und sollte euch jemand fragen, warum ihr das tut, dann antwortet: ›Der Herr braucht das Tier; er wird es nachher sofort wieder zurückbringen lassen.‹«

Die beiden machten sich auf den Weg und fanden tatsächlich draußen auf der Gasse einen jungen Esel an einem Tor angebunden. Als sie ihn losmachten, fragten einige, die dort standen: »Was tut ihr da? Warum bindet ihr das Tier los?« Sie antworteten so, wie Jesus es ihnen gesagt hatte, und man ließ sie gewähren. Sie brachten den Esel zu Jesus, legten ihre Mäntel über das Tier, und er setzte sich darauf.

Viele breiteten ihre Mäntel auf dem Weg aus; andere hieben auf den Feldern Zweige von den Bäumen ab und legten sie auf den Weg.

Vor und hinter Jesus drängten sich die Menschen und riefen: »Gepriesen sei Gott! ›Gesegnet sei er, der im Namen des Herrn kommt!‹

Gesegnet sei das Reich unseres Vaters David, das ›nun‹ kommt! Gepriesen sei Gott in der Höhe!«
Hosanna in der Höhe!
So zog Jesus in Jerusalem ein. Er ging in den Tempel und sah sich dort alles an. Dann kehrte er, da es inzwischen spät geworden war, mit den Zwölf nach Betanien zurück.

ABENDMAHL

(Jerusalem Gaststätte/Matthäus 26,17–30) – Jesus stiftet Gemeinschaft und ein Gemeinschaftsritual

Das Abendmahl

Am ersten Tag des Festes der ungesäuerten Brote kamen die Jünger zu Jesus und fragten: »Wo sollen wir das Passamahl für dich vorbereiten?«
Er antwortete: »Geht in die Stadt zu folgendem Mann« – ›er nannte ihnen den Namen‹ – »und sagt zu ihm: ›Der Meister lässt dir ausrichten: Meine Stunde ist gekommen. Ich will mit meinen Jüngern bei dir das Passamahl feiern.‹«
Die Jünger führten alles so aus, wie Jesus es ihnen aufgetragen hatte, und bereiteten das Passamahl vor. Als es Abend geworden war, setzte sich Jesus mit den Zwölf zu Tisch.
Während des Essens erklärte er: »Ich sage euch: Einer von euch wird mich verraten.«
Die Jünger waren zutiefst bestürzt, und einer nach dem anderen sagte zu ihm: »Ich bin es doch nicht etwa, Herr?« Jesus erwiderte: »Einer, der mit mir das Brot in die Schüssel getaucht hat, wird mich verraten.
Der Menschensohn geht zwar den Weg, der ihm in der Schrift vorausgesagt ist; doch wehe dem Menschen, durch den er verraten wird! Für diesen Menschen wäre es besser, er wäre nie geboren worden.«
Da sagte Judas, der Verräter, zu ihm: »Ich bin es doch nicht etwa, Rabbi?« – »Du selbst hast es ausgesprochen«, erwiderte Jesus.
Im weiteren Verlauf des Essens nahm Jesus Brot, dankte Gott dafür, brach es in Stücke und gab es den Jüngern mit den Worten: »Nehmt und esst, das ist mein Leib.«
Dann nahm er einen Becher ›mit Wein‹, sprach ein Dankgebet, gab ihn den Jüngern und sagte: »Trinkt alle daraus!
Das ist mein Blut, das Blut des Bundes, das für viele zur Vergebung der Sünden vergossen wird.
Ich sage euch: Von jetzt an werde ich nicht mehr vom Saft der Reben trinken bis zu dem Tag, an dem ich den neuen Wein im Reich meines Vaters mit euch trinken werde.«
Nachdem sie dann ein Loblied gesungen hatten, gingen sie hinaus an den Ölberg.

GETSEMANI

(Jerusalem Getsemani/Markus 14,32–42) – Enttäuschung mit Freunden und Verlass auf Gott

Jesus in Getsemani

Jesus und seine Jünger kamen an eine Stelle ›am Ölberg‹, die Getsemani heißt. Dort sagte er zu ihnen: »Setzt euch hier und wartet, bis ich gebetet habe!«
Petrus, Jakobus und Johannes jedoch nahm er mit. Von Angst und Grauen gepackt, sagte er zu ihnen: »Meine Seele ist zu Tode betrübt. Bleibt hier und wacht!« Er selbst ging noch ein paar Schritte

weiter, warf sich zu Boden und bat Gott, die Leidensstunde, wenn es möglich wäre, an ihm vorübergehen zu lassen.
»Abba, Vater«, sagte er, »alles ist dir möglich. Lass diesen bitteren Kelch an mir vorübergehen! Aber nicht wie ich will, sondern wie du willst.«
Als er zu den Jüngern zurückkam, schliefen sie. Da sagte er zu Petrus: »Simon, du schläfst? Konntest du nicht einmal eine einzige Stunde wach bleiben?
Wacht und betet, damit ihr nicht in Versuchung geratet! Der Geist ist willig, aber die menschliche Natur ist schwach.«
Jesus ging wieder weg und betete noch einmal dasselbe.
Als er zurückkam, waren sie wieder eingeschlafen; sie konnten die Augen vor Müdigkeit nicht offen halten und wussten nicht, was sie ihm antworten sollten.
Als er das dritte Mal zurückkam, sagte er: »Wollt ihr noch länger schlafen und euch ausruhen? Es ist so weit! Die Stunde ist gekommen; jetzt wird der Menschensohn in die Hände der Sünder gegeben. Steht auf, lasst uns gehen! Der, der mich verrät, ist da.«

GERICHT

(Jerusalem Gericht/Markus 14,66–72) – Bewährungsprobe für die Freundschaft

Die Verleugnung
Während sich Petrus unten im Hof aufhielt, kam eine von den Dienerinnen des Hohenpriesters.
Als sie Petrus bemerkte, der sich am Feuer wärmte, blickte sie ihn an und sagte: »Du warst doch auch mit diesem Jesus von Nazaret zusammen!«
Aber Petrus stritt es ab. »Ich weiß nicht, wovon du redest; ich verstehe gar nicht, was du willst«, sagte er und ging hinaus in den Vorhof. Da krähte ein Hahn.
Als die Dienerin ihn dort wieder sah, wandte sie sich zu denen, die in der Nähe standen, und sagte noch einmal: »Der da ist einer von ihnen!«
Petrus stritt es wieder ab. Doch es dauerte nicht lange, da fingen auch die Umstehenden an: »Natürlich gehörst du zu ihnen, du bist doch auch ein Galiläer!«
Petrus begann, Verwünschungen auszustoßen, und schwor: »Ich kenne diesen Menschen nicht, von dem ihr redet!«
In diesem Augenblick krähte der Hahn zum zweiten Mal. Da erinnerte sich Petrus daran, wie Jesus zu ihm gesagt hatte: »Bevor der Hahn zweimal kräht, wirst du mich dreimal verleugnen.« Und er brach in Tränen aus.

TOD

(Jerusalem Golgota): Der Tod für uns? Einer für alle! Alle für einen? (Karfreitagsgottesdienst)

AUFERSTEHUNG

(leeres Grab): Neuer Start für die Gemeinschaft (Ostergottesdienst)

Methodische Vorüberlegungen

Die vier gemeinsamen Vorbereitungstreffen legen den Schwerpunkt auf die theologische Auseinandersetzung der Mitarbeitenden mit den ausgesuchten Begebenheiten aus Jesu Leben (siehe oben). Alle Geschichten werden im Gesamtteam unter besonderer Berücksichtigung der jeweils emotionalen Ebene in dem Geschehen erzählt und anschließend gemeinsam bearbeitet. Danach erst entscheiden die Teamer, welche Geschichte für welche Altersgruppe geeignet ist und welche Altersgruppe sie dann übernehmen. In diesem Abstimmungsgespräch, für das genügend Zeit eingeplant werden sollte, werden die ersten methodischen und kreativen Ideen geäußert. Der/die Teamleiter/in sollte nur gestaltend oder beratend diese Findungsphase begleiten. Am Schluss dieser Teambesprechung stehen die jeweiligen Teamer für die entsprechenden Kleingruppen fest. Sie verabreden eigene Kleingruppenteams, bei denen sie überlegen, wie ihre Erzählung methodisch gestaltet werden kann und was für die Kinder unter dem Thema Freundschaft dabei wichtig ist. Sie entwickeln auch den möglichen gruppendynamischen Prozess, angefangen vom gegenseitigen Kennenlernen in der Kleingruppe, über die Einbeziehung der Kinder in die Erzählung bis hin zum anschließenden Gespräch über eigene Erlebnisse der Kinder in Bezug auf das Thema Freundschaft.
Die kreative Großaktion ist den Teamern vorgegeben. Die Ergebnisse und Ausarbeitungen der Kleingruppenbesprechungen werden im nächsten Gesamtteam vorgestellt und besprochen. Wenn keine sachlichen Fehler vorliegen, sollte nur leicht korrigierend eingewirkt werden. Danach werden die organisatorischen Fragen abgesprochen und die Plenums-, wie auch Übernachtungs- und Essensphasen geplant und die Verantwortlichkeiten verteilt.
Info: Die Teamer bei dieser durchgeführten Kinderbibeltagsaktion waren zwischen 14 und 19 Jahre alt, sowie sechs Erwachsene, die überwiegend in den Plenumsphasen, beim Essen und während der Übernachtung leitend tätig waren.

In der ersten Plenumsphase dient die Geschichte von der Maus und ihren Problemen mit Freunden dazu, die Kinder in ihrer Lebenswelt abzuholen und gleichzeitig in das Thema Freundschaft einzuführen. Die Schwierigkeiten einer Dreiecksbeziehung wie zum Beispiel zwischen Maus, Ente und Elefant sind den Kindern aus ihrem Alltag bekannt.
Wie in der Noah Kinderkirchenübernachtung (siehe Seite 33ff) wird bei den Kindern bewusst die Assoziation mit der »Sendung mit der Maus« durch ein einem Fernseher nachgebildetes Bühnenbild hergestellt.

Die kreative Grossaktion

Die Kinder gestalten im Mittelgang der Kirche und neben dem Altar (Raumbedarf und Ort müssen den jeweiligen örtlichen Gegebenheiten angepasst werden, dabei immer die Sicherheitsbestimmungen bezüglich der Fluchtwege etc. beachten) anhand der verschiedenen Erzählstationen einen ca. 17 Meter langen Lebensweg Jesu. Die einzelnen Stationen werden in den Kleingruppen vorbereitet. Am Ende der Kleingruppenphase bringen alle ihre Stationen in die Kirche und bauen der Reihe nach den Lebensweg zusammen.
Die Kreativphase in der Gruppe entwickelt sich aus der Erzählung und dem anschließenden Gespräch. Dabei soll z. B. bei der Heilung des Gelähmten nicht gezeigt werden, wie ein Haus damals aussah, sondern es liegen Bücher mit entsprechenden Abbildungen bereit, die die Kinder im Denkprozess über die kreative Umsetzung der Erzählung entdecken. Das Gleiche gilt für das Material (siehe unten). Es wird den Kindern in jeder Kleingruppe ein umfangreiches Materialangebot in Form eines Basars angeboten. Die verschiedenen Materialien sollen die Kinder auf eigene Ideen bringen, so dass die Teamer nur begleitend in dieser Phase tätig sind. Für große oder besondere

Materialien (große Kartons, Koniferen, Blumen etc.) muss ein zentraler Ort für alle Gruppen verabredet werden. Wichtig ist in dieser Phase für die Kinder besonders das eigenständige Entwickeln und damit auch Auseinandersetzen mit der jeweiligen Erzählung.
Für das Zusammentragen der Gruppenergebnisse und den Aufbau des Lebensweges muss genügend Zeit eingeplant werden. Hier ist Flexibilität gefragt, weil auch in dieser Phase den gestalterischen Ideen Raum gegeben werden soll. Hier empfiehlt es sich, für die Kinder, die an dieser Stelle nicht mehr mitgestalten, ein Alternativprogramm mit Spielen und viel Bewegung bereitzuhalten.
In der Durchführung der Kinderbibelaktion entdeckten etliche Kinder und junge Jugendliche ihren Spaß am Umgang mit gestalterischen Elementen wie Moos, Erde, Blumen, Steinen und vielem anderen. Die älteren Kinder und einige Teamer haben die Schlafenszeit der jüngeren Kinder zum Weitergestalten genutzt.

Die Erzählungen vom Tod und der Auferstehung bleiben den Gottesdiensten zu Karfreitag und Ostern vorbehalten. Der Osterfamiliengottesdienst bildet den Abschluss der Kinderbibelübernachtung. Die Gestaltung dieser Stationen hatten Teamer übernommen.

MATERIALBÖRSE

Eine Rolle große, dicke Baufolie (Grundlage für den Lebensweg in der Kirche zum Schutz des Bodens vor Feuchtigkeit, die durch Blumen, Moos etc. den Boden beschädigen könnte), große und kleine Stoffe, Tücher, Papprollen, bunte Papiere, bunte größere und kleinere Folien, kleine und große Kartons, nicht gestaltete Holzfiguren (6 x 6 cm quadratisches Standbrett, 12–15 cm lange Rechteckleiste, die mit der schmalen Stirnseite auf das Standbrett gestellt und von unten festgenagelt wird. Auf der gegenüberliegenden Stirnseite wird eine Styroporkugel mit ca. 5 cm Durchmesser ebenfalls festgenagelt), Wolle, Stofffetzen, Steine, Primeln, kleine Koniferen, Moosplatten, Blumenerde, künstlicher Rasen (Rasenteppich im Baumarkt erhältlich), Rindenmulch (wegen der Geruchsbeeinträchtigung besser Pinienrinde, ist aber teurer), Federn, Farbe und was sonst noch gesammelt und gebraucht werden kann, natürlich auch Scheren, Cuttermesser (Vorsicht, nur begleiteter Umgang), Stifte, Wachsmaler …
Die Ortsschilder (siehe CD-ROM/Geschichten einer Freundschaft/Ortsschilder zum Ausdrucken) müssen für die einzelnen Gruppen vorgefertigt und dann an der entsprechenden Station aufgestellt werden (CD-ROM/Geschichten einer Freundschaft/Lebensstationen Jesu).
Für das Anspiel werden die Figuren aus der »Sendung mit der Maus« (Maus, Elefant und Ente, alle erhältlich im WDR-Shop) benötigt. Ebenso ein Teamer, der im grünen Sweatshirt den Erzählpart übernimmt.

ABLAUF

SAMSTAG

14.45 Uhr
- Empfang
- Anmeldungen überprüfen
- Namensschildchen z. B. Maus, Elefant oder Ente aussuchen und mit eigenem Namen versehen, mit gerollten Tesakreppröllchen das Schild auf dem Oberkörper befestigen (Bastelvorlagen gibt es auf der Homepage von der Sendung mit der Maus).

- Gepäck, Hinweise zum Ablauf und Toiletten, …
- Wasser und Obst stehen bereit

15.15 Uhr
- Begrüßung/Warming up (siehe Seite 17 dieses Buches)
- Lied (Kinderbibeltageschlager – ein Erkennungslied, das bei jedem Kinderbibeltag gesungen wird und auch im Gottesdienst von den Kindern vorgetragen wird).
- Kerzenritus (Es werden drei Kinder ausgewählt, die während des Ritus jeweils eine Kerze anzünden. Der Ritus wird begleitet mit dem Lied »Das wünsch ich sehr, dass immer einer bei mir wär …«

(in: Kirche mit Kindern Liederbuch, hg. v. Rhein. Verband für Kindergottesdienst, S. 33).

Schön, dass wir hier zusammen sind, zusammen singen, hören, beten und etwas machen können! Und dabei erinnern wir uns an Gott, der uns alle geschaffen hat.
Für Gott zünden wir die erste Kerze an (dies macht ein Kind), währenddessen singen wir:
Lied: Das wünsch ich sehr …

Wir erinnern uns an Jesus Christus, der uns gezeigt hat, wie Gottes Liebe uns beim friedlichen Zusammenleben hilft.
Für Jesus zünden wir die zweite Kerze an (s. o.)
Lied: Das wünsch ich sehr …

Und wir erinnern uns an Gottes Heiligen Geist. Er verbindet uns mit Gottes Liebe und lässt sie bei uns wirken.
Für Gottes Heiligen Geist zünden wir die dritte Kerze an (s. o.)
Lied: Das wünsch ich sehr …

16.15 Uhr
Lied: Wir singen alle Hallelu …/Wir tanzen alle Hallelu …
(in: Menschens Kinder Lieder 1, 154)

16.30 Uhr
Ein Teamer als Christoph, wie der Moderator aus der Sendung mit der Maus, mit einem grünen Sweatshirt versehen, tritt auf. Er liest die Geschichte von der Maus und den Problemen mit ihren Freunden vor. Dazu wird mit den Handpuppen die Geschichte auf dem Fernsehbildschirm nach Art des Kasperletheaters pantomimisch nachgespielt.

Die Maus und ihre Probleme mit ihren Freunden
Das ist die Maus. Und das ist der Elefant. Und das ist die Ente. Und wir werden euch jetzt die Geschichte erzählen, wie die drei Freunde wurden, sich zerstritten und schließlich wieder Freunde wurden.

Die Maus (zeigt sich auf dem Fernsehschirm, geht auf und ab) ging im Park spazieren. Da lief ihr der Elefant (tritt zur Maus hinzu) über den Weg. Die beiden unterhielten sich (pantomimisch nachstellen, beide sind sich zugewandt) so über dies und das. Über das Wetter, Politik und über Sport. Klingt komisch, ist aber so. Als die Maus nach Hause musste, entschieden sie und der Elefant, sich bald wieder zu treffen. Das taten sie auch. Und so wurden die Maus und der Elefant Freunde. (beide treten ab)

Doch die Maus hatte auch noch eine Freundin. Nämlich die Ente (tritt auf, geht vor dem Fernsehschirm auf und ab, etwas besorgt, den Kopf nach unten gebeugt). Und die fand das gar nicht so toll, dass die

Maus – die ja ihre Freundin war – sich so oft mit dem Elefanten traf. Denn dann hatte die Maus ja nicht mehr so viel Zeit für sie. Also beschloss sie, dem Elefanten (kommt der Ente entgegen, bleibt vor ihr stehen und beide unterhalten sich, tuscheln und tun etwas geheimnisvoll) gaaaanz fiese Dinge über die Maus zu erzählen. Klingt komisch, ist aber so. Also erzählte die Ente dem Elefant, dass die Maus den Elefanten gar nicht so mochte, wie sie vorgab. Das fand der Elefant natürlich nicht so toll. Der war gaaaanz traurig und wollte sich nicht mehr mit der Maus treffen. Und so zerstritten sich die Maus und der Elefant. (Ente und Elefant treten ab.)

Die Maus (tritt wieder auf, ist traurig) fand das natürlich merkwürdig, dass der Elefant sich nicht mehr mit ihr treffen wollte. Die Maus wusste ja nicht, warum. Sie fragte die Ente (kommt der Maus entgegen), ob die etwas darüber wüsste. Da bekam die Ente ein gaaaanz schlechtes Gewissen. Also erzählte sie der Maus, was sie dem Elefanten gesagt hatte. (Ente tritt ab) Sofort ging die Maus zum Elefanten (erscheint am Rand des Fernsehschirms). Die Maus sagte, dass die Ente gelogen hätte und sie den Elefanten wohl mögen würde. So wurden die Maus und der Elefant wieder Freunde.

Die Maus (tritt auf) war aber immer noch sauer auf die Ente. Sie wollte nichts mehr mit der Ente zu tun haben. Aber der Elefant (tritt auf die Maus zu) fand, dass die Ente das nicht verdient hätte. Sie war eben traurig gewesen, dass die Maus so wenig Zeit für sie hatte. Klingt komisch, ist aber so. Also gingen die Maus und der Elefant zu der Ente (erscheint am Bildrand). Sie sagten, dass sie doch alle drei – also die Maus, der Elefant und die Ente – Freunde werden sollten. Und so wurden auch alle drei zu Freunden. (alle drei tanzen miteinander)

Eigenschaftenspiel:
Ein/e Mitarbeiter/in (MA) steht in der Mitte und erklärt das Spiel und macht einen Probedurchgang. Ablauf des Spiels: Kinder mögen unterschiedliches Essen. Manche mögen Erbsen, die stellen sich bitte in die linke Ecke des Raumes, manche mögen Möhren, diejenigen gehen in die rechte Ecke, manche mögen Blumenkohl, die Kinder gehen in die hintere rechte Ecke, die, die Kohlrabi mögen in die hintere linke Ecke. Jetzt stellen sich alle Kinder in die Ecke, welches Gemüse sie am meisten mögen. Der Spielleiter stellt dann das Ergebnis fest. Es beginnt die nächste Runde z. B. mit Schulfächern, Urlaubsländern, Lieblingsmusik, Lieblingsspiele oder Filme. Der letzte Durchgang bittet die Kinder, sich nach Klassen zu sortieren: Kindergartenkinder, erste, zweite, dritte, vierte, fünfte, sechste Schulklasse. Jeder Klasse werden zwei bis drei Teamer zugeordnet. Die Kinder bleiben dann als Gruppe in dieser Zusammenstellung und mit den Teamern zusammen.

17.00 Uhr
1. Teil in Kleingruppen
• Kennenlernspiele (siehe Kinderbibelübernachtung zu Noah, Seite 40)
Thema Freundschaft aus dem Anspiel aufnehmen und mit Kindern besprechen. Nach ähnlichen Erlebnissen fragen, wie es bei den Kindern ausgegangen ist, was ihrer Meinung nach in einer Freundschaft wichtig ist.
• Darbietung der für die Gruppe ausgesuchten Geschichte
Gespräch über die Geschichte: »Was hat Jesus mit seinen Freunden erlebt? Versteht ihr Jesus? Versteht ihr die Freunde?«
Erklären der Großaktion

18.30 Uhr bis 19.15 Uhr
Abendessen und Pause

19.15 Uhr
2. Teil in Kleingruppen:
- Weiterarbeit an der Station für die Großaktion

Gegen Ende der Kleingruppenphase bringt jede Gruppe ihr Ergebnis in die Kirche und baut es dort an der entsprechenden Stelle des gesamten Lebensweges Jesu auf.

20.15 Uhr
Alle versammeln sich in der Kirche, das Gesamtkunstwerk wird betrachtet.
Es werden einige Lieder gesungen, Spiele, Abendspaziergang, Nachtlager vorbereiten, …

21.30 Uhr
Zähne putzen

22.00 Uhr
ab in den Schlafsack und Vorführen eines »Gute-Nacht«-Films (z. B. Janosch, Winnie Puh, Urmel aus dem Eis, Jim Knopf und Lukas der Lokomotivführer, Der Zauberer von Oz, Findet Nemo)
oder
Gute-Nacht-Geschichte: Lars, der Eisbär

23.00 Uhr/23.30 Uhr
Nachtruhe

SONNTAG

(genauere Infos zum Morgen in der Kinderkirchenübernachtung zu Noah, Seite 43)
Eventuell werden Arbeiten am Lebensweg noch zu Ende gebracht. Andere Inhalte stehen nicht auf dem Programm, weil der Familiengottesdienst das Thema aufnimmt.

FAMILIENGOTTESDIENST – ABSCHLUSSGOTTESDIENST KINDERKIRCHENNACHT

Orgelvorspiel

Begrüßung

Lieder zum Einstieg *ohne Orgel*: Ich bin da …

Votum

Psalm

Gebet

Einleitung zum Thema: Freunde sind wichtig – Jesus und seine Freunde

1. STATION: BETLEHEM

Lied: Mache dich auf
(2 x singen, Evang. Gesangbuch, Ausgabe Rheinland/Westfalen/Lippe/Reformiert, Nr. 537)

2. STATION: SEE GENNESARET

Lied: Herr, gib mir Mut zum Brücken bauen
(Strophe 1 + 2, Evang. Gesangbuch, Ausgabe Rheinland/Westfalen/Lippe/Reformiert, Nr. 669 oder in: Menschens Kinder Lieder 1, 75)

3. STATION: KAFARNAUM – JÜNGERGEWINNUNG

Lied: Einander brauchen
(Strophe 1 – 3, in: Menschens Kinder Lieder 2, 29)

4. STATION: EINZUG IN JERUSALEM

Lied: Jesus zieht in Jerusalem ein
(Strophe 1+2+5, Evang. Gesangbuch, Nr. 314)

5. STATION: ABENDMAHL MIT HINFÜHRUNG ZUM ABENDMAHL

Einsetzungsworte – Christe, du Lamm Gottes – Austeilung

Lied: Unser Leben sei ein Fest
(Evang. Gesangbuch, Ausgabe Rheinland/Westfalen/Lippe/Reformiert, Nr. 571)

6. STATION: GETSEMANI

Lied: Halte zu mir guter Gott
(Strophe 1+4, in: Kirche mit Kindern Liederbuch, S. 80)

7. STATION: VERLEUGNUNG

Lied: Das wünsch ich sehr
(2 x singen, in: Kirche mit Kindern Liederbuch, S. 33)

Abkündigungen

Fürbitte

Vaterunser

Segen

Lied: Möge die Straße
(in: Kirche mit Kindern Liederbuch, S. 123)

Orgelnachspiel

Geistgeschichten: Pfingsten und mehr

EIN KINDERBIBELTAG ZU 1. Mose 1,1ff; 2,7; Richter 6,33–7,1; Apostelgeschichte 2; 2. Timotheus 1,7

von Hildegard Ternité

THEOLOGISCHE VORBEMERKUNGEN

Heiliger Geist wird allgemein als schwer fassbar beschrieben. Die mit ihm verbundenen Geschichten werden leider meistens auf Pfingsten beschränkt und auch dieses Fest oft reduziert auf den »Geburtstag der Kirche«.
Dabei ist *Heiliger Geist* eines der spannendsten biblischen Themen und bietet ungeahnte Möglichkeiten an erzählerischer und kreativer Vielfalt. Immerhin ist *Heiliger Geist* neben Vater und Sohn Bestandteil unseres Glaubens und es lohnt eine Auseinandersetzung mit seiner biblischen Bezeugung.
Für die anschließenden Betrachtungen ist mir das Buch von Eduard Schweizer, »Heiliger Geist«, Kreuz-Verlag, Stuttgart 1978[1], eine große Hilfe gewesen.

ZUR INHALTLICHEN AUSWAHL DER GESCHICHTEN

Fälschlicherweise wird das Thema *Heiliger Geist* oft auf das Neue Testament (NT) beschränkt. Um sein Erscheinen und Wirken dort zu begreifen, ist es allerdings unbedingt notwendig, sein Wirken im Alten Testament (AT) aufzuspüren und zu benennen. Im AT wird zwar nur an zwei Stellen ausdrücklich vom »Heiligen Geist« gesprochen (Psalm 51,18; Jesaja 63,10–11), aber als »Geist Gottes« zieht er sich von der Schöpfung an wie ein roter Faden auch durch das AT.
Um der Vielfalt an Bibelstellen ein überschaubares Gerüst zu bieten, lässt sich *Heiliger Geist* grob in *vier Themenbereiche* gliedern:

a) Heiliger Geist als der Fremde
Gottes Geist bricht unvermutet in den Alltag ein. Er befähigt die Menschen in Gottes Auftrag zu Außerordentlichem. Dabei kommt der Geist nie angepasst daher, sondern stellt den Menschen auf seine eigenen Füße, notfalls auch im Unterschied zu sämtlichen Zeitgenossen (Schweizer, S. 25). Auffällig ist, dass Gottes Geist nur auf Zeit verliehen wird, nämlich so lange, bis der Mensch seinen Auftrag im Sinne Gottes ausgeführt hat (bzw. stirbt oder sich von Gott abkehrt).
Ich habe mich zu diesem Themenfeld für die Gideongeschichte entschieden, da der Geist dort ein mutmachender Geist ist. Diese Ermutigung, gepaart mit Zweifel und einer erneuten Bestätigung, können die Kinder wahrscheinlich gut nachvollziehen.

b) Heiliger Geist in der Schöpfung

Bereits im jüngeren Schöpfungsbericht 1. Mose 1,2 findet der Geist Gottes Erwähnung. Während hier nur auf seine Anwesenheit hingewiesen wird und er im Folgenden der Schöpfung nicht vorkommt, hat er im älteren, zweiten Schöpfungsbericht als Atem Gottes die Funktion, zum Leben zu erwecken. Dort macht Gott den Menschen aus Erde und haucht ihm Lebensatem ein. Hier spielt die hebräische Übersetzung von »Ruach« eine Rolle: »Ruach« heißt auch »Atem« oder »Wind«.

Auch über die Schöpfungsberichte hinaus ist der Geist Gottes, der Atem Gottes, Leben schaffend tätig: Jeder Frühling mit seinem Tauwind bringt neues Leben hervor (Psalm 147,18). Der Sturmwind weht über die Erde und die Wasser der Sintflut sinken (1. Mose 8,1). Gott atmet aus und der Mensch lebt, Gott nimmt seinen Atem zurück und der Mensch stirbt (Psalm 104).

Um diesen Wirkungskreis des Geistes Gottes zu beschreiben, habe ich beide Schöpfungsgeschichten kombiniert (was mir in diesem Zusammenhang erlaubt schien, da der Vorgang der Erschaffung des Menschen im jüngeren Bericht nicht benannt ist), und den Schwerpunkt auf das Vorhandensein und die Leben schaffende Kraft des Geistes gelegt.

c) Heiliger Geist als Ursprung der Erkenntnis

Im dritten Themenkreis lassen sich die Stellen zusammenfassen, in denen der Geist hilft, Gott zu erkennen (und dann auch zu bekennen). An dieser Stelle ist die Pfingstgeschichte zu erzählen. Sie kombiniert den mutmachenden Aspekt des Geistes mit dem Erkennen der Absichten Gottes und der Bekehrung eines großen Teils der umstehenden Festbesucher. Von Pfingsten an bleibt der Geist Gottes dauerhaft bei allen, die glauben. Er wird nicht – wie im AT – auf Zeit verliehen.

d) Heiliger Geist in der zukünftigen Vollendung

Der vierte Teilbereich weist in die Zukunft. Gott und sein Geist sind nicht an diese Welt gebunden. Es gibt eine Welt, die dem Menschen nicht zugänglich ist und in der Gottes Geist regiert. Die Propheten beschreiben das Gericht, das dort gehalten wird, sie beschreiben aber auch mit eindrücklich schönen Worten und Bildern das Heil, das dort die Menschen erwartet. Und sie verheißen, dass Gott dann seinen Geist auf alle ausgießen wird. Die neue Welt, die der Geist schaffen will, wird durch die Verwandlung der Menschen möglich.

Diese Verwandlung der Menschen geschieht aus Sicht des AT in der Zukunft. Im NT geschieht sie aber »schon jetzt«. Selbst wenn die Neuschöpfung noch aussteht, sind wir schon jetzt eine neue Kreatur. Die Gabe des Heiligen Geistes verwandelt uns.

Diese Verwandlung fand ich schön beschrieben im 2. Timotheusbrief 1,7: *Gott hat uns nicht gegeben den Geist der Furcht, sondern der Kraft und der Liebe und der Besonnenheit.* Da dieser Vers sich als roter Faden durch den gemeinsamen Eingangsteil zieht, habe ich hier lediglich eine Übertragung angeboten.

PLENUM

BEGRÜSSUNG UND VOTUM

Wir sind zusammen im Namen Gottes, der uns das Leben gibt,
im Namen Jesu Christi, der uns Lebenswege zeigt,
im Namen des Heiligen Geistes, der uns tröstet und stärkt.

LIED: Komm, Heilger Geist, mit deiner Kraft
(in: Kirche mit Kindern Liederbuch, hg. v. Rhein. Verband für Kindergottesdienst, S. 95)

GEBET

(Dabei kann beim Kehrvers jeweils eine Kerze angezündet werden, die vorher von den MA gestaltet wurden zu den drei Stichworten Kraft, Liebe und Besonnenheit; ggf. kann die Gestaltung auch mit Kindern im Kreativteil nachvollzogen werden.)

Manchmal, Gott, fühle ich mich klein und schwach. Was kann ich denn schon, was andere nicht auch könnten? Im Gegenteil, ich höre dann: Das kannst du noch nicht, dafür bist du noch zu klein. Kannst du mir nicht Mut machen, mir leise innen drin sagen: Das schaffst du schon? Gib mir *Kraft,* dass ich mutig werde, aber nicht übermütig.

Gott hat uns nicht gegeben den Geist der Furcht, sondern den Geist der Kraft.

Manchmal, Gott, bin ich ungerecht. Wenn ich schlechte Laune habe, lasse ich das an anderen aus. Wenn mir etwas nicht schnell genug geht, werde ich ungeduldig. Wenn etwas nicht klappt, sind die anderen schuld. Gib mir den Geist der *Liebe*, dass ich nicht so kantig und hart bin, sondern liebevoll.

Gott hat uns nicht gegeben den Geist der Furcht,
sondern den Geist der Kraft und der Liebe.

Gott, bin ich stark, dann hab ich ganz viel Vertrauen in meine Kräfte und in das, was ich kann. Und es gibt viel, was ich wirklich gut kann. Dann passiert es, dass ich übermütig werde, dass ich mir zu viel zutraue, dass ich über andere lache. Gib mir *Besonnenheit*, damit ich mit mir und mit anderen sorgfältig umgehe.

Gott hat uns nicht gegeben den Geist der Furcht,
sondern den Geist der Kraft und der Liebe und der Besonnenheit.

Amen.

ANSPIEL

(Liturg steht, drei MA »spielen« oder sitzen etwas abseits und mischen sich nach und nach ein)

Liturg:	Heute stelle ich euch jemanden vor, den man spüren kann, aber nicht sehen. Er kann etwas bewegen, aber ihn selbst siehst du nicht. Er hat Kraft, aber er ist unsichtbar. Er kann lebendig machen, aber …
MA 1:	Au ja, ich liebe Rätsel. Darf ich raten?
Liturg:	Von mir aus. Versuch es mal.
MA 1:	Das ist bestimmt der elektrische Strom.
Liturg:	Ach du meine Güte, da wäre ich jetzt nicht drauf gekommen.
MA 1:	Ist doch ganz einfach. Er kann einen Motor bewegen oder eine Herdplatte heiß machen. Aber ihn selbst siehst du nicht. Auch anfassen kannst du ihn nicht, aber er wirkt doch.

MA 2: Ach was; das ist bestimmt der Wind. Er treibt Segelschiffe an oder bewegt Blätter, und wenn ich Fahrrad fahre, kommt er immer von vorne. Aber sehen kann ich ihn nicht.

MA 1: Dann könnte das auch die Luft sein. Natürlich, Luft macht lebendig. Du meinst bestimmt die Luft.

MA 2: Was für'n Quatsch! Luft macht lebendig. Pfh …

MA 1: Nein, kein Quatsch, versuch doch mal, auszukommen ohne Luft.

MA 2: (Hält eine Weile die Luft an und atmet dann hörbar ein und aus) Du hast Recht. Geht nicht.

MA 1: Neulich hatte ich so einen kleinen Marienkäfer auf der Hand, der saß ganz still, weil es noch so kalt war. Den habe ich mit warmer Luft angehaucht, da hat der sich bewegt und ist weggeflogen.

MA 2: Luft hat auch Kraft. Sie trägt Mücken und Vögel und sogar Flugzeuge.

MA 1 und 2: (durcheinander) Na, haben wir Recht? Was ist es denn, komm, sag schon.

Liturg: Ihr habt vielleicht Ideen – aber gar nicht mal schlecht. Da ist vieles ähnlich. Ich rede jedenfalls vom Heiligen Geist.

MA 3: (erscheint mit Betttuch über dem Kopf und spielt Geist) Hu-hu …. Hui-bu …

Liturg: Was machst du denn da?

MA 3: Ich bin ein Geist! Hui-bu …, huhuhu …

MA 2: Hast du nicht aufgepasst? Er hat doch gesagt »unsichtbar«. Und du bist ziemlich sichtbar. Du, du… Gespenst.

MA 3: (sichtbar enttäuscht) Geist und Gespenst ist also nicht dasselbe?

Liturg: Nein, wirklich nicht. Auch wenn sich Menschen immer mal wieder erschrecken, wenn der Heilige Geist zu ihnen kommt.

MA 1: Du wirst immer geheimnisvoller. Unsichtbare Kraft, die Leben schafft und Leute erschreckt???

MA 2: Ich find's total spannend. Kannst du uns nicht ein paar Geschichten erzählen? Bitte!

Liturg: Das will ich ja die ganze Zeit, aber ihr wolltet unbedingt Rätsel raten.

MA 3: Na, dann los.

Liturg: Okay, ein Lied noch und dann geht's in die Geisterbahn.

MA 3: (hüpft durch die Gegend) Wusst ich's doch, wusst ich's doch, Hurra!

Liturg: Wart ab! Das wird eine Geisterbahn anderer Art.

LIED: Wind kannst du nicht sehen
(Evang. Gesangbuch, Ausgabe Rheinland/Westfalen/Lippe/Reformiert, Nr. 568)

GRUPPENPHASE: WILLKOMMEN IN DER GEISTERBAHN

Die Kinder teilen sich in vier Gruppen auf mit je einem mitgehenden Mitarbeitenden. An jeder Station befindet sich ein Stationsmitarbeitender, der/die die jeweilige Geschichte erzählt. Die Geschichten werden in vier Stationen erzählt – sie bauen von der biblischen Abfolge her aufeinander auf, sind aber in sich geschlossene Einheiten. Es bietet sich an, vier Erzählzelte einzurichten und in einem Kreativraum alle Vertiefungen anzubieten. Wie die Erzählzelte gebaut werden, hängt von der Fantasie der MA ab, es können Pavillons sein, kleine Zelte, selbst gebaute Höhlen. Für die erste und dritte Geschichte ist es wichtig, dass der Raum sich abdunkeln lässt. Die Gruppen wandern von Erzählzelt zu Erzählzelt, d.h. die Kinder fangen nicht alle mit der ersten Geschichte an, kommen aber an allen vier Geschichten nach und nach vorbei. Wichtig ist, dass beim Wechseln der Erzählzelte eine festgelegte Reihenfolge eingehalten wird, z.B. 1, 2, 3, 4 wechseln alle zur nächsten Zahl, 4 wechselt dabei zur 1.

Mögliche weitere Lieder für diesen Kinderbibeltag sind:
Du bist heilig, du bringst Heil (Kirche mit Kindern Liederbuch, S. 41 oder Menschens Kinder Lieder 2, 25)
Du verwandelst meine Trauer in Freude (Kirche mit Kindern Liederbuch, S. 48 oder Menschens Kinder Lieder 2, 26)
Gottes Geist befreit zum Leben (Mein Liederbuch Bd. 2, B 201)
Du Herr gabst uns dein festes Wort (Evang. Gesangbuch, Rheinland/Westfalen/Lippe/Reformiert, Nr. 590)
Von der Zärtlichkeit Gottes (Menschens Kinder Lieder 2, 11)
Gottes Geist kommt oft ganz leise (Menschens Kinder Lieder 2, 44)

1. SCHÖPFERGEIST (1. MOSE 1,1FF UND 1. MOSE 2,7)

Schöpfungsgeschichte mit Schwarzlicht erzählen = Geist/Atem Gottes schafft Leben; Bauanleitung für einen Schwarzlichtrahmen siehe Seite 169 oder auf der CD-ROM/Geistgeschichten/Skizze Schwarzlichtrahmen.

Durchgängig Gesten oder durchgängig Bilder benutzen, es wird sonst zu unruhig.
Als Alternative zu selbst gemachten Gestirnen und Tieren: fertig zu kaufende Neon-Sonne, Mond und Sterne; Neon-Delfine, ... Die Spielwarenbranche gibt viel her.
Billiger und vielfältiger ist es aber selbst gemacht: Neon Farben (mit Pinsel aufzutragen) gibt es zu kaufen bei: www.pappnase.de, dort gibt es auch Leucht-Tonpapier oder Neonwolle für die ganz Kreativen. Man kann mit diesen Farben auch experimentieren auf schwarzem Tonpapier.
Wenn man Zeit hat, kann man mit den Kindern anstatt der angebotenen Vertiefungen mit den Eisluftballons oder Bohnenkeimen auch diese Erzählung mit eigenen Basteleien weiter ausgestalten (einfache Vorlagen auf der CD-ROM unter Geistgeschichten/Tierzeichnungen zu Pfingsten 1+2).

WAS SAGEN	WAS TUN
Gottes Geist war immer schon da. Er war sogar schon da, als es auf der Welt noch gar nichts gab.	
Ganz am Anfang, als Gott Himmel und Erde machte, war die Erde noch wüst und leer. Aber der Geist Gottes schwebte über dem Wasser.	Hand im schwarzen Handschuh bewegt sich dezent mit Wellenbewegung.

Ob man ihn sehen konnte – ich weiß es nicht. Ob man ihn hören konnte – ich weiß es nicht. Aber er war da, bereit, die Erde mit Leben zu füllen.	Die Handbewegungen werden mutiger, um das Sehen zu testen; sie reibt die Finger, um das Hören zu testen; kann gesteigert werden in Schnippen oder Klatschen, was mit Handschuhen nur gedämpft geht,
Gott sagte: Es soll hell werden und es wurde hell.	Schwarze Hand verschwindet, weiße Hand taucht auf, winkt den Kindern zu.
Der Unterschied zwischen hell und dunkel gefiel ihm. Er nannte das Helle »Tag« und das Dunkel nannte er »Nacht«.	Bei Tag zwei winkende oder sonst aktive weiße Hände und bei Nacht zwei aneinandergelegte weiße Hände wie zum Schlafen.
Gott räumte das Tohuwabohu auf. Er trennte den Himmel von der Erde. Er trennte die Erde vom Meer.	Bei »Himmel« mit den Unterarmen und Händen einen großen Bogen andeuten. Bei »Erde« die Arme flach vor den Körper halten und die Hände in der Mitte falten. Bei »Meer« die Unterarme in wellenförmige Bewegung versetzen.
Gott fand das gut, was er da gemacht hatte.	Daumen hoch – Geste
Richtig gut.	Zweiten Daumen auch hoch
Und Gott sprach: Auf der Erde soll Gras wachsen und Blumen.	Grüne Fingerspitzen an der Tischkante aufwachsen lassen.
Und nicht nur das, Bäume sollen da sein, die Frucht bringen, und Büsche mit Knospen und Früchten.	Bäume aus grünen Handschuhen wachsen, wobei die Unterarme die Stämme bilden und die Hände und Finger die Zweige, die langsam aufknospen.
Danach wollte Gott besondere Zeichen für den Tag und die Nacht haben. Also machte er die Sonne für den Tag und den Mond und die Sterne für die Nacht.	Sonne = mit beiden Daumen und Zeigefingern großen Kreis bilden und zeigen Mond = ein Daumen und Zeigefinger bilden die Mondsichel Sterne = zwei Zeige- und Mittelfinger sternförmig übereinander legen (oder: nacheinander einen mit Goldfolie beklebten Kreis von Sonnenaufgang bis Sonnenuntergang führen, ebenso eine mit Silberfolie beklebte Mondsichel und kleine Sterne)
Und Gott sagte: Im Wasser soll es wimmeln von Fischen,	Mit zwei aneinandergelegten Händen Fische imitieren (oder mit Leuchtfarbe angemalte Papierfische auf Schaschlikspießen auf- und abtauchen lassen)
Vögel sollen fliegen von der Erde bis in die Lüfte, geradewegs in den Himmel hinein.	Zwei Hände mit überkreuzten Daumen und flatternden Fingern deuten fliegende Vögel an, (oder: ausgeschnittene Vögel, lassen sich gut mit weißen Federn bekleben)

Gott freute sich an allem, was da kroch und flatterte, und er fand es gut, was er da gemacht hatte.	Daumen hoch - Geste
Gott segnete die Tiere und sagte: Seid fruchtbar und vermehrt euch und füllt das Wasser im Meer. Auch ihr Vögel vermehrt euch auf der Erde und füllt die Luft mit eurem Gesang.	Von oben segnende Hand kommen lassen
Gott schuf noch viel mehr Tiere, kleine kriechende Tiere und ganz große, schreitende Tiere.	Der Zeigefinger kriecht als Wurm. Daumen und Zeigefinger, Ringfinger und kleiner Finger bilden vier Beine, der gehobene Mittelfinger bildet Kopf oder Rüssel.
Er freute sich an allem, was er gemacht hatte. Es war sehr gut. Aber ihm fehlte immer noch etwas.	Beide Daumen hoch Fragezeichen in die Luft malen oder zwei fragende Hände hochhalten.
Gott hatte Sehnsucht nach einem Gegenüber und so schuf er einen Menschen. Er formte ihn aus dem Ackerboden. Aber der Mensch war noch wie tot. Es war noch keine Lebenskraft in ihm.	Eine weiße Hand »formt« die andere weiße Hand. Drei Finger liegen auf dem Boden: Zeige- und Mittelfinger bilden die Beine, der Daumen ist ein Arm. Finger der formenden Hand stupsen die Finger der liegenden Hand an - nichts passiert, heben ein »Bein« hoch, fällt zurück...
Da hauchte Gott ihm Atem ein und seine Lebensgeister erwachten und er wurde lebendig.	Schwarze Hand kommt und streicht über die weiße Hand: Daumen reckt sich, fällt zurück, Beine recken sich, Mensch steht langsam auf und beginnt zu laufen.

So ist Gottes Geist, so alt und so stark.
Er ist eine Lebenskraft.
Er macht lebendig, was leblos ist.
Er richtet auf, was hoffnungslos ist.
Er wärmt, was erstarrt ist.

TRAGBARER SCHWARZLICHTRAHMEN

(Bauanleitung und Skizze von Ewald Schulz)

Material:
- Eine 60 cm lange UV-Röhre (Schwarzlicht) mit Fassung (Baumarkt, ca. 50,- €)
- 5 m langes schwarzes Elektrokabel mit Stecker (Bauhäuser)
- Zwei gehobelte Dachlatten mit einer Länge von 120 cm und zwei gehobelte Dachlatten mit einer Länge von 50 cm für den Rahmen
- Zwei gehobelte Dachlatten mit einer Länge von 50 cm als Rahmenstützen
- Zwei gehobelte Dachlatten mit einer Länge von 40 cm und eine Holzleiste mit einer Länge von 120 cm als Tuchträger und zwei Sechskantschrauben
- Eine 4 mm starke und 76 cm x 14 cm große Sperrholzplatte als Licht-Blende
- Zwei 4 mm starke, 24 cm x 54 cm große Sperrholzplatten als Seitenblenden
- Schwarzer Acryllack (matt) und Pinsel
- 6 cm und 2,5 cm lange, schwarze Schnellbauschrauben
- Kleine, schwarze Stahlnägel
- Tacker und Heftklammern
- Ein schwarzes Leinentuch mit einer Länge von 130 cm und einer Breite von 110 cm für die Aufhängung
- Zwei schwarze Leinentücher mit einer Länge von 60 cm und einer Breite von 40 cm als Seitenvorhänge
- Schwarze Handschuhe
- weiße Handschuhe (z. B. vom Bestattungsunternehmer)
- weiteres benötigtes Material s. o. im Geschichtentext
- *unbedingt* einen wirklich verdunkelbaren Raum

BAU DES SCHWARZLICHTRAHMENS

(Bauzeichnung dazu s. S. 170)

Sechs gehobelte Holzlatten, Holzleiste und Sperrholzplatten auf Maß zuschneiden (s. o.) und mit schwarzem Acryllack streichen. Trocknen lassen. Die 120 cm langen Latten auf die 50 cm langen Latten aufschrauben. Dabei liegen die langen Latten jeweils zu den zwei senkrechten Latten 20 cm über. Die schwarzen Schnellbauschrauben ganz ins Holz versenken. Es entsteht ein ca. 75 cm x 50 cm Rahmen. Die UV-Röhre (Schwarzlichtröhre) mit dem schwarzen Elektrokabel verbinden, auf der anderen Seite den Stecker montieren. Vor die Lichtröhre eine Blende setzen. Hierbei die 76 cm x 14 cm große Sperrholzplatte auf die obere Rahmenlatte aufnageln sowie 0,5 cm auf linke und rechte Latte. Links und rechts davon die 24 cm x 54 cm großen Sperrholzplatten auf die 50 cm senkrecht stehenden Latten und die überstehenden Enden der oberen und unteren Latte nageln. Diese Seitenblenden stehen ca. 3 cm über, damit die Seitenvorhänge (s. u.) kein Licht durchlassen.
Zwei 50 cm lange Latten mit schwarzen Schnellbauschrauben auf die 120 cm lange, untere Latte aufschrauben, jeweils vom Kopfende ca. 26 cm entfernt. Die Schrauben zuerst in die lange Latte eindrehen, dann in die 50 cm kurzen Latten. Schrauben nicht ganz eindrehen, damit die Latten sich drehen lassen. Im rechten Winkel zur unteren Latte dienen sie als Rahmenstützen und ragen ca. 23 cm auf beiden Seiten hervor. Zwei 40 cm kurze Latten auf die obere Latte, diesmal an das linke und rechte Ende aufschrauben. Auch hier die Schrauben nicht ganz eindrehen. Die Latten um 90 Grad zur oberen Latte nach hinten drehen, damit stehen sie ca. 36 cm vom Rahmen entfernt. Die 120 cm lange Holzleiste auf die äußersten Enden der 40 cm kurzen Latten legen und damit parallel zum Rahmen. Mit einem 6 mm Holzbohrer durch beide Latten und Leiste bohren. Zwei

Sechskantschrauben durchstecken. Latten, Leiste und obere Rahmenlatte bilden die Aufhängung für das schwarze Tuch. Das Tuch mit einem Tacker an den oberen Rand der Sperrholzplatten heften. Jetzt das Tuch über die Aufhängung legen und auf der Rückseite bis 10 cm über die Tischkante abhängen. Die 60 cm langen Seitenvorhänge an die 40 cm langen Drehlatten mit dem Tacker anheften. Der Spielraum ist bis auf den Bühnenrahmen von Holzblenden und Tüchern schwarz umrahmt. Den Schwarzlichtrahmen auf einen Tisch stellen, der mit einem schwarzen Tuch ganz verdeckt ist. Die Stützen stehen mit den Kopfenden an der hinteren Tischkante. Die Aufhängung steht mit dem Tuch ca. 12–13 cm über dem Tisch. Auf dieser Breite entlang der Tischkante werden die Hände geführt. Berühren die Hände die Rahmenstützen ist die linke oder rechte Bühnenseite erreicht.

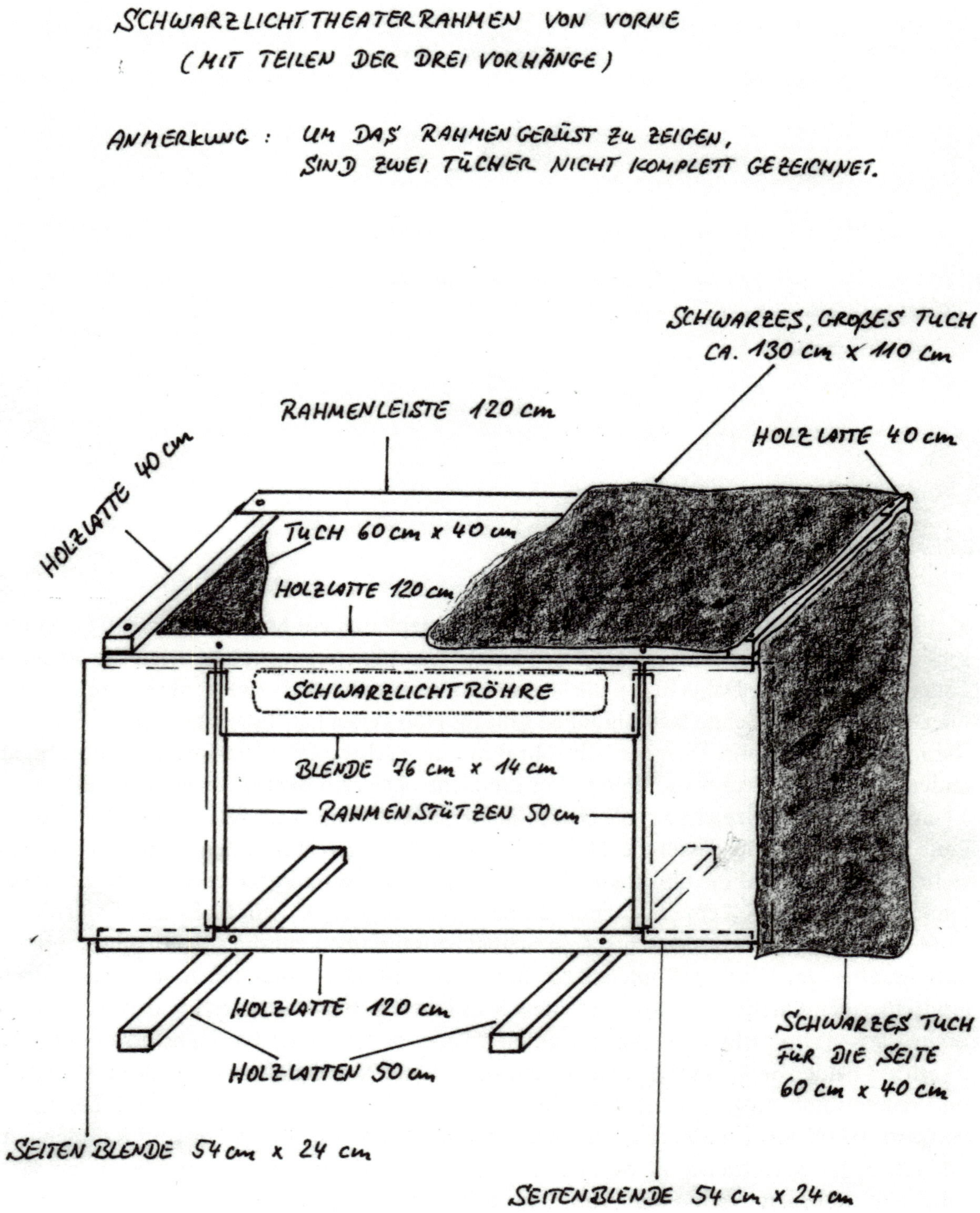

VERTIEFUNG

Bohnenkeimlinge – in Wegwerfbechern aus Plastik (am besten den durchsichtigen) handelsüblichen Füllspachtel anrühren, gut einen Esslöffel Mungbohnenkerne (in Asialäden oder Bioläden erhältlich) unterrühren, den Gips abbinden lassen. Die Bohnenkerne ziehen das Wasser aus dem Gips, nutzen die beim Abbinden entstehende Wärme und beginnen zu keimen. Der Gips bekommt nach ca. drei Tagen Risse und die keimenden Bohnen sprengen den Becher = unsichtbare Kraft

Luftballons mit Wasser füllen und einfrieren, aber nicht durchfrieren lassen. Nachdem eine harte Eisschale entstanden ist, das Restwasser abgießen und die Eisschale als Windlicht benutzen, Teelichter hineinstellen = Leben schaffender Tauwind

2. MUTMACHGEIST (RICHTER 6,33–7,1) – GIDEON ALS SANDSACKGESCHICHTE

Material

- ein Sanderzählsack, zu bestellen beim Rhein. Verband für Kindergottesdienst, Missionsstr. 9a, 42285 Wuppertal, Tel. 0202 2820310, Fax 0202 2820440, E-Mail: kigo@ekir.de, www.kindergottesdienst.org, Kosten ca. 30,- €;
- Anleitung zum Selbernähen unter: www.godlyplay.de, dort »Materialien« (das findet sich in der rechten Randspalte) anklicken, dann scrollen bis »Weitere Tipps zu Materialien« und dort »Schnittmuster für einen Wüstensack« anklicken

  oder
- eine flache Kiste/alte Schublade mit stabilem Boden
- Quarz- oder Fugensand (der ist ganz fein, beim Kauf trocken und hat im Gegensatz zum Vogelsand keine riechenden Zusätze!), alternativ: feiner Spielsand (Achtung, der ist beim Kauf immer nass und muss ausgepackt erst gut durchtrocknen!)
- viele Holzfiguren (z.B. die Volk Gottes-Figuren bei www.godlyplay-materialien.de oder Figurenkegel bei www.shop.labbe.de)
- etwas feuchte Schafwolle (wenn die Schafwolle beim Anfeuchten nicht zusammengedrückt wird, sieht man nicht, wie viel Wasser sie gespeichert hat. So kann feuchte Wolle ausgelegt und hinterher zusammengedrückt werden. Das ist für die Geschichte s.u. wichtig. Tipp: Die Schafwolle von unten mit einer Sprühflasche reichlich einsprühen, Oberseite trocken lassen. Beim Erzählen dann auf den Sand legen, von oben sieht man nicht, dass die Wolle präpariert war, das Wasser feuchtet den Sand an, man kann es anschließend aber auch ausdrücken. Denken Sie daran, den Sand danach wieder gut trocknen zu lassen, bevor Sie den Sandsack wieder schließen und wegräumen!)
- etwas trockene Schafwolle
- ein Korb/Tablett, in/auf dem sich das Erzählmaterial befindet

GESCHICHTE

Die Fotos im Text sind jeweils aus der Sicht des/der Erzählenden aufgenommen!

WAS SAGEN	WAS TUN
Die Wüste ist ein gefährlicher Ort. Sie verändert immer wieder ihr Aussehen. Mal ist sie flach und eben wie ein Strand, mal ist sie hügelig wie ein Gebirge. Oft gibt es Stürme, dann weht der Sand, dass man nichts mehr sieht.	Mit den Händen durch den Sand fahren und entsprechend der Erzählung den Sand gestalten: glatt – hügelig – aus der hohlen Hand rieseln lassen.
Das Volk Israel ist durch die Wüste gewandert, 40 Jahre lang.	Stellen Sie 8 Volk Gottes-Figuren in den Sand und lassen Sie sie ein Stück wandern.
Am Anfang hatte Mose sie geführt. Gottes Geist war mit ihm. Aber Mose war schon tot.	Segnende linke Hand über eine Figur halten, dann die Figur hinlegen
Dann war Josua ihr Anführer. Gottes Geist war mit ihm. Aber auch Josua war schon tot.	Segnende linke Hand über eine andere Figur halten, dann die Figur hinlegen 
40 Jahre sind eine lange Zeit.	Volk Gottes wandert.
Jetzt sind sie endlich in dem Land, das Gott ihnen versprochen hatte. Sie sind am Ziel.	»Stau«, die hinteren Figuren können näher kommen.
Aber immer noch ist es gefährlich. Denn das Land ist bewohnt und die Leute, die dort wohnen, wollen sie nicht haben.	Figurenkette aus 7 Figuren vor Israel aufbauen. 

Leicht ist es nicht für das Volk Israel, manchmal verlässt sie der Mut. Aber Gott sagt: Ich bin bei euch, gebt nicht auf!	Zwei segnende Hände über das Volk halten
Manchmal machen sie einfach das, was ihnen in den Sinn kommt – ohne zu überlegen. Dann sagt Gott: Halt, das will ich nicht!	Ein oder zwei Figuren ausbrechen lassen, mit der linken Handkante vor den Ausbrechern einen Strich in den Sand ziehen 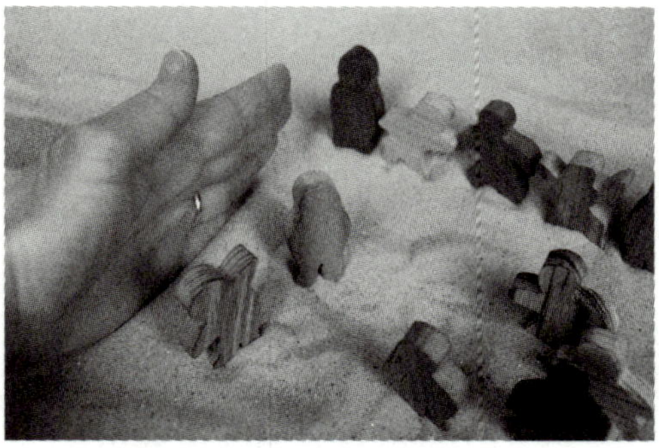
Und wenn es gefährlich wird, dann sucht Gott für das Volk einen neuen Anführer aus. Immer wenn Gott jemanden als Anführer aussucht, dann gibt er ihm etwas Wertvolles mit: seinen Geist. Gottes Geist macht weise und mutig.	Mit kreisenden, suchenden Bewegungen der linken Hand sich der Gideonfigur nähern …
Jetzt hat Gott sich Gideon ausgesucht.	… und dann mit dem linken Zeigefinger auf ihn zeigen.
«Gideon, ich habe etwas mit dir vor. Du sollst meinem Volk helfen, damit sie hier in Ruhe wohnen können.«	Zeigefinger auf Gideon
«O nein – ausgerechnet ich? Ich bin der Jüngste in meiner Familie.«	Rechte Hand abwehrend heben
«Hab keine Angst, du schaffst das schon. ich bin bei dir.«	Linke Hand schiebende Bewegung hinter Gideon
Gideon fühlt sich nicht wohl in seiner Haut, er ahnt, dass das schwierig wird.	Gideon wandert auf und ab.
Da kommt Gottes Geist über ihn. Gideon wird ganz ruhig und er weiß genau, was er tun muss.	Er hält still, linke Hand segnend über Gideon halten.
Er lässt die Posaunen blasen. Das ist das Zeichen für die Verbündeten, und er schickt Botschaften an andere Verbündete und alle kommen. Gottes Geist war bei ihm.	Weitere Figuren zur Stärkung des Volkes in den Sand setzen.

Gottes Geist macht ihn mutig, aber Gideon wird nicht übermütig. Er fragt sich: Tue ich wirklich das Richtige? Ist es das, was Gott von mir will?

Fragezeichen in den Sand malen.

Dann fragt er Gott: »Kannst du mir nicht ein Zeichen geben? Ich lege heute Nacht abgeschorene Wolle auf die Wiese. Wenn Morgen früh der Tau nur die Wolle nass gemacht hat und der Boden drumherum trocken ist, dann weiß ich, dass du mir hilfst.«

Feuchte Schafwolle auf das Fragezeichen legen.

Er legt die Wolle aus und am andern Morgen ist nur die Wolle nass, aber nicht das Gras. Er drückt sie aus. Eine Schale voll Wasser.

Fragezeichen wegwischen

Gottes Geist macht ihn mutig, aber er wird nicht übermütig. Gideon fragt Gott ein zweites Mal.

Erneut das Fragezeichen in den Sand malen.

«Sei nicht böse. Ich möchte es noch einmal versuchen mit der Wolle, aber diesmal soll es andersherum sein. Die Wolle soll trocken bleiben und das Gras soll nass sein.«

Trockene Schafwolle auslegen

Am anderen Morgen ist es so, wie Gideon es erbeten hatte.

Ausrufezeichen malen

Da weiß Gideon: »Gottes Geist ist wirklich bei mir. Er macht mir Mut, dass ich diese Aufgabe schaffe.«

Linke segnende Hand über Gideon

Er bricht auf, um das zu tun, was Gott von ihm will. Er vertreibt die Feinde Israels, so dass das Volk in Ruhe wohnen kann. Gottes Geist geht mit ihm.

Gideon bricht auf, die feindliche Menschenkette dreht sich um und läuft davon.

VERTIEFUNG

Mutmach-Säckchen gestalten: Kleine Filzbeutel nähen und mit den Kindern Visitenkarten gestalten (gibt es im Papiergroßhandel preisgünstig als perforierte A4-Bögen mit Wolkenmotiv oder Regenbogenmotiv); man kann aber auch kleine Karteikarten blanko kaufen und mit den Kindern gestalten. Als Mutmach-Sprüche eignen sich etwa »In der Welt habt ihr Angst; aber seid getrost, ich habe die Welt überwunden« (Johannes 16,33) oder »Gott hat uns nicht gegeben den Geist der Furcht, sondern der Kraft und der Liebe und der Besonnenheit« (2. Timotheus 1,7), vielleicht fällt den Kindern auch selbst etwas ein. Jedes Kind soll zwei Säckchen machen, eines für sich und eines zum Verschenken.

3. DAUERHAFTER GEIST (APOSTELGESCHICHTE 2) PFINGSTGESCHICHTE MIT OVERHEADPROJEKTOR

Material

Overheadprojektor, Leinwand, weiße Wand im Raum oder Minileinwand (s. S. 176)

Köpfe, Haus und Schriftzug (s. u.) einfach auf weißes Kopierpapier kopieren und mit scharfem Messer ausschneiden. Wenn die Größe 1:1 beibehalten wird, passen alle Figuren auf einen normalen OHP. Vorlage, s. u. oder auf der CD-ROM/Geistgeschichten/Vorlage Pfingsten.

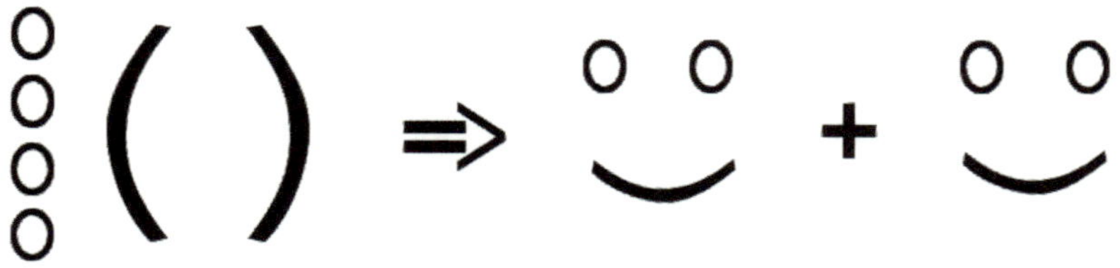

Die vier Augenovale und zwei lächelnde Münder auf Karton zeichnen und ausschneiden. Große und kleine Flammen aus flexiblen Prospekthüllen ausschneiden, das geht mit Skalpell oder Cutter problemlos. Unbedingt vorher ausprobieren, ob die Folie nicht zu stark ist, sondern schön durchscheint. (Achtung: Farbige Folien ergeben leider meistens nur Graustufen, daher Prospekthüllen verwenden.)
Dort, wo sich alles verdunkelt, kann die Prospekthülle auch doppelt gelegt werden. Bei den Flammen und Herzen bitte nur einfach legen.

Die Minileinwand

Einen Holz-Tapetenbock (Baumarkt ca. 5,00 €) mit weißem Betttuch oder weißem Stofftischtuch bespannen. Dazu den Stoff in der Größe des Rahmens zuschneiden, die Ränder nach innen umschlagen, um ein Ausfransen zu verhindern und mit einem Tacker stramm und gleichmäßig auf den Holzrahmen tackern.
Der OHP kann von beiden Seiten aus auf die Leinwand projizieren. Schöner ist es, wenn er von hinten bedient wird. So bleibt das Schattenspiel für die Zuschauenden rätselhafter und die Technik tritt in den Hintergrund.
Achtung: Dabei die Seiten mit Tüchern abhängen, damit die Zuschauer nicht geblendet werden.
Diese Minileinwand kann für andere Zwecke auch von hinten angestrahlt werden (z. B. mit Diaprojektor) für Schattenspielfiguren, die auf Holzstäbchen geführt werden.

GESCHICHTE

WAS SAGEN	WAS TUN
Vor 10 Tagen hatten sie Jesus das letzte Mal gesehen. Schön war das und traurig. Schön, weil sie noch mal alle zusammen waren und Jesus bei ihnen. Und traurig, weil das der Abschied war. Jetzt waren sie allein.	Große 10 legen – die vier Augenovale bilden untereinander gelegt die 1, die beiden lächelnden Münder gegeneinander gelegt die 0; aus zwei Augenovalen und einem Mund bei »schön« einen lachenden Smiley, aus den anderen bei »traurig« einen traurigen Smiley bilden
Heute sind die Jünger noch einmal zusammen. In Jerusalem ist ein großes Fest, das wollen sie miteinander feiern. Mit ihnen sind Menschen aus aller Welt dort.	Voriges Bild abräumen, Haus hinlegen, die Türflügel sind hier noch geschlossen.
Aber die Jünger treffen sich in einem Haus – sicher ist sicher. Schließlich wissen viele, dass sie zu Jesus gehalten haben. Sie sind mutlos. Wie soll das nur weitergehen ohne Jesus? Sie haben auch ein bisschen Angst. Wenn wir von ihm erzählen, verhaften sie uns dann auch? Oder lachen sie uns aus?	Traurige Köpfe in die Fensteröffnungen legen – die Türöffnung bleibt noch leer.
Angst und Mutlosigkeit legen sich auf sie wie ein Schatten. Am besten halten wir den Mund. Gut, dass wir uns wenigstens gegenseitig haben.	Einen Zuschnitt aus der Prospekthülle, der die Fenster abdeckt, über das Haus legen
Da ist auf einmal ein mächtiges Rauschen – wie wenn ein Sturm kommt. Ein Sturm im Haus? Aber die Jünger haben keine Angst, die Angst wird weggefegt wie ein Blatt vom Wind.	Prospekthülle vorsichtig abnehmen
Und dann kommt etwas wie Feuer, hell und warm und es kommt zu jedem Einzelnen. Feuer im Haus? Aber die Jünger erschrecken nicht. Der helle Schein tut ihren Herzen gut, die Wärme vertreibt die kalte Traurigkeit.	(Farbige) Prospekthülle in umgedrehter Herzform auf und über die Jüngerköpfe legen Einige Köpfe vorsichtig drehen, damit die lächelnde Seite wahrgenommen wird, einzelne Herzen drehen
Das ist Gottes Geist. Gottes Geist macht sie mutig. Gottes Geist tröstet sie.	Alle Köpfe drehen und zusätzliche Herzen richtig herum zwischen die Figuren legen

Und dann fangen sie an zu reden, alle gleichzeitig, alle durcheinander, ganz begeistert. Aber sie sprechen nicht nur in ihrer Sprache, sondern in vielen verschiedenen Sprachen.	Verschiedene Schriftzüge (Guten Tag, Hello, Bonjour, Salut, Dag, ...) über das Haus legen
Jetzt sind auch die Festbesucher aufmerksam geworden. Sie haben das Rauschen gehört. Sie kommen und wollen sehen, was da los ist.	Kopf/Köpfe mit Auge/Fragezeichen neben das Haus legen
Sie hören jeden Jünger in einer andern Sprache reden und alle können sich verstehen. Sie hören, wie die Jünger von Gott erzählen. Und sie wundern sich. Die kommen doch alle aus Galiläa, wieso verstehen wir sie?	Kopf/Köpfe mit Ohr/Fragezeichen dazulegen
So wundern sich die einen und die anderen sagen: Die sind doch betrunken.	Krug und Becher auf die andere Seite des Hauses legen
Da steht Petrus auf und erklärt es allen, die ihnen zuhören: »Wir sind nicht betrunken. Es ist doch noch früh am Morgen.	Die Türe aufklappen – das Petrus-Strichmännchen in die Türöffnung legen
Was hier passiert, hat Gott schon vor langer Zeit versprochen. Sein Geist wird von jetzt an bei allen Menschen sein, die an ihn glauben. Darum haben wir keine Angst mehr. Darum könnt ihr unsere Worte verstehen. Darum könnt ihr verstehen, wie wichtig alle die Geschichten über Jesus sind.«	Buch hinlegen
Petrus erzählt noch viel von Gott. Er ist Feuer und Flamme. Und viele seiner Zuhörer lassen sich anstecken von seiner Begeisterung.	Große Flamme über Petrus legen Kleine Flammen für die Zuhörer/Zuschauer
Von diesem Tag an ist Gottes Geist immer bei den Menschen. – Er ist ein Mutmachgeist – wie bei den Jüngern. Sie merken, wie Gott ihnen hilft.	Ausrufezeichen
– Er ist ein Entdeckergeist – wie bei den Zuhörern. Sie entdecken, wie lieb Gott sie hat.	Herzen
Gottes Geist bleibt bei den Menschen, damals und heute und immer.	

Schlussbild:

VERTIEFUNG

a) Unsere Sprache kennt viele Begriffe, die das Pfingstgeschehen bebildern: Ansteckende Freude – Begeisterung – der Funke springt über – Feuer und Flamme sein – einen Geistesblitz haben – sprühen vor Begeisterung – …
Sie können gemalt werden, z. B. mit Acryl auf Keilrahmen, mit Fingerfarben auf Fensterscheiben …
b) beliebt bei Jungen: Windspiele bauen: Alu-Rohre (Meterware im Baumarkt, Installation) oder Alu-Hülsen (fertig gesägt; Bastelbedarf) in verschieden lange Stücke sägen (8 cm bis 12 cm), oben zwei Löcher für die Aufhängung hineinbohren und mit Fäden aufhängen. Dazu ein beliebiges Motiv auf Holz aufzeichnen (z. B. Wolke) so viele Löcher in die Unterkante bohren, wie Stangen vorhanden sind, mit Sandpapier glätten, nach Belieben anmalen, Stangen aufhängen, fertig.

4. VERWANDELNDER GEIST (2. TIMOTHEUS 1,7)
THEMA: DER HEILIGE GEIST KANN HERZEN VERÄNDERN.

Vorlesedauer: 7 ½ Minuten

Hinführung: An einer Kante kann man sich schlimm stoßen. Aber das ist äußerlich. Viel schlimmer ist es, wenn du auf ein kantiges Herz stößt.

Geschichte von den kantigen Herzen
Kennt ihr das Land, wo die kleinen kantigen Herzen wohnen? Es ist nicht einmal so weit weg von hier. Manchmal ist es mitten unter uns.
Im Land der kleinen kantigen Herzen, da herrscht ein ganz besonderer Geist. Alles ist auf seine Weise eckig, kantig, zackig, hart und streng. So haben auch die Namen der kleinen kantigen Herzen

einen ganz besonderen Klang. Sie heißen Kanto und Eckto, Steinhart, Eckhart, Knallhart, Zacka, Picka oder Zickzack, Eckab. Und wenn sie miteinander reden, dann klingt das so:
»Zickzack aus dem Weg, jetzt komme ich!«
»Wird's bald, zackzack, her mit dem Rucksack!«
»Gib schon! Mach schon! Allez hopp, keine Zeit für Gefühle!«
»Achtung, hauruck und Schluss jetzt!«
»Schnell, schnell, schnell ab, Zeit knapp!«
»Na, wo hängt's denn? Sag schon! Red schon, aber im Befehlston!«
Sicher könnt ihr euch gut vorstellen, wie ungemütlich es bei den kleinen kantigen Herzen zugeht. Deshalb haben sie auch, obwohl sie doch lebendige Herzen sind, ein recht mürrisches Gesicht. Und weil sie solche harten, scharfen Kanten haben, deshalb müssen sie sich nach ganz strengen Regeln und Vorschriften bewegen, damit sie sich nur ja nicht zu nahe kommen oder sich gar berühren. Denn wenn zwei harte, kantige Herzen aufeinanderstoßen, dann gibt es immer ein schlimmes Unglück, und es geht nie ohne Verletzungen ab. Stellt euch vor: Manchmal verletzen sie sich so schlimm, dass so ein kleines Herz daran stirbt! Ich möchte gar nicht wissen, wie viele so schon ihr Leben lassen mussten!
Dabei: Wäre es nicht viel schöner, wenn sie nicht so hart und kantig wären, sondern kuschelrund, ohne Ecken und Kanten? Und ohne Verletzungsgefahr? Aber weil sie sich nie die Zeit nehmen, darüber nachzudenken, deshalb finden sie sich ganz gut so und bleiben, was sie sind: kleine kantige Herzen.
Hin und wieder kommt es vor, dass aus dem harten, kantigen Land kleine Herzen verschwinden. Plötzlich sind sie weg, außer Landes, sozusagen in einer anderen Welt! Und noch nie ist eins von da zurückgekommen, bis …
… eines schönen kantigen Tages:
Mitten im härtesten Treiben – es war gerade Stoßzeit – stand plötzlich auf einem eckigen, kantigen Sockel in der Mitte des kantigen Marktplatzes – ihr werdet es kaum für möglich halten! – ein kleines rundes Herz ohne Ecken und Kanten. Selbst die Spitze, die ja bei richtigen Herzen nach unten zeigt, war schön abgerundet. Das erste kantige Herz, das im Markttreiben an dem Sockel aneckte, blieb verwundert stehen, schaute auf das kleine runde Herz und kriegte vor lauter Staunen den Mund nicht mehr zu. »Potzblitz und Hutab! Wie siehst denn du aus? Allez hopp, sag schon, wo kommst du her? Wo sind deine Ecken und Kanten, Zickzack, Eckab? Und wie heißt du, schnell, schnell!?«
»Langsam, langsam, mein Freund! Schön der Reihe nach, nicht so ungeduldig«, antwortete das kleine runde Herz mit weicher, beruhigender und warmer Stimme. »Meine Freunde nennen mich Kuschelrund! Da, wo ich herkomme, sehen alle so aus wie ich.«
Inzwischen standen noch mehr kleine kantige Herzen staunend um den Sockel herum. »Woher, woher, sag schon, red schon, wo ist dein Land?!«
»Unser Land ist gar nicht weit von hier. Ihr habt es nur noch nicht entdeckt, ihr habt keinen Sinn und keine Zeit dafür. Ihr findet euch gut so, wie ihr seid. Obwohl ihr euch doch mit euren scharfen Ecken und Kanten immer wieder gegenseitig verletzt und stoßt oder gar tötet! Ich komme aus dem Lebensreich, da ist alles rund und weich. Als ich dahin kam, da war ich genauso ein hartes, eckiges, kantiges Herz wie ihr.
Aber im Lebensreich herrscht ein ganz anderer Geist! Da weht ein starker warmer Wind mit Namen ›Liebe‹. Erst hat er mir die Sprache verschlagen, dann hat er sich an meinen Ecken und Kanten gerieben. Und mit der Zeit musste ich meine Ecken und Kanten lassen. Der warme Wind mit Namen ›Liebe‹ hat sie kuschelrund gerieben. Das war nicht immer einfach, manchmal hat es auch wehgetan. Aber als ich den Mund wieder öffnen konnte, da war meine Sprache eine ganz andere geworden. Meine Worte waren ruhig, geduldig, zärtlich und warm, nicht mehr hart und streng wie vorher. Und das Schönste war doch dies:

Ich war offen für andere, konnte auf sie zugehen und ihnen ganz nahe kommen. Und weil wir im Lebensreich alle rund und weich sind, tun die Berührungen auch nicht weh. Im Gegenteil! Wir sind gern zusammen und fühlen uns wohl dabei. Der warme Wind der Liebe hat andere Herzen aus uns gemacht!«
»Potzblitz, Eckab, schön ist das!«, rief plötzlich eines der kleinen kantigen Herzen aus der Menge.
»Dann komm doch mit mir, gib dein hartes, kantiges Leben auf, und folge mir im Namen der Liebe ins Lebensreich!«
»Wir auch, nix wie weg! Fort, ab ins Lebensreich, aber gleich! Schluss mit den Ecken, weg mit den Kanten! Wir werden rund und weich im kuscheligen Lebensreich!«, riefen auch andere kleine kantige Herzen ganz ungeduldig.
Das kleine runde Herz Kuschelrund zögerte auch nicht lange, denn wenn man Herzen für den warmen Wind der Liebe gewonnen hat, dann ist Zögern fehl am Platz. Es hüpfte von seinem Sockel runter, nahm das erste kantige Herzchen vorsichtig bei der Hand – denn noch waren sie ja nicht ungefährlich – und machte sich auf den Weg. Andere hängten sich einfach an. Und genauso behutsam, aber entschlossen und zielstrebig, eilten sie dem Lebensreich entgegen, wo der starke, warme Wind mit Namen ›Liebe‹ ihnen neues Leben geben wird.
Viele aber blieben eckig, kantig, trotzig und streng zurück und wollten gar nicht einsehen, was sie auf wunderbare Weise gehört und gesehen hatten. Und wenn sie nicht gestorben sind, die kleinen kantigen Herzen, dann stoßen sie sich heute noch.

Materialdienst des Rhein. Verbandes für Kindergottesdienst, Nr. 45, Febr. 1991, ausprobiert 1990 im Kirchenkreis Wetzlar

VERTIEFUNG

Aus Speckstein vorher grobe Herzformen (Dreiecke) zurechtsägen. Die Kinder bearbeiten sie dann weiter, bis aus dem kantigen Herzen ein kuschelrundes Herz wird. Am besten macht man das draußen, es staubt sehr. Wenn man im Raum arbeitet, empfiehlt es sich, mit einem Staubsauger immer mal wieder den feinen Staub abzusaugen. Der Staub lässt sich aus der Kleidung ohne Probleme ausbürsten. Die Weiterverarbeitung erfolgt am besten mit Schleifpapier verschiedener Körnung, normale Feilen aus der Holzverarbeitung können ebenfalls verwendet werden. Es gibt natürlich auch Spezialwerkzeug für Speckstein, das ist aber nicht notwendig.

SCHLUSSPLENUM

LIED: Du machst mir Mut
(in: Kirche mit Kindern Liederbuch, hg. v. Rhein. Verband für Kindergottesdienst, S. 47)

ANSPIEL

Liturg steht schon da, die drei MA kommen mit vollen Taschen langsam angebummelt.

Liturg: Na ihr drei, ihr seht ganz schön geschafft aus!
MA 1: Bin ich auch, es gab so viel zu entdecken.

MA 2: Und wann hat man das schon mal: eine »heilige Geisterbahn«, das konnte ich mir doch nicht entgehen lassen.

MA 1: Gut, dass wir vorhin nicht weitergerätselt haben. Ich wäre nie drauf gekommen, was der Geist alles kann und macht.

MA 1 und 2 kramen in ihren Taschen und holen noch mal verschiedene Gegenstände aus den Geschichten hervor.

MA 2: Ich auch nicht. Er macht lebendig (Bohnenbecher hochhalten).

MA 1: Er gibt Mut (Mutmachsäckchen zeigen).

MA 2: Er verwandelt (Specksteinherz aus der Tasche nehmen).

MA 1: Ich weiß gar nicht, was ich am schönsten finde.

MA 3: Am schönsten finde ich, dass Gottes Geist immer bei mir ist. Ich muss ihn nicht suchen oder rufen, er ist einfach da. Immer.

GEBET

Danke, Gott, für deinen Geist der Kraft. Wenn ich das nächste Mal mutlos bin, dann will ich dran denken, dass du bei mir bist. Wenn ich das nächste Mal ängstlich bin, dann flüstere mir zu: Du schaffst das schon.
Danke, Gott, für deinen Geist der Liebe. Wenn wir uns streiten, wenn wir rau und verletzend sind, dann schick deinen verwandelnden Geist. Schubs mich an, dass wir uns wieder vertragen.
Danke, Gott, für deinen Geist der Besonnenheit. Wenn ich übermütig bin und nicht nachdenke und dadurch andere traurig mache, dann halte mich auf. Wenn ich mich durch mein Handeln in Gefahr bringe, dann behüte mich.
Dein guter Geist sei mit uns, hier und überall. Amen.

VATERUNSER

LIED: Geh den Weg
(in: Menschens Kinder Lieder 2, 35)

SEGEN

Christiane Zimmermann-Fröb,
Pastorin, geb. 1967, aufgewachsen in Leverkusen-Bergisch Neukirchen. Studium der ev. Theologie in Wuppertal, Heidelberg und Göttingen. Vikariat, Hilfs- und Schuldienst in Langenberg. Seit 1997 Referentin für Kinderbibelwochenarbeit in der Arbeitsstelle Kirche mit Kindern der Evangelischen Kirche im Rheinland. Zahlreiche Veröffentlichungen von Arbeitshilfen für Kinderbibelwochen beim Rheinischen Verband für Kindergottesdienst. Seit 2007 zertifizierte Fortbilderin für »Godly Play«. Sie lebt mit ihrem Mann und den drei Töchtern in Langenberg.